랜선 사회

온라인 커뮤니티에서는 어떤 일이 일어나는가

에이미 S. 브루크먼 지음
석혜미 옮김

한빛미디어
Hanbit Media, Inc.

랜선 사회

온라인 커뮤니티에서는 어떤 일이 일어나는가

초판 1쇄 발행 2023년 5월 15일

지은이 에이미 S. 브루크먼 / **옮긴이** 석혜미 / **펴낸이** 김태헌
펴낸곳 한빛미디어(주) / **주소** 서울시 서대문구 연희로2길 62 한빛미디어(주) IT출판2부
전화 02-325-5544 / **팩스** 02-336-7124
등록 1999년 6월 24일 제25100-2017-000058호 / **ISBN** 979-11-6921-100-0 13000

총괄 송경석 / **책임편집** 서현 / **기획 · 편집** 최민이
디자인 표지 이아란 내지 박정화 / **전산편집** 백지선
영업 김형진, 장경환, 조유미 / **마케팅** 박상용, 한종진, 이행은, 김선아, 고광일, 성화정, 김한솔 / **제작** 박성우, 김정우

이 책에 대한 의견이나 오탈자 및 잘못된 내용에 대한 수정 정보는 한빛미디어(주)의 홈페이지나 아래 이메일로 알려주십시오. 잘못된 책은 구입하신 서점에서 교환해 드립니다. 책값은 뒤표지에 표시되어 있습니다.

한빛미디어 홈페이지 www.hanbit.co.kr / 이메일 ask@hanbit.co.kr

위키피디아를 믿을 수 있을까?

우리는 온라인에서 상호작용하면서 새로운 종류의 지식과 공동체를 만들어내고 있다. 이러한 공동체는 어떻게 형성될까? 온라인 정보 출처가 믿을 만한지는 어떻게 판단할까? 다시 말해, 위키피디아를 믿을 수 있을까?

이 책은 공동체란 무엇인지, 지식이란 무엇인지, 인터넷이 어떻게 새로운 종류의 공동체 형성을 촉진하는지, 온라인 협업과 대화를 통해 지식이 어떻게 형성되는지 탐구한다. 이 과정에서 우리가 온라인에서 정체성을 어떻게 연출하며 이에 따라 상호작용 방식은 어떻게 영향받는지, 인터넷에 나쁜 행동이 넘치는 이유는 무엇인지, 이에 어떻게 대처할지 등의 문제도 다룬다.

그중에서도 가장 중요한 질문은 이것이다. "인터넷 사용자로서, 또 설계자로서 우리는 어떻게 인터넷을 통해 인간의 최선을 끌어낼 수 있을까?"

〈일러두기〉
저 · 역자주 및 편집자주는 별표로 표시해 각주로 기재했으며 참고 문헌은 숫자로 표시해 책의 마지막 부분에 수록했다.

감사의 말

이 책을 쓰며 무척 즐거웠다. 탈고가 슬플 정도다. 가장 먼저 남편 피트 바이만Pete Weimann과 아들 노아Noah, 에반Evan에게 감사한다. 가족은 몇 년 동안 저녁 식탁에서, 나들이에서 내가 이 책에 관해 장황하게 이야기를 늘어놓을 때마다 귀를 기울여줬다. "에반, 프라이버시와 관련된 내용이 들어갈 자리를 찾아줘서 고마워. 노아 얘기는 두 번이나 나오는데 네 얘기가 없어서 미안하구나."

『월드북 백과사전World Book Encyclopedia』을 사준 어머니 신시아 저커Cynthia Zucker에게도, 내가 아홉 살이었을 때부터 언론의 자유를 가르쳐준 새아버지 버니 저커Bernie Zucker에게도 감사한다. "두 분은 최고의 부모님이었어요." 아버지 로버트 브루크먼Robert Bruckman이 완성된 책을 볼 수 있었더라면 하는 생각도 든다. 자랑스러워했을 텐데.

프로젝트를 시작할 때는 두려운 마음이 있었다. 셰리 터클Sherry Turkle 교수님은 출판 제안서를 쓰는 과정에서 훌륭한 조언을 해줬고, 초고가 좋다고 칭찬해줬다. 내게는 의미가 컸다. 교수님과의 인연은 대학원에서 들은 강의 하나와 여름 학기에 연구 조교로 일한 것이 전부지만, 교수님의 가르침은 내가 인간과 컴퓨터의 관계를 바라보는 관점을 형성하는 데 큰 영향을 미쳤다.

집필 과정에 감정 소모가 많을 거라고 조언해준 낸시 베임Nancy Baym에게도 감사한다. 그 말을 떠올리며 끝까지 잘 마무리할 수 있었다. 길다 브루크먼Gilda Bruckman, 조셉 칼라미아Joseph Calamia, 스콧 카운츠Scott Counts, 에릭 길버트Eric Gilbert, 마크 구즈다이얼Mark Guzdial, 배리 웰먼Barry Wellman 등 제안서에 의견을 준 모두에게 따뜻한 감사를 보낸다.

3장 도입부에 다룬 기후위기에 대한 질문을 받아준 이쉬와르 찬드라세카란Eshwar Chandrasekharan, 마이클랜 다이Michaelanne Dye, J. 알렉스 갓윈J. Alex Godwin, 베키 그린터Beki Grinter, 요헨 릭Jochen Rick, 에바 샤르마Eva Sharma에게도 감사한다.

안드레아 위긴스 그로버Andrea Wiggins Grover는 시민 과학을 다루는 데 도움을 줬고, 키이스 햄튼Keith Hampton은 공동체에 관해 쓸 때 귀중한 의견을 줬다. 데이비드 칼거David Karger의 번뜩이는 조언이 아니었다면 8장은 쓸 수 없었을 것이다. 위키피디아에 상주하다시피 하는, ID가 WereSpielChequers인 편집자의 의견은 위키피디아를 다루는 부분에 큰 도움이 됐다.

학부 시절 물리학 교수님 제럴드 홀튼Gerald Holton을 찾아가 강의가 좋은 기억으로 남았다고 말할 수 있어 기뻤다. "홀튼 교수님, 3장 과학 철학의 내용에 대한 견해를 주셔서 감사합니다."

강의 중 초고에 의견을 준 학생들에게도 감사한다. 특히 베아트리스 팔라치

오스 아바드Beatriz Palacios Abad, 수오드 알루미Suood Alroomi, D. 스콧 애플링D. Scott Appling, 스테퍼니 바이온Stephanie Baione, 제니퍼 구즈다이얼Jennifer Guzdial, 해나 탐Hannah Tam, 조던 테일러Jordan Taylor를 언급하고 싶다. 예전 학생이었던 버네사 루드 웨덜리Vanessa Rood Weatherly와 시지아 샤오Sijia Xiao에게도 감사한다. 자신의 과제를 책에 싣도록 허락해준 박사 과정 학생 대니얼 응케멜루Daniel Nkemelu에게도 깊이 감사한다.

나는 전문 인식론 학자가 아니다. 유용한 참고 문헌을 알려준 페이스북 그룹 사회인식론 네트워크Social Epistemology Network의 진짜 인식론 학자들에게 감사한다. "여러분의 도움이 없었다면 갈피를 못 잡았을 거예요."

레딧의 관리자 친구들 역시 이번 책 프로젝트에 관해 횡설수설하는 나에게 가족만큼이나 큰 인내심을 보여줬다. 특히 엘리자베스 크로커Elizabeth Crocker, 아드리안 드 노바토Adrian de Novato, 조슈아 랜드먼Joshua Landman, 벤저민 리피Benjamin Lippi, 클라우디아 럿츠Claudia Lutz, 토르비욘 시버트Thorbjörn Sievert, 콜린 설렌더Colin Sullender에게 감사한다.

훌륭한 일터였던 조지아 공대에도 감사한다. 내가 이 책을 시작하고 끝내기까지 인터랙티브 컴퓨팅 대학 학장 아야나 하워드Ayanna Howard가 보내준 모든 지원에 감사한다. 이보다 협조적인 상사는 상상할 수조차 없다. 집필 과정 내내 나를 격려해준 동료 콜린 포츠Colin Potts는 철학서를 읽는 데 엄청난 시간을 보내는 컴퓨터 과학자로, 내 롤 모델이다.

조지아 공대의 멋진 학생들과도 함께 일했다. 이 책의 모든 내용은 대학원생 및 강의를 듣던 학생들과의 대화를 통해 발전했다. 특히 내 지도 아래에 박사 과정을 밟았거나 밟고 있는 학생들, 줄리아 딥-스와이하트Julia Deeb-Swihart, 질 다이아몬드Jill Diamond, 벳시 디살보Betsy DiSalvo, 마이클랜 다이, 제이슨 엘리엇Jason Elliott, 제이슨 엘리스Jason Ellis, 케이시 피슬러Casey Fiesler, 안드레아 포르테Andrea Forte, 수체타 고샬Sucheta Ghoshal, 샤군 자베르Shagun Jhaver, 카밀 해리스Camille Harris, 짐 허드슨Jim Hudson, 커트 루터Kurt Luther, 사리타 쇠네베크Sarita Schoenebeck, 호세 자갈José Zagal에게 감사한다. 대학원생 시절 지도 교수님 글로리아나 대븐포트Glorianna Davenport, 미첼 레스닉Mitchel Resnick도 빼놓을 수 없다.

케임브리지 대학교 출판부의 로렌 카울스Lauren Cowles와 일하게 돼 행운이다. 번개같이 빠른 편집 실력으로 성실하게 일해 훨씬 좋은 책으로 만들어준 데 감사를 표한다.

들어가며

설계와 사회적 행동

/

2004년, 아들 노아가 첫 번째 생일을 맞을 무렵 문제가 생겼다. 생일 케이크를 어떻게 만들어줄 것인가? 노아에겐 심각한 유제품, 대두, 달걀 알레르기가 있었다. 식품 성분표를 잘못 읽거나 어린이집에서 다른 아이의 음식을 한입 먹었다가는 곧바로 응급실행이었다. 하지만 처음 맞는 생일인 만큼 노아에게 꼭 생일 케이크를 만들어주고 싶었다. 고민하던 차에 kidswithfoodallergies.org라는 사이트*를 발견해 질문을 남겼다. "유제품, 대두, 달걀이 들어가지 않는 케이크 조리법을 아시는 분 있나요?" 사이트에 있던 부모들은 나를 따뜻하게 반기며 질문에 답해줬다. 안전하면서도 맛있는 케이크 조리법을 알려줬을 뿐 아니라 다른 방면으로도 도움을 베풀었다. 어린이집 선생님에게 알레르기 관련 주의 사항을 명확하고 효과적으로 전달하는 법을 알려주고, 식당에서 안전하게 음식을 주문하는 법도 조언해

* 편집자_ 식품 알레르기를 겪는 아이가 있는 가정에 다양한 지원을 제공하는 비영리 단체 KFA에서 운영하는 온라인 사이트

줬다. 저마다 귀중한 경험을 공유하고 누구보다도 힘이 되는 감정적인 지지를 해줬다. 알레르기가 있는 유아를 돌보는 극심한 스트레스를 진심으로 이해해준 사람들이었다.

몇 달이 지나자 나 역시 사이트에서 새로운 회원을 반기고 질문에 답하기 시작했다. 몇 가지 주제에 관해서는 전문가가 될 정도였다. 부모들의 공동체는 함께 **공유 지식의 집합체를 만들어가고 있었다.** 온라인 커뮤니티는 지식을 구성하는 데 효과적이다. 3장에서 다루겠지만, 지식의 사회적 본질을 알아갈수록 소셜 미디어가 지식 창조에 적합한 이유를 이해하게 된다. 운 좋게도 노아의 식품 알레르기는 다섯 살이 될 무렵 자연스럽게 사라졌다. 노아가 처음으로 진짜 피자를 먹는 사진을 올리자 사이트의 부모들은 눈물이 난다고 했다.

이 책은 온라인 커뮤니티 설계를 다루며, 온라인 커뮤니티가 어떻게 지식을 창조하는지 혹은 창조에 실패하는지에 중점을 둔다. 인터넷이 어떻게 지식을 창조하는지 깊이 있게 이해하려면 온라인 집단 설계의 다른 측면도 이해해야 한다. 공동체, 협업, 정체성, 나쁜 행동을 관리하는 법, 시장 원리의 영향 등이 중요하다.

온라인 커뮤니티는 각양각색이다. 나는 비디오 게임을 좋아해서 대학원 시절부터 알고 지낸 친구들과 페이스북 그룹에 속해 있다. 그리고 가장 좋아하는 TV 프로그램인 〈그레이 아나토미〉의 팬이 모이는 서브레딧*도 하고 있다(만난 적은 한 번도 없다). 아이를 키우는 학계 종사자 집단, 서브레딧을 관리하는 자원봉사자 집단, 초 · 중 · 고 · 대학교 및 대학원 동기 모임에도 참여한다. 집단마다 각기 다른 방식으로 내게 도움이 된다.

* 편집자_ 레딧Reddit이라는 온라인 사이트 내에서 특정 주제에 관한 콘텐츠를 공유하고 토론하는 온라인 커뮤니티

나는 각 집단에서 나의 서로 다른 측면을 보여주고 다르게 행동한다. 교수인 에이미, 엄마인 에이미, 〈그레이 아나토미〉 팬인 에이미는 매우 다르다. 정체성 표현의 규범은 소프트웨어의 행동유도성affordance과 학습한 행위가 함께 작용해 형성되며, 이러한 규범에 따라 집단 내 역학 관계가 달라진다.

또한 나는 각 집단을 통해 세계를 이해한다. 식품 알레르기 집단에서 대화하면서 식품 알레르기가 있는 아이의 안전을 어떻게 지킬지에 관한 지식과 신념을 형성했고, 친애하는 팬들과 이야기를 나누면서 〈그레이 아나토미〉 시즌 17에 대한 의견을 정리했다. 온라인 대화는 이해의 폭을 넓힌다.

인터넷은 우리가 상호작용하고, 세계를 이해하고, 이해한 바를 타인과 나누는 새로운 방식을 창조한다. 인간이 설계한 시스템이 이 과정을 지원한다. 이 책은 설계와 사회적 행동 간의 상호작용을 논한다. 인터넷을 설계하는 방식은 그 결과로 나타나는 인간 행동과 지식 형성에 영향을 미친다.

인터넷의 강력한 행동유도성 중 하나는 공동체를 창조하는 능력이다. 19세기 산업 혁명 이전에 공동체는 지리적으로 한정된 개념이었다.[1] 이동이 느리다 보니 여행은 드물었고, 가까이 사는 사람끼리 모여 사회적 지지와 유대감을 나눴다. 자동차가 발명되면서 그 범위는 넓어졌고, 인터넷 의사소통이 도입되자 장소 제약 없이 관심사나 가치에 따라 공동체를 찾을 수 있게 됐다. 식품 알레르기가 있는 아이를 키우는 부모는 전 세계에 퍼져 있지만 인터넷이 우리를 모이게 해줬다.

공동체란 무엇일까? 페이스북 그룹이나 서브레딧에서 상호작용하는 사람들의 모임은 공동체일까? 1장에서는 카테고리의 원형 이론을 바탕으로 공동체를 정의한다. 엘리너 로시에 따르면 마음속 카테고리는 '원형' 또는 '최고의 예시'에 기반한다. 예를 들어, 새의 예시로는 타조나 펭귄보다 참새가 더 적합하다. 이와 비슷하게, 공동체 개념은 우리가 생각하는 전형적인 공동체, 즉 작은 마을이나 교회 집단과 결부해 이해할 수 있다. 레이 올든버그의 '제3의 장소'에 대한 연구는 왜 우리에게 직장도 집도 아닌 장소가 필요하며, 이러한 지지 공동체가 어떻게 설계되는지 보여준다. 이어서 온라인 공간의 세부적인 설계적 특징이 어떻게 제3의 장소로 기능하는 데 도움이 되는지 설명한다. 마지막으로, 사회학 연구를 빌려 온라인 의사소통이 어떻게 공동체의 종류를 재구성했는지 그리고 우리 모두가 삶에서 의존하는 긴밀한 유대와 느슨한 유대를 어떻게 변화시켰는지 설명한다.

인터넷의 두 번째 핵심 기여는 협업에 대한 지원이다. 2장에서는 위키피디아나 시민 과학 등 온라인 협업이 건설적으로 활용된 사례를 소개한다. 사람들은 왜 수백 시간을 들여 자발적으로 백과사전 문서를 쓰거나 새를 관찰할까? 이에 대한 답으로 동료 생산의 동기 부여 구조를 설명하고, 동료 생산 방식을 어떤 프로젝트에 활용할 수 있는지 알아본다. 시민 과학을 자세히 탐구하고, 동료 생산이 왜 중요한지에 대한 요하이 벤클러의 이론을 소개하고, 동료 생산 프로젝트의 성공 요인을 탐구한다.

일단 사람들이 온라인에서 함께 무언가를 만들 수 있다는 사실은 확인했다. 하지만 그것이 가치가 있을까? 3장에서는 '위키피디아를 믿을 수 있을까?'라는 질문에 답한다. 인식론, 형이상학, 지식의 사회적 구성이라는 개념을 기반으로 무엇을 '안다'는 것이 어떤 의미인지, 위키피디아가 지식을 쌓는 데 얼마나 효과적인지 알아본다. 여기서는 '진실'이라는 것이 존재하며 지식은 사회적으로 구성된다고 주장한다(진실에 도달하는 길은 간접적이고 불확실하지만). 사회적인 합의는 무엇이 진실인지 측정하는 최선의 방법이지만, 그 합의가 틀릴 수도 있다.

4장은 '지식 형성 공동체'와 인터넷이 어떻게 우리가 **생각하는 법을 바꾸**

는지를 다룬다. 사람들이 무언가를 배울 때 혼자가 아니라 집단에 소속돼 배우는 경향은 점점 강해진다. 주위 사람들의 믿음이 나의 믿음을 형성하며, 인터넷은 이 과정에서 촉매로 작용한다. 어떤 과업을 성취하기 위해 함께 일하는 집단은 '실천공동체'를 형성한다. 온라인에서 협업해 지식을 구성하는 것은 실천공동체에서 일어나는 과정이다. 장 레이브와 에티엔 웽거의 연구를 통해 실천공동체가 어떻게 작동하는지 설명한다. 함께 일하는 사람들은 물론 소프트웨어 환경 요소 또한 지식 형성 과정에 매우 큰 영향을 미친다. 이것은 '분산 인지'의 일종이며, 이를 이해하는 데 에드윈 허친스의 연구가 도움이 된다.

5장에서는 정체성을 논한다. 우리는 온라인에서 상호작용하면서 스스로를 타인에게 표현할 필요가 있다. 이때 정체성을 표현하는 구체적인 방법이 중요하다. 사회학자 어빙 고프먼은 우리가 얼굴을 맞대고 살아가는 세계에서 항상 역할을 연기하고 있다고 설명한다. 이러한 정체성의 요소는 온라인 세계에서 또 다른 형태로 나타난다. 온라인 활동의 핵심 요소 중에는 익명성이 있다. 5장에서 익명 상호작용의 장단점을 설명한다. 사실 우리는 대부분의 시간을 가명(익명인 상태와 실명인 상태 사이 어딘가)으로 살고 있다. 정체성을 드러내는 방법은 온라인 의사소통 환경을 만들 때 강력한 설계적 결정 중 하나다.

인터넷 사용자 대부분이 점점 더 뚜렷하게 느끼고 있듯이 온라인 상호작용은 귀여운 고양이와 마음 따뜻한 이야기가 전부는 아니다. 인터넷은 **해악**이 될 수도 있다. 6장에서는 온라인 행동을 규제하는 방법을 탐구한다. 래리 레식은 규제 방법을 법률, 사회 규범, 시장, 기술로 분류한다. 본문에서 다루겠지만 '언론의 자유'라는 개념은 세계 곳곳에서 다르고, 혐오 발언에 관한 법률 또한 국가마다 크게 다르다. 언론의 자유와 불법적인 발언의 선을 어디에 긋는지는 인터넷과 관련해 가장 뜨거운 논점이다. 우리가 무엇을 읽고 보는지를 넘어서서 **우리가 누구인지**에 관한 문제이기 때문이다. 최악을 가정하면 인터넷에서는 제정신이 아닌 혐오 발언이 일반적인 여론으로 보일 수 있고, 신규 가입자를 쉽게 급진 세력으로 물들일 수 있다. 그런데 어떤 발언이 허락되지 않는다면 그 선은 누가 정할까? 어떤 콘텐츠를 허용할지를 어떻게 균형 있게 판단할 수 있을까?

온라인 플랫폼의 자본 구조는 플랫폼에 본질적인 영향을 미친다. 7장에서는 온라인 사이트가 만들어지고 운영되는 과정에 시장이 어떻게 영향을 미치는지 다룬다. 사이트가 부적절한 콘텐츠와 나쁜 행동을 관리하는 방법은 이와 특히 깊은 관련이 있다. 어떤 종류의 행동 관리가 이뤄지는지는 사이트가 무엇을 감당할 수 있는지에 따라 달라진다. 나는 오늘날의 상업적 사이트는 우리 사회에 건강한 영향을 주지 못한다고 주장한다. 이윤에 기반해 핵심 결정을 내리다 보면 마법처럼 옳은 일이 일어나지는 않기 때문이다. 가치를 바탕으로 운영되는 비영리 플랫폼에 대한 공공 투자가 더 필요하다.

마지막으로 8장에서는 인터넷을 개선하기 위해 할 수 있는 일을 알아본다. 앞서 다룬 주제(공동체, 협업, 지식 창조, 정체성, 행동 관리, 시장 원리)를 다시 훑어보고 온라인 사이트와 그 설계자가 어떤 건설적인 시도를 할 수 있는지 탐구한다. 교육은 많이들 놓치고 있지만 매우 중요한 요소다. 인터넷을 이해하려면 지식과 언론의 자유, 그 외에도 다양한 주제를 섬세하게 이해해야 한다.

이 책은 내가 조지아 공대에서 20년간 학부생과 대학원생에게 '온라인 커뮤니티 설계'를 강의하며 거듭 익힌 내용에 뿌리를 두고 있다. 온라인 상호작용을 설명하는 내용뿐 아니라 이 책에서 소개하는 다양한 이론도 독자에게 유용했으면 한다. 적절한 내용을 골라 원서를 읽어보길 바란다.

목차

목차

01

온라인 커뮤니티는 진짜 공동체일까?

/

2009년, 조지아 공대 석사 과정 학생 버네사 루드 웨덜리와 함께 미니쿠퍼 차주들이 모이는 브랜드 커뮤니티 사이트의 회원들을 인터뷰한 적이 있다. 한 회원의 말이 기억에 남는다.

"손자가 미숙아로 태어나 곧 세상을 떠났어요. 회원들 모두 제게 힘을 주고 함께 해줬죠. 누구도 매일같이 붙잡고 이야기할 수 없었지만 미니쿠퍼 사이트에서는 이야기할 수 있었어요. 그래서 매일 로그인했죠… 의사에게 결국 아이가 살아나기 어려울 거라는 말을 들었을 때도 제일 먼저 사이트에 글을 올렸어요. 새벽 세 시에 누군가를 깨울 수는 없었거든요. 그럴 땐… 생생한 비극이 일어나는 순간에는 온라인 사이트에 있는 사람들에게 손을 뻗는 게 더 쉬워요… 저와 현실에서 가까운 사이가 아니라서 오히려 제 말을 듣고 더 나은 조언을 해줬죠… 덴버에 있는 병원으로 이송된 제 딸은 미니쿠퍼 사이트 사람들에게 소포, 편지, 꽃을 열두 개나 받고 굉장히 놀랐대요. 친구나 가족보다도 먼저였어요. 정말 반응이 빨랐죠. 제 딸을 실제로 아는 사람들이 뭔가 보내기도 전에 온라인 친구들이 감동을 줬어요. 계속 말하지만, 매우 큰 힘이 됐어요."[1]

새벽 세 시에 매우 슬픈 소식을 들으면 누구에게 이야기하고 위로받을 수 있을까? 손자를 잃은 할머니가 미니쿠퍼 차주들이 모인 온라인 모임을 찾다니 언뜻 상상이 되지 않는다. 하지만 미니쿠퍼 사이트는 할머니를 지지해주는 공동체였다. 직접 만나는 친구와 가족의 대체재가 아니라 강력한 보완재였던 셈이다.

사람들은 공동체를 형성하고 서로 힘이 돼줄 때 더 행복하게 살아간다. 사회학은 사람들이 어떻게 집단을 조직하는지 그리고 집단에서 구성원들이 어떻게 서로 지지하는지 연구하는 분야다. 온라인 의사소통이 활발해지면서 사회적 지지의 형태는 복잡한 변화를 겪었다. 이 장에서는 인터넷이 공동체의 형태를 어떻게 바꿔놓았는지 살펴본다. 그 전에 한발 물러서서 공동체를 정의해보자.

공동체란 무엇일까?

이 책을 읽는 여러분도 공동체라는 개념을 나름대로 정립하고 있을 것이다. 디시인사이드 갤러리 이용자들의 모임은 공동체일까? 인스타그램에서 같은 해시태그를 팔로우하는 사람들은 어떨까? 공동체란 과연 무엇일까?

인지 과학은 이 질문에 답하는 데 도움이 된다. 공동체란 서로 관련된 사람들의 집단을 묶는 **카테고리**category라고 할 수 있다. 여기서 '카테고리'라는 말의 섬세한 뉘앙스를 이해해야 한다. 엘리너 로시에 따르면 마음속 카테고리는 단순히 어떤 대상을 포함하고 배제할지 정하는 규칙으로 만들어지는 것이 아니라 **원형**prototype을 기준으로 형성된다. 각 카테고리에는 하나 이상의 가장 적절한 핵심 구성 요소가 있다. 새를 예로 들자면 타조나 펭귄보다는 참새나 제비가 전형적이다.[2] 이러한 핵심 구성 요소가 카테고리의 원형이며, 우리는 원형과의 관련성을 기준으로 다른 요소를 이해한다.

카테고리 내 요소들은 구성 요소로서의 자격이 각기 다르며, 자격 수준은 핵심 구성 요소와의 유사점과 차이점에 따라 결정된다.[3] 그러나 로시에 따르면 카테고리의 핵심 구성 요소를 기준으로 하는 설명은 언어학적 편의를 위한 것이다. 그보다는 카테고리에 속하는 각 요소의 '전형성의 정도'라는 설명이 정확하다. 이해가 쉽도록 전형성이 높은 요소를 카테고리의 원형이라고 부르는 것이다.

놀랍게도 전형성의 정도는 객관적이며, 반응 속도 연구를 통해 추정할 수 있다. '참새는 새일까?'라는 질문에 대한 반응은 '펭귄은 새일까?'라는 질문에 대한 반응보다 빠르다. 그 차이는 1초도 채 안 되지만 측정 가능하며 반복적으로 나타난다. 같은 문화권에서 성장한 사람들을 대상으로 실험하면 일관된 결과를 얻을 수 있다.[4]

카테고리의 경계는 분명할 수도, 불분명할 수도 있다. 예를 들어, 두 카테고리 '승용차'와 '트럭'의 경계는 불분명하다. 스포츠형 다목적 차량SUV은 두 카테고리에 동시에 속한다. 그러나 SUV는 승용차에서도 트럭에서도 다소 동떨어진 구성 요소다. 포드 익스플로러가 승용차나 트럭의 이상적인 사례가 되기는 어렵다.

카테고리의 전형성 이론으로 여러 가지 어려운 문제에 답할 수 있다. 미술관에서 한 가지 색으로만 칠한 캔버스를 보며 이것이 과연 '예술'인지 의문이 생겼다고 하자. 답은 무엇일까? 예술은 전형성에 기반한 카테고리다. 서구 문화에서 전형성이 높은 예술 작품은 레오나르도 다 빈치의 「모나리자」나

클로드 모네의 「수련」 등이다. 단색화는 포드 익스플로러가 승용차에 속하는 것과 같은 원리로 예술에 속한다. 즉, 예술 카테고리의 가장 전형적인 구성 요소와는 상당한 차이가 있는 구성 요소다.

공동체라는 카테고리로 돌아가보자. 방금 설명한 관점에서, 특정 집단이 공동체인지 아닌지는 깊이 있는 통찰을 낳기 어려운, 잘못 만든 질문이다. 공동체라는 카테고리는 경계가 불분명하다. 그 대신 특정 집단이 공동체의 이상적인 모델과 얼마나 유사한지 생각해볼 수 있다. 이것이 더 생산적인 질문이다. 전형적인 공동체 모델의 본질이 무엇인지 다시 생각하고, 구체적인 특징을 자세히 탐구하고, 각각의 특징이 왜 중요한지 또는 중요하지 않은지 고민해볼 수 있기 때문이다.[5]

공동체의 개념은 문화권마다 상대적이다. 미국인이 생각하는 전형적인 공동체는 작은 마을과 종교 모임, 즉 서로를 정기적으로 만나고 이해관계를 공유하는 사람들의 집단이다. 문화권에서 공유하는 원형의 형태에 따라 공동체의 개념이 다르므로 문화권마다 이상적인 모델도 다르기 마련이다.

공동체는 그 종류에 따라 구성원에게 다양한 가치를 제공한다. 미국의 전형적인 종교 모임이나 작은 마을은 위기에 처한 구성원을 돕는다. 이 기준에 따르면 미니쿠퍼 온라인 커뮤니티는 공동체다. 한밤중에도 슬픔에 빠진 할머니의 말벗이 돼줬고, 오프라인 친구보다도 먼저 위로 편지와 꽃을 보냈다. 하워드 라인골드의 저서 『가상 공동체The Virtual Community』 중 '웰의 심장The Heart of the WELL'에는 인터넷 초기의 유명 게시판 시스템인 웰의 회원들이 서로 어떻게 도왔는지 기록돼 있다. 백혈병 환아의 부모를 위해 힘을 합쳤고, 회원이 뉴델리에서 심한 병에 걸리자 의료 후송을 받을 수 있도록 힘쓰기도 했다.[6] 위기의 순간에 도움의 손길을 내민 사례가 특히 눈에 띄지만, 온라인 커뮤니티를 통한 사회적 지지는 다른 형태로도 이뤄진다. 낸시 베임에 따르면 "온라인 커뮤니티 및 소셜 네트워크 회원들이 서로 가까운 관계에서 자주 발견되는 감정적 지지를 제공하는 사례"는 흔하다.[7]

온라인에서 공동체가 어떻게 나타나는지 생각할 때, 중요한 질문은 다음과 같다.

'의미 있는 지지를 주고받는 대면 공동체의 특징은 무엇일까?'

'회원에게 공동체의 가치를 제공하는 온라인 사이트를 어떻게 설계할 수 있을까?'

'대면으로는 불가능한 지지를 온라인 상호작용이 어떤 식으로 새롭게 제공할 수 있을까?'

완벽을 기하기 위해 이런 질문도 꼭 필요하다.

'대면 공동체가 종종 억압적인 이유는 무엇이며, 온라인 상호작용에서 이러한 단점을 어떻게 줄일 수 있을까?'

나 홀로 볼링

사회학자 로버트 퍼트넘의 유명한 논문에 따르면, 시민 단체에 가입한 미국인 수를 조사했더니 가입 비율이 1960년대에서 1990년대 사이 급감한 것으로 드러났다. 퍼트넘은 사람 간의 관계가 줄어들고 있다고 밝히면서 볼링 인구는 줄지 않았지만 볼링 동호회 가입자 수는 줄었다는 사례를 들었다. 『나 홀로 볼링Bowling Alone』*이라는 제목으로 논문과 책이 출간됐고, 기억하기 쉬운 제목 덕분에 큰 영향력을 발휘했다. 퍼트넘은 이 추세가 나타난 이유를

* 편집자_『나 홀로 볼링』(페이퍼로드, 2016)

다양하게 분석한다. 첫째, 이 기간에 집밖에서 일하는 여성의 수가 늘었다. 원래는 주부들이 시민 단체에 필요한 노동의 상당 부분을 담당했지만, 직장 여성은 봉사 활동을 할 시간이 없었다. 둘째, (해당 기간에 늘어난) TV 시청 시간 때문에 사람을 만나는 활동이 어려워졌을 수 있다.[8]

우리는 모두 '나 홀로 볼링'을 하고 있는 걸까? 그렇다면 이것이 문제가 될까? 사회를 연구하는 사회학에서는 이런 질문들이 중요하다. 사회학자가 사회적 지지를 측정하는 방법 중 하나는 사회 자본social capital이라는 개념이다. 사회 자본은 "사회 구조에 내재된 자원의 총합 또는 목적 있는 행위를 위해 사회적 연결망의 자원에 접근할 수 있는 잠재력"으로 정의할 수 있다.[9] 한 가지 맥락에서 맺은 유대 관계는 후에 정보, 영향력, 결속력을 제공하며 다른 상황에서 유용할 수 있다.[10] 시민 조직에 참여하는 행위는 지역 공동체 내의 사람들을 알게 되고 사회 자본을 쌓는 한 가지 방법이다. 이런 조직에 가입하는 일이 줄어든 지금, 인터넷이 새로운 방식으로 사람들을 연결하는 데 도움이 될까?[11]

느슨한 유대의 힘

인터넷이 사회 자본에 미치는 영향을 이야기하려면 긴밀한strong 유대와 느슨한weak 유대의 구분이 중요하다. 이는 마크 그래노베터가 획기적인 논문 「느슨한 유대의 힘」에서 처음 사용한 용어다.[12] 긴밀한 유대는 친한 친구나 가족 구성원 사이의 관계를 말한다. 이를테면 돈을 빌려달라거나 병원에 함께 가달라고 부탁할 수 있는 사람이다. 느슨한 유대는 지인을 말한다. 몇 년간 만나지 않은 어린 시절 친구나 전 직장 동료, 한두 번 만나본 친구의 친구 같은 사람이다. 느슨한 유대 관계는 무언가를 물어볼 수 있는 정도의 관계다.

느슨한 유대에는 놀라운 힘이 있다. 그래노베터는 사람들이 어떻게 현재의 직업을 갖게 됐는지 조사했는데, 대부분은 느슨한 유대 관계에서 정보를 얻었다고 답했다. 그럴 만도 하다. 긴밀한 유대 관계인 가족이나 친구가 연결해줄 수 있는 사람은 상대적으로 적지만, 느슨한 유대를 통하면 수십 배 많은 사람을 소개받을 수 있다.

긴밀한 유대 관계는 **결속 자본**bonding capital을 창조한다. 느슨한 유대는 **교량 자본**bridging capital을 제공한다. 우리는 보통 가족, 직장, 학교 등 상호 연결성이 높은 집단 여러 곳에 속하며 집단 구성원끼리는 모두 알고 지낸다. 서로 관계가 깊은 개인이 모인 집단 내에서 긴밀한 유대를 통해 접근할 수 있는 사람과 아이디어는 제한적이다. 한편 다른 대학교에 다니는 학생과 느슨한 유대를 맺고 있다고 하자. 그 사람은 그 학교 학생들에게 나를 소개해줄 수 있다. 서로 분리된 사회 연결망 사이에 교량을 만드는 셈이다. 다른 사회 집단 구성원을 알게 되면 분리된 집단과 나를 연결하는 다리가 생기면서 많은 사람과 새롭게 유대를 맺을 수 있다.

다양한 인생 경험과 지식이 있는 사람들을 두루 알고 지내면 이런저런 상황에서 도움을 받을 수 있다. 예를 들어, 갑자기 질병을 진단받으면 거대한 사회 연결망에서 같은 질병을 앓는 사람을 찾아 관련 정보를 얻을 수 있다. 사회 연결망이 넓은 사람은 다른 도시로 이사할 일이 생겼을 때 어느 동네가 살기 좋은지 말해줄 사람을 쉽게 찾을 수 있을 것이다.

흥미롭게도, 유대 관계가 많을수록 시야가 넓어져 좋은 아이디어를 떠올릴 수 있다. 로널드 버트는 기업에서 혁신적인 아이디어가 개발되는 과정을 연구한 결과, 여러 집단 구성원과 관계를 맺은 사람일수록 좋은 아이디어를 낼 확률이 높다는 사실을 알아냈다.[13] 기업이 위기를 맞았을 때, 자신의 팀원밖에 모르는 사람보다는 지사에도 지인이 있고 물류 및 원자재 조달 관리자와도 친한 사람이 더 넓은 차원에서 문제를 이해할 확률이 높다. 느슨한 유대는 집단을 이어준다는 면에서 특히 강력한 힘을 발휘한다.

이처럼 느슨한 유대는 힘이 있기에, 인터넷 의사소통은 명백히 사회 자본 강화에 중요하다. 컴퓨터를 매개로 하는 의사소통은 느슨한 유대를 유지하는 데 매우 효과적이다. 페이스북 등의 플랫폼으로 오래된 학창 시절 친구나 전 직상 동료와 연락하며 지낼 수 있다. 소셜 미디어는 친구의 친구를 연결하면서 사회 연결망을 엄청나게 확장한다. 온라인에서는 새로운 사람을 만나 느슨한 유대를 형성하기도 쉽다. 온라인 소셜 네트워크는 교량 자본을 강화하며[14] 온라인 의사소통은 대면 의사소통을 장려하는 경향이 있다.[15] 온라인 커뮤니티와 대면 공동체는 상호 보완적이다.

SNS가 가져다주는 것

네트워크를 매개로 하는 비대면 사회 자본과 대면 사회 자본 간에는 흥미로운 차이가 있다. 키이스 햄튼은 네트워크 기반 사회 자본이 더 **지속적**persistent이고 **광범위**pervasive하다고 주장했다.[16]

사회적 이동이 쉬워지면서 사람 사이의 연결은 약해졌다. 소셜 네트워크는 지속적인 연결을 촉진해 "이동성에 대항하는 힘"이다.[17] 몇 년간 얼굴을 보지 못한 사람과 연락하고 지내는 일이 점점 쉬워지고 있다. 인간관계를 유지하려면 노력이 필요한데, 여러 네트워크에서 지원하는 '인간 대 네트워크 의사소통'을 이용하면 하나의 메시지를 여러 사람이 볼 수 있어 큰 도움이 된다. 지인 한 명 한 명에게 공들여 크리스마스 카드를 쓰는 일에 비하면 소셜 네트워크에 크리스마스 메시지를 올리는 일은 비교도 안되게 쉽다. 물론 개인에게 보내는 메시지가 더 힘이 있지만, 소셜 네트워크 게시글 역시 가치가 있으면서도 품은 거의 들지 않는다. 이 책을 쓰기로 계약했다고 페이스북에 올렸을 때 155명이 '반응'하고 32명이 축하 댓글을 남겼다. 가족, 현재 근무하는 대학의 교수진과 직원, 다른 대학 교수, 예전에 가르친 학생, 대학원 동기, 레딧*의 게시판 관리자 둘, 어머니의 친한 친구가 댓글을 달았다. 키보드 몇 번 두드렸을 뿐인데 이렇게 많은 사람과 소통할 수 있었다.

햄튼에 따르면 광범위한 인지pervasive awareness는 "사회관계로 묶인 지인의 일상에 스며 있는 흥미, 장소, 의견, 활동에 관해 알려주는 디지털 의사소통 기술의 포괄적인 속성" 덕분에 가능하다.[18] 사회관계를 맺은 사람들에게 일어나는 일을 어느 정도 인지하고 있으면 관계망의 활용도는 더 높아진다. 소셜 미디어를 통해서 내가 이직을 원할 때 적당한 곳에 자리가 있는지, 내가 방문할 지역에 살고 있는 지인이 있는지, 내 아이 또래의 십 대 자녀에게 운전을 가르치고 있는 부모가 있는지 알 수 있다. 이와 같은 광범위한 인지를 통해 느슨한 유대에서 얻을 수 있는 사회 자본이 강화된다.

지리적 공동체에는 심각한 단점이 있다. 햄튼과 웰먼은 "19세기 또는 긴밀한 유대로 이어진 사회관계를 맺고 밀집해 살던 형태의 공동체에는 언제나 본질적으로 단점이 있었다. 밀도 높은 관계 때문에 유사한 신념, 배경, 활동에 순응해야 했다. 또한 엄격한 사회 위계에 따라 개인이 의사소통할 수 있는 대상은 제한됐다"라고 밝혔다.[19] 개인의 일이 곧 모두의 일이라면 개인주의와 자유가 꽃피기는 어렵다. 구시대 공동체의 편협함을 벗어나는 것은 새로운 사회관계의 장점이다. 그러나 안타깝게도 인터넷에서 편협함이 재생산되는 사례를 찾을 수 있다. 햄튼과 웰먼은 온라인 조리돌림과 신상 털기(익명 또는 가명을 사용하는 인터넷 사용자의 개인정보를 폭로하는 것) 등 확연

* 옮긴이_ 미국의 인터넷 커뮤니티

한 추세가 보인다고 지적했다. 이러한 문제점은 6장에서 더 알아본다.

지속적이고 광범위한 형태의 새로운 공동체에는 예상치 못한 부작용도 있다. **관심의 비용**cost of caring도 그 사례다. 소셜 네트워크가 활발해지면서 우리는 느슨한 유대 관계를 맺은 사람에게 일어나는 비극을 접하기 쉬워졌다. 소셜 네트워크가 없다면 대학 룸메이트의 사촌이 죽었다는 슬픈 소식은 알 길이 없었을 테지만 요즘은 이런 비극적인 정보로 스트레스를 받는 경우가 매우 많다.[20]

또 다른 의외의 부작용은 **침묵의 나선**spiral of silence이다. 어떤 문제를 논의할 때 청중이 동의할 것 같지 않으면 목소리를 내지 않는 경향을 말한다. 대면 환경에서 일어나는 침묵의 나선 현상은 의사소통에 관한 다양한 연구를 통해 오래전부터 보고된 바 있다. 놀랍게도 햄튼은 주로 온라인에서 상호작용하는 사람은 온라인 환경과 대면 환경 모두에서 의견을 말하지 않을 확률이 더 높다는 사실을 알아냈다. 온라인 의사소통은 다른 사람들이 내 의견에 동의하지 않을 수 있다는 의식을 강화하고, 그에 따라 온라인에서도 대면 환경에서도 논쟁적인 화제에 관해 의견을 말하지 않게 되는 것이다.[21] 온라인 토론을 통해 시민들이 중요한 문제에 의견을 낼 수 있고 공론의 장이 넓어진다면 이상적이겠지만, 아무도 까다로운 주제를 논하려 하지 않고 어려운 문제에 대한 시민 논의를 촉진하는 공간이 없다면 이는 현실이 될 수 없다.

제3의 장소, 집과 직장의 일상에서 벗어난 곳

수없이 많은 온라인 공간 중에서도 회원들의 사회적 유대감을 특히 성공적으로 끌어내고 유지시키는 곳들이 있다. 여기에 영향을 주는 설계적 특징은 무엇일까? 이 질문에 답하기에 앞서 활발한 사회적 접촉이 일어나는 물리적 공간의 특징을 이해해야 한다.

1989년, 사회학자 레이 올든버그는 『제3의 장소The Great Good Place』* 라는 멋진 제목으로 책을 펴냈다.[22] 올든버그는 질적 연구를 하는 학자다. 로버트 퍼트넘처럼 양적 연구를 하는 사람은 수량을 확인한다. 학부모회나 볼링 동호회 가입자 수를 세는 식이다. 한편 질적 사회학은 인류학에 가깝다. 올든버그는 술집과 카페에서 많은 시간을 보내며 그곳에서 이뤄지는 상호작용을 관찰했다. 연구 주제를 한마디로 정리하면 다음과 같다. 이런 공간은 구성원에게 어떤 가치를 제공할까?

올든버그는 누구에게나 직장도 집도 아닌 곳, 즉 제3의 장소third place가 필요하다고 주장한다. 직장과 집은 사회관계에 대한 인간의 욕구를 완전히 충족하지 못한다. 이후 올든버그는 몇 년간 다양한 환경에서 일상적인 공적 생활을 연구했다. 그의 연구 결과는 온라인에서 제3의 장소를 어떻게 설계할지 방향을 제시해준다.

첫째, 올든버그는 제3의 장소가 **중립지대**neutral ground여야 한다고 지적한다. 주최자와 손님이 따로 없고, 동등한 자격을 지닌 사람들이 모인 곳이어야 한다. 그리고 **접근성이 좋은 위치**proximate location에 있고 운영 시간이 길어 사람들이 오가기 쉬워야 한다. 올든버그는 자신의 책에 이렇게 썼다.

> 제3의 장소에서는 대부분 계획도, 일정도, 조직도, 체계도 없는 활동이 이뤄진다. 하지만 여기에 묘미가 있다. 조직을 선호하는 중산층의 특성에서 벗어났다는 것이 제3의 장소의 특징이자 매력이며, 따라서 집과 직장의 일상에서 완전히 탈출할 수 있게 해준다.[23]

* 편집자_『제3의 장소』(풀빛, 2019)

올든버그는 제3의 장소가 모든 사람을 평등하게 한다고 강조한다.

> 사람들은 자신과 사회적 계급이 가장 비슷한 사람들 중에서 동료, 친구, 동반자를 선택하는 경향이 있다. 그러나 제3의 장소는 그 가능성을 확장하는 기능을 한다… 제3의 장소에서는 사회적 지위보다 성격의 매력과 색깔이 중요하다.[24]

제3의 장소는 쾌활하고 즐거운 분위기다. 계획 없이 활동이 이뤄지며, 주로 하는 일은 대화다. 따라서 제3의 장소에는 대화를 촉진하는 게임이 가장 잘 어울린다. 예를 들어, 비디오 게임보다는 대화가 쉬운 다트가 적절하다.

단골(늘 그 장소를 찾는 사람들)은 제3의 장소의 꽃이라고 할 수 있다. 이들은 서로 다른 시간에 와서 서로 모르는 사람들을 연결하는 사회적 접착제 역할을 하며, 장소의 사회 규범을 확립한다. 사람들은 단골을 보고 그 장소에서 어떻게 행동해야 할지 익힌다.

올든버그는 제3의 장소를 찾는 사람들마다 환영받는 정도가 다른 현상을 관찰했다. 가장 따뜻하게 환대받는 사람은 돌아온 단골, 즉 모두가 알지만 한동안 오지 않았던 사람이다. 단골이 그다음이며, 새로운 사람을 데려온 단골이 그 뒤를 따른다. 둘이 함께 온 낯선 사람이 그다음이다. 혼자 온 낯선 사람은 집단에 받아들여지는 속도가 가장 느리다. 이와 같은 수용 순서를 보고 사회적 역학 관계를 알 수 있다. 구성원이 어떤 사람들이며 서로 어떻게 상호작용하는지가 드러난다.

전통적인 제3의 장소는 보통 단일 성별로 구성됐다. 현재 시각에서는 시대착오적으로 보일 수 있다. 현대의 단일 성별 온라인 공간에 관해서는 5장에서 추가로 다룬다.

마지막으로, 제3의 장소는 외관이 평범하다. 제3의 장소는 단골이 친구 혹은 초대한 사람과 어울릴 수 있는 곳이며, 낯선 사람을 받아들이지 않는 경우도 있다. 유대감과 대화가 중요하다는 면에서, 올든버그는 연예인이 종종 나타나고 옷을 갖춰 입고 가야 하는 인기 장소보다는 편한 옷을 입고 들르는 동네 술집 같은 제3의 장소를 선호한다. 이렇게 장소의 스타일마다 방문하는 사람도, 수행하는 기능도 다르다.

올든버그가 술집과 카페를 연구했다면, 비슷한 연구를 한 윌리엄 화이트는 도시의 야외 공간을 다룬다. 날씨가 좋으면 붐비는 공공장소와 늘 한적한 곳의 차이는 무엇일까? 화이트는 뉴욕의 공원과 광장을 시작으로 도시의 공공장소를 연구해 흥미로운 설계 요소를 여럿 찾아냈다. 먼저, 성공적인 공공장소는 외부와 어느 정도 분리돼 있으면서도 개방감을 준다. 분리돼 있어서 '장소'라는 느낌을 주면서도 주위에서 누구나 이 장소를 볼 수 있어 들어가고 싶은 마음이 들게 한다. 사람들을 끌어들일 수 있는 공통의 관심사가 있다면 더 좋다. 셔플보드나 체스 등 활동을 유도하는 것 역시 성공적인 공공장소의 특징이다. 화이트는 벤치, 식수, 화장실 등 기본적인 편의 시설을 갖춰야 한다는 점에도 주목했다.[25]

모니터 속 제3의 장소

대면 사교 활동이 활발한 공간에 관한 연구는 온라인 커뮤니티 설계에 시사하는 점이 많다. 예를 들어, 미니쿠퍼 사이트는 올든버그와 화이트가 언급한 여러 특징을 대부분 갖췄다. 미니쿠퍼라는 브랜드는 사람을 끌어들이는 **공통 관심사**로서 화이트가 말한 **분리된 느낌**을 준다. 아무나 찾는 공간이 아니라 공통점(특정 자동차 브랜드에 대한 관심)이 있는 사람들이 모인다는 느낌이다.

그러나 일단 공유 공간에 들어온 사람들은 자동차에 국한되지 않고 온갖 화제로 대화한다. **대화가 주요 활동이다.** 이 공간에서는 배경이 각기 다른 사람들이 서로 **평등한 관계**에서 대화한다. **계획되지 않은** 활동이 이뤄진다. **접속이 쉬우며**(올든버그가 강조한 '접근성이 좋은 위치'가 온라인에서 구현된다) 운영 시간은 말할 것도 없이 길다. 공간은 항상 열려 있어 한밤중에도 손자를 잃은 할머니가 도움을 받을 수 있었다. 심지어 다양한 시간대의 사람들이 모여 있어 올든버그의 **운영 시간** 개념은 한 차원 올라갔다. 같은 시간대에 사는 사람들이 모두 잠들어도 지구 반대편 어딘가에는 깨어 있는 사람이 있을 것이다.

올든버그가 이상적으로 여긴 동네 술집이나 화이트가 관찰한 도시공원과 광장은 '제3의 장소' 카테고리의 매우 전형적인 구성 요소다. 이와 같이 대표적인 사례를 연구하면서 얻은 통찰을 활용해 온라인 공간(브랜드 커뮤니티, 갤러리, 페이스북 그룹, 기타 다중참여 가상 현실 공간 등)을 설계할 수 있다.

현실에 있는 제3의 공간과 가상 공간의 가장 유사한 점은 단골에 해당하는 '고인물'의 역할이다. 온라인 사이트에는 늘 접속해 있고 모든 것을 아는 사람들이 있다. 회원들을 이어주는 일종의 사회적 접착제 역할을 하는 사람들이다. 모르는 회원을 소개하기도 하고 한동안 접속하지 않던 회원이 돌아오면 그동안 무슨 일이 있었는지 알려준다. 소규모 페이스북 그룹이나 인터넷 카페에서도 동네 술집에서만큼이나 활발하게 일어나는 현상이다.

게다가 고인물은 그 공간에서 어떻게 행동해야 할지 알 수 있도록 분위기를 형성한다. 사람들은 언제나 접속해 있고 모두에게 알려진 고인물을 관찰하면서 어떻게 행동해야 할지 파악한다. 조용한 찻집과 폭주족이 모이는 술집에서 기대되는 행동 양식은 서로 다르다. 어떤 공간에 들어간 사람은 거기 있는 다른 사람, 특히 단골을 관찰하며 규칙을 배운다. 온라인 공간 역시 마찬가지다. 미니쿠퍼 사이트는 유쾌한 분위기로 뭐든 허용되는 반면 캠벨 수

프 사이트는 (루드의 연구에 따르면) 좀 더 전통이 있고 예절을 요구하며, 두 사이트 회원들은 서로 다르게 행동한다.[26] 온라인에서 고인물은 관리자 역할을 맡아 어떤 콘텐츠가 허용되는지 결정할 권한을 지니는 경우도 많다. 이러한 경우에 그들은 사이트의 사회 규범을 확립한다.

공간의 시각적 디자인 역시 어떻게 행동할지에 관한 신호가 된다.[27] 건축적 요소(천장이 높고 창이 큰 공간인지, 천장이 낮고 창이 없는 공간인지), 가구(흰 테이블보가 덮여 있는지, 오래된 나무 테이블인지), 다른 구성원의 복장(정장인지, 청바지인지, 가죽옷인지)은 어떤 사람이 이 공간에 속하고 이 공간에서는 어떻게 행동해야 하는지 암시한다. 온라인 공간에서도 마찬가지로 시각적 디자인을 통해 기대하는 바를 전달할 수 있다. 단순한 사이트보다는 3D 가상 현실 공간처럼 시각 요소가 많으면 디자인을 활용한 의사소통이 더 쉽지만, 디자인이 아주 단순하더라도 이미지, 폰트, 레이아웃을 통한 표현이 가능하다. 의도적으로 꾸미지 않는 것 역시 기대하는 바를 전달하는 한 가지 방법이다.[28]

대면 공동체에는 다양한 종류가 있다. 예를 들어, 학부모회, 동네 카페를 자주 찾는 사람들, 청소년 스포츠 팀 단원, 코치, 학부모 등이다. 다시 말해, 공동체에는 장르가 있다. 온라인 모임도 마찬가지로 장르가 다양하다. 건강, 기술, 사회 문제 등 동일한 주제에 관심 있는 사람끼리 혹은 출신 학교와 학번이 같은 동문끼리 온라인에서 모인다. 공간의 설계자로서 회원들이 서로 지지하는 상호작용을 촉진하고자 한다면 다른 집단(온오프라인)을 관찰하며 얻은 공간 설계에 대한 통찰을 적용하는 방법이 있다.

뉴비, 고인물, 리더, 올드비

대면 공동체에서 사람들은 여러 가지 사회적 역할을 맡는다. 온라인에서도 같은 양상이 펼쳐진다. 리처드 바틀의 고전적인 논문 「하트, 다이아몬드, 클로버, 스페이드: 머드에 적합한 플레이어」는 온라인 사이트에서 서로 다른 역할을 맡는 사람들을 통찰력 있게 분석한 초기 자료다.[29] 머드는 '멀티유저 던전multi-user dungeon'의 약자로, 텍스트로만 구성돼 있고 여러 플레이어가 접속하는 원시적인 온라인 게임을 말한다. 보통 〈던전 앤 드래곤Dungeons & Dragons〉처럼 몬스터를 죽이고 마법의 보물을 찾는 형태였다. 바틀은 플레이어를 성취자achiever, 탐험가explorer, 사교가socializer, 살인자killer 등 네 종류로 분류했다. 탐험가는 세계와 상호작용하고(미지의 장소 찾기), 성취자는 세계에서 행동하고(게임에서 승리하기), 사교가는 다른 플레이어와 상호작용하고, 살인자는 다른 플레이어를 대상으로 행동한다(무력한 상대 공격하기). 바틀은 이를 도표로 표현했다(그림 1-1).

무엇보다 흥미로운 사실은 여러 종류의 플레이어가 일종의 생태계를 구성하며 네 종류가 모두 있어야 사회적 균형이 이뤄진다는 점이다. 예를 들어, 플레이어가 모두 성취자라면 다들 강박적으로 게임을 하느라 다른 플레이어는 필요가 없어진다. 모두 사교가라면 게임이 이뤄지지 않아 여느 채팅방과 다름없을 것이다. 살인자가 있으면 성취자와 탐험가에게는 도전 과제가, 사교가에게는 화제가 생긴다. 네 종류의 플레이어가 균형을 이루면 만족스러운 상호작용이 일어난다.

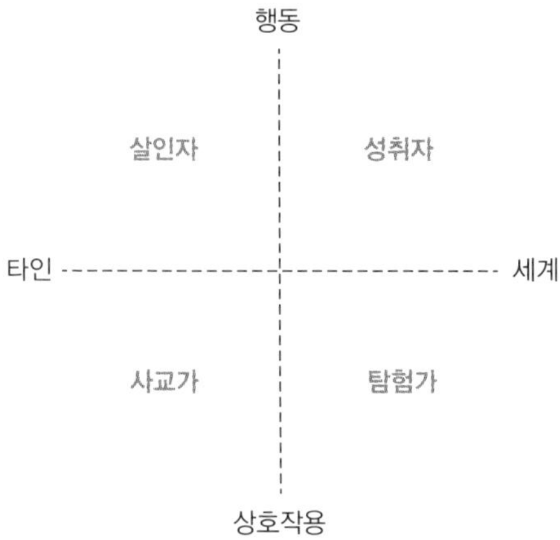

그림 1-1 머드 플레이어의 종류(바틀, 1996)

플레이어는 종류가 다양한 데다 한 사람의 역할이 하나로 고정돼 있지 않다. 시간이 지나면서 누구나 공동체에서의 역할이 바뀐다. 모든 고인물은 한때 신입, 이른바 뉴비였다. 시스템 디자이너 에이미 조 킴은 저서『성공적인 온라인 커뮤니티 구축 전략Community Building on the Web』[*]에서 '회원의 생애 주기'를 다룬다. 새로운 온라인 커뮤니티에 합류하는 사람은 방문자로 시작해서 '뉴비, 고인물, 리더, 올드비'의 길을 밟는다. 킴은 온라인 사이트 설계자나 관리자가 각 단계의 회원을 지원할 수 있는 상세한 설계 전략을 제시하며, 어떻게 "방문자를 환영하고, 뉴비를 지도하고, 고인물에게 보상하고, 리더에게 힘을 실어주고, 올드비를 존중할지" 다룬다.[30] 바틀이 관찰한 플레이어 종류처럼 생애 주기 집단 간에도 늘 움직이는 사회적 균형이 있다. 각 단계 회원의 수가 적절해야 한다. 예를 들어, 뉴비를 도와줄 리더에 비해 뉴비가 너무 많아도 적어도 문제가 된다.

바틀과 킴은 여러 온라인 사이트를 폭넓게 직접 경험하면서 이러한 역

* 편집자_『성공적인 온라인 커뮤니티 구축 전략』(안그라픽스, 2001)

할에 관해 밝혀냈다. 역할이 분명하게 드러나지 않는 경우도 있었다. 에릭 글리브의 연구 팀은 사회적 역할에 개인의 행동과 관련된 **행동의 규칙성**behavioral regularity과 상호작용하는 사람의 패턴을 뜻하는 **네트워크 특성**network property이 있다고 말한다.[31] 온라인 활동의 흔적을 보고 사회적 역할을 알아낼 때는 질적 분석과 양적 분석을 둘 다 사용할 수 있다. 예를 들어, 글리브 연구 팀은 온라인 토론 사이트의 데이터를 분석해 참여자들을 답하는 사람, 토론하는 사람, 토론을 촉진하는 사람 등 세 종류로 나눴다. 답하는 사람이 대부분의 질문에 대답했으며 토론하는 사람은 다른 사람과 활발하게 의사소통하고 대화를 이어갔다. 토론을 촉진하는 사람은 댓글이 많이 달리는 게시글을 쓰는 경향을 보였다. 역할에 따라 어떤 일을 하는지, 누구와 대화하는지가 다르게 나타났다. 어떤 역할을 맡은 사람들이 커뮤니티를 형성하고 있는지 알아내면 설계자는 각 역할을 지원하고 회원들이 필요한 역할을 맡도록 장려할 수 있다.

매우 중요한 참여 형태가 하나 남았다. **경청**listening이다. 프리스와 노네크는 온라인 사이트에서 경청하지만 대화에 참여하지 않는 '눈팅족lurker'을 연구했다. 이들은 듣기만 하는 것도 그 자체로 유효한 참여 형태라는 설득력 있는 주장을 펼쳤다(모두가 늘 말할 수는 없다. 누군가는 들어야 한다!).[32] 흥미롭게도, 이들은 서로 다른 주제를 다루는 토론 집단마다 경청만 하는 사람의 비율이 다르다는 사실을 알아냈다. 예를 들어, 건강에 관한 논의보다 기술에 관한 논의를 할 때 눈팅족이 더 많았다. 기술 지원 집단에서는 질문에 답변이 달리면 보통 대화가 끝났다. 그러나 건강 지원 집단에서는 답변이 달린 뒤에도 다른 사람이 경험이나 조언을 남겼고, 맞장구를 치거나 끼어드는 일도 많았다. 그 결과, 전반적인 눈팅 비율은 기술 지원 커뮤니티에서 더 높았다.

기술 지원과 건강 지원은 온라인 토론의 **장르**이며, 장르는 참여자가 상호작용하는 패턴의 차이를 유발하는 경향이 있다. 온라인 상호작용은 대부분 장르와 연결해 이해할 수 있으며, 어떤 장르의 온라인 상호작용이 중요한지에 관한 이해는 아직 초기 단계에 있다.

커뮤니티의 암묵적 규칙

커뮤니티마다 서로 다른 양상의 인간 상호작용이 이뤄진다. 기술 지원 커뮤니티와 건강 지원 커뮤니티를 비교하면 행동 양식에 차이가 있으며, 심지어 기술 지원 커뮤니티 간에도 꽤 큰 차이가 나타난다. 커뮤니티의 장르가 같더라도 극적으로 다른 양상을 띠기도 한다는 뜻이다. 예를 들어, 레딧Reddit의 '파이썬' 게시판은 뉴비의 질문을 따뜻하게 환영한다. 질문이 명확하지 않거나 예전에 올라온 것과 겹치더라도 여전히 질문자를 도우려는 댓글이 달린다. 뉴비는 늘 환영받는다. 반대로, 스택 오버플로StackOverflow* 사이트에는 모든 질문이 새로워야 한다는 규칙이 있다. 중복이거나 정리되지 않은 질문은 폐쇄돼 댓글이 달리지 않는다. 실수와 무지가 용인되지 않아서 뉴비들은 보통 이 사이트가 무섭다고 느낀다. 두 사이트는 주요 회원층이 다르며, 직접적인 방법과 미묘한 방법을 통해 이를 알린다. 둘 다 프로그래밍 지원 집단이지만 권장되는 행동과 회원들이 서로 관계를 맺는 방식은 매우 다르다.

미니쿠퍼 사이트 회원들은 사이트에서 어떻게 행동해야 할지 어떻게 배울까? 캠벨 수프 사이트와는 매우 다른 행동 규칙이 어떻게 만들어졌을까?

* 옮긴이_ 개발자들이 프로그래밍에 대한 질의응답을 주고받는 사이트

사회 규범social norm은 집단에서 자연스럽게 발생하는 암묵적 행동 규칙이다. 온라인 커뮤니티 활동은 대부분 이러한 규범의 지배를 받는다. **이 규범은 어디에서 시작되며, 온라인 사이트 설계자는 이러한 규범을 어떻게 형성할 수 있을까?** 이것은 사회적 공간의 설계를 관통하는 핵심 질문이다. 이 책에서 소개하는 모든 내용(이 장의 공동체, 5장의 정체성, 6장의 나쁜 행동 관리 등)은 각기 다른 측면에서 이 질문을 다룬다.

케이시 피슬러는 온라인 팬픽 공유 사이트를 연구하며 사람들이 집단 내 다른 구성원의 행동을 관찰함으로써 사회 규범을 배운다는 사실을 확인했다. 이러한 사회 규범은 커뮤니티의 근본 가치에 따라 형성된다. 앞서 언급했듯 커뮤니티의 핵심은 고인물이다. 사람들은 특히 고인물 회원의 행동을 관찰함으로써 커뮤니티에서 어떻게 행동할지 배운다.[33] 커뮤니티의 리더가 전형적인 구성원으로 비칠수록 의도적으로 특정한 행동 양식을 취해 다른 회원들에게 영향을 미치고 집단의 규범을 형성하는 데 기여하는 능력이 커진다.[34] 따라서 에이미 조 킴의 분석에 따르면 "고인물을 보상"하고 "리더에게 힘을 실어주는" 것이 온라인 커뮤니티 설계의 핵심 원칙이다.[35]

사회 규범의 본질이 무엇이며 이를 어떻게 형성하는지에 관한 주제는 몇 가지 연구 분야, 특히 사회심리학과 의사소통 분야에서 굉장히 주목받고 있다.[36] 온라인 커뮤니티 설계와 관련해 이러한 규범이 서로 다른 하위 집단에서 어떻게 다르게 나타나는지는 주목해야 할 지점이다.

사회 규범을 어기는 사례 또한 흔하다. 커뮤니티 구성원들은 규범을 이해하지 못하거나 고의로 위반하기도 한다. 6장에서는 온라인에서 어떤 행동이 용납되지 않는지를 어떻게 결정하며 이에 어떻게 대응할지 살펴본다.

정리하기

공동체라는 단어는 관념적인 카테고리를 지칭한다. 인지 과학에서 원형에 기반하는 카테고리에 관한 이론에 따르면 카테고리는 가장 적절한 사례에 따라 정의된다.[37] 우리는 전형성이 높은 구성 요소와의 관계를 통해 카테고리의 구성 요소를 이해한다. 공동체라는 카테고리에 속하는 가장 적절한 구성 요소는 아마도 작은 마을이나 종교 모임일 것이다. 온라인 커뮤니티가 회원에게 어떤 가치를 제공하는지 이해하기 위해 가장 유사한 대면 공동체와 설계적 특징 및 패턴을 비교해볼 수 있다.

사회 자본은 사회 구성원들이 서로를 얼마나 지지하는지 측정하는 한 가지 기준이다.[38] 사회관계는 긴밀한 관계(가까운 가족과 친구)와 느슨한 관계(지인)로 나뉜다. 마크 그래노베터는 느슨한 유대가 특히 사회 자본을 제공하는 강력한 힘이 있다는 사실을 발견했다. 예를 들어, 그래노베터의 연구에서 새로운 일자리를 찾은 사람 대다수는 느슨한 유대를 통해 구인 정보를 접했다. 사회 자본에는 (긴밀한 유대 사이의) **결속** 자본과 (여러 사회 집단에 걸친 느슨한 유대를 이용하는) **교량** 자본이라는 두 종류가 있다. 소셜 네트워크는 느슨한 유대와 교량 자본을 강화하는 데 특히 효과적이다.[39]

컴퓨터 네트워크로 발생한 사회 자본은 **지속적**이고 **광범위**하다. 인생의 한 시점에 지나친 사람과 계속 연락하기가 보다 쉽고, 인생의 중요한 사건부터 일상 활동까지 지인에게 일어나는 일을 인지할 수 있다. 이는 사회 자본을 강화하는 한편 **관심의 비용**이 발생하고 **침묵의 나선**에 더 취약해진다는 부작용이 있다.[40]

제3의 장소, 즉 직장도 집도 아닌 장소는 사회적 지지를 제공하는 귀중한 원천이다. 술집, 카페, 도시공원 등 오프라인에 있는 제3의 장소의 특징을

연구하면 온라인 사이트 설계에 도움이 된다.[41]

온라인 커뮤니티에서 개인은 여러 가지 **사회적 역할**을 맡는다. 각 구성원은 회원의 생애 주기에서 다른 시점에 있으며[42] 같은 단계에서도 스스로 집단 내에서 다른 역할을 선택할 수 있다. 사회적 역할에 따라 행동 패턴과 네트워크 특성(보통 누구와 대화하는지)이 달라지며, 이는 온라인 활동을 양적, 질적으로 분석해 알아볼 수 있다.[43] 서로 다른 사회적 역할을 하는 사람들이 모여 커뮤니티 내에서 일종의 행동학적 생태계를 창조하며, 각 역할의 균형이 잘 잡혀 있으면 커뮤니티는 보다 효과적으로 작동한다.

응용하기

온라인 활동은 대부분 단순히 개인 활동이거나 거래와 관련돼 있다. 새 양말을 주문하면 며칠 뒤에 도착한다. 스포츠 경기 결과를 찾아보면 수십 개 사이트가 앞다퉈 어느 팀이 이겼고 게임이 어떻게 진행됐는지 말해준다. 그러나 종종 인터넷에서는 흥미로운 방식으로 상호 지지하는 집단이 형성된다. 사회 자본, 긴밀한 유대와 느슨한 유대, 결속 자본과 교량 자본, 제3의 장소, 사회적 역할 등 사회학의 핵심 개념들은 이러한 집단을 이해하는 데 도움이 된다. 사회학 개념은 왜 어떤 공간이 다른 공간보다 성공적인지, 온라인 의사소통이 구성원에게 어떻게 도움이 되는지, 어떻게 더 효과적으로 사회적 지지를 제공할지 이해하는 데 도움이 된다. 온라인 커뮤니티에서 발생하는 인간관계 패턴을 추적해 특정 온라인 의사소통 플랫폼의 설계적 특징을 알아볼 수 있다. 대면 집단과의 유사성을 기반으로 혁신적인 온라인 사이트를 만들 수 있을 것이다.

02

온라인 협업으로 무엇을 성취할 수 있을까?

2006년, 두 살배기 아들을 데리고 버펄로 버거 전문점 테즈몬태나그릴에 갔다. 아들은 벽에 붙어 있는 버펄로 사진을 보고 물었다. "버펄로는 어떻게 울어요?" 그 자리에서는 모른다고 답할 수밖에 없었지만, 집에 돌아가 유튜브에서 '버펄로 울음소리'를 검색했다. 그러자 정확히 우리가 원했던 검색 결과가 맨 위에 떴다.

이런 일이 가능하리라고 예측할 수 있었는가? 나는 몰랐다. 대학원 시절 지도 교수님 미첼 레스닉과 이런 주제로 이야기를 나눈 적이 있다. 인터넷에 무작위로 단어를 검색해서 의미 있는 결과를 얻는 것이 가능해질 것인가? 둘 다 말도 안 되는 이야기라고 생각했다. 그럴 리가 없지! 1992년쯤이었으니 이해할 만하다. 최초의 웹 브라우저 모자이크NCSA Mosaic가 논의 대상이었으니, 우리의 근시안적인 시각도 변명의 여지가 있지 않은가. 인터넷 검색으로 유의미한 결과를 얻는 것도 놀랍지만, 유튜브 검색으로 버펄로 콘텐츠를 찾는 것은 더욱 놀랍다. 유튜브나 위키피디아 같은 사이트는 콘텐츠가 진정한 유용성을 갖는 임계량critical mass*에 도달했다.

인터넷을 토대로 한 대규모 협업의 성과는 대단하다. 버펄로에 대해 궁금하다면 유튜브에서 생김새와 울음소리를 찾아보거나 위키피디아에서 버펄로의 역사를 읽을 수 있는데, 이런 일이 가능해진 것은 아파치 서버, 파이어폭스 브라우저, 리눅스 운영 체제 덕분이다. 인터넷은 새로운 형태의 협업을 가능하게 해 엄청난 성과를 낳았다. 인터넷에서 협업은 어떤 방식으로 이뤄질까?

1장에서는 온라인에서 사람들이 어떻게 서로 지지하는 커뮤니티를 만드는지 탐구했다. 온라인 커뮤니티 구성원이 하는 중요한 일 한 가지는 협업으로 콘텐츠를 생산하는 것이다. 유용한 자원(유튜브 영상이나 위키피디아 콘텐츠)을 만들기도 하고 단순히 이해의 폭을 나누기도 한다. 온라인 협업이 성공하거나 실패하게 만드는 요소는 무엇일까? 위키피디아와 유튜브 같은 사이트의 자발적 참여자들은 협업을 통해 전에 없이 귀중한 자원을 만들어오고 있다. 이 장에서는 어떻게 이런 일이 가능했는지 살펴본다.

백과사전의 죽음과 위키피디아

어린 시절에 쓰던 침실의 책장에는 아직도 베이지색 표지의 묵직한 책들이 1미터도 넘게 줄지어 꽂혀 있다. 1975년판『월드북 백과사전』과 1975년부터

* 옮긴이_ 바람직한 결과를 얻기에 충분한 양

1994년까지 업데이트된 내용을 담은 『연감Year Book』이다(그림 2-1).

그림 2-1 어린 시절 침실에 있는 『월드북 백과사전』과 『연감』

어머니는 내가 초등학교에 다닐 때 백과사전을 사줬다. 당시 아버지 없이 계약직 통계학자로 혼자 생계를 꾸려가던 어머니에겐 큰돈이었을 테지만 어머니는 아이가 쉽게 읽고 이해할 수 있는 정보를 담은 자료가 집에 꼭 있어야 한다고 생각했다. 인터넷 시대에 자란 독자를 위해 설명하자면, 인터넷이 전혀 없던 시절에 뭔가 찾아보려면 직접 도서관까지 찾아가야 했다. 따라서 집에 백과사전이 있으면 큰 도움이 됐다. 누군가 어린 나에게 그 책을 끝으로 우리 가족은 백과사전을 사지 않게 될 것이라든지, 내 아이가 초등학교에 갈 때쯤 백과사전의 출판본은 찾아보기 어려워질 거라고 말했다면 믿지 않았을 것이다. 2021년 현재 『월드북 백과사전』은 인쇄본으로 판매되지만 『브리태니커 백과사전』은 2010년부터 온라인으로만 볼 수 있고 『마이크로소프트 엔카르타Microsoft Encarta』는 2009년 발행이 중단됐다. 특정 분야를 다루는 백과사전은 아직 꽤 남아 있다.

백과사전 단행본은 누구나 편집할 수 있는 인터넷 기반 백과사전인 위키피디아의 급부상과 함께 거의 쓸모가 없어졌다. 나에게 협업 컴퓨팅

collaborative computing 역사상 가장 큰 놀라움은 위키피디아가 **가능하다**는 것이었다. 위키피디아가 실현되는 과정을 세부적으로 알아보면 위키피디아뿐 아니라 유사한 협업 매체를 통해 또 어떤 일이 가능한지 이해할 수 있다.

2000년대 초, 지미 웨일스와 래리 생어는 누피디아Nupedia라는 온라인 백과사전 작업에 착수했는데, 여기에는 상대적으로 전통적인 출판 모델을 적용했다. 초반에 백과사전 표제어 항목을 만드는 작업이 더디게 진행되자 저자들은 워드 커닝햄의 '위키wiki' 기술을 적용한 작업 공간에서 표제어를 발전시킨 후에 누피디아로 옮기기로 했다.[1] 위키는 누구나 편집 가능한 페이지가 있는 온라인 사이트로, 무제한의 버전 히스토리가 중요한 특징이다. 수정 내용이 마음에 들지 않으면 페이지의 이전 버전 어디로든 돌아갈 수 있다. 무엇이든 되돌릴 수 있으니 누구든 자유롭게 편집하게 둬도 된다. 위키의 작업 공간에서 콘텐츠가 빠르게 발전하자, 웨일스와 생어는 편집 가능한 공개 페이지가 단순히 개발 중에 쓰는 작업 공간이 아닌 정식 콘텐츠가 될 수도 있겠다고 생각했다. 2001년 초, 이들은 '위키피디아'라는 도메인을 선점했고 위키 버전은 정식 버전이 됐다.[2]

누구든 위키피디아를 편집할 수 있게 하자는 결정은 언뜻 이해가 가지 않는다. 로그인조차 필요 없었고 익명의 편집이 허용됐다. 위키피디아에 관심을 가진 사람이 많았기에 가능한 일이었다. 콘텐츠를 망치려는 시도나 깊이 고민하지 않은 수정 내용은 빠르게 삭제됐다. 2004년, 페르난다 비에가스 등은 누군가 음란한 글을 쓰면 1.7분 만에, 내용을 대량 삭제하면 2.8분 만에 대응 조치가 이뤄진다는 점을 관찰했다.[3] 시간이 지나면서 위키피디아를 훼손 행위로부터 보호하기 위한 여러 가지 절차가 생겨났다. 페이지가 여러 차례 훼손되거나 논쟁적인 주제라서 사람들이 서로의 작업을 계속 뒤엎는 경우(이른바 편집 전쟁edit warring)에는 일시적 또는 영구적으로 신뢰할 수 있는 편집자만 해당 페이지를 편집할 수 있도록 제한한다. 명백한 훼손 행위를 감지하고 되돌리는 자동화 절차(봇bot)도 생겼다.[4] 3장에서는 위키피디아가 얼마나 믿을 만하며, 콘텐츠 전문가가 아닌 일반 시민이 창조한 콘텐츠 자원이 있다는 것이 어떤 의미인지 더 깊이 다룬다.

2021년 1월 기준, 위키피디아는 306개 언어로 만들어져 있으며* 그 중 19개 언어는 문서가 100만 개 이상이다. 위키피디아는 온라인 협업이 무엇을 이룰 수 있는지 보여주는 한 가지 사례일 뿐이다. 사람들이 온라인에서 자율적으로 모여 진행하는 대규모 프로젝트는 보통 동료 생산peer production이라고 하며 그 형태는 여러 가지다. 개방형 콘텐츠 퍼블리싱(위키피디아), 오픈 소스 소프트웨어, 시민 과학, 온라인 협동 창작 등이 있으며 사람들이 함께 일하는 방식과 구조는 형태에 따라 다르다.

온라인 협업은 다양한 질문을 제기한다. 온라인 협업으로 성취할 수 있는 성과에는 무엇이 있을까? 사람들이 기여하게 만드는 동기는 무엇일까? 만들어진 결과물이 쓸모 있는지는 어떻게 확인할까? 온라인 협업의 한 가지 성공 사례는 시민 과학이다. 자원한 참여자들이 온라인 및 오프라인에서 활동하며 자연계와 관련된 데이터를 수집 및 분석하고 실제로 과학자들에게 유용한 자료를 만들어낸다.

백지장도 맞들면 낫다

과학자 한 명이 자연계에 관해 무엇을 알아낼 수 있을까? 자발적인 보조자 수천 명이 있다면 도움이 될까? 인터넷 기반의 협업 관리 소프트웨어가 있다면 도움이 된다. 수많은 지원자가 협업해 은하계나 조류 개체군에 관한 정

* 편집자_ 2023년 4월 기준으로는 320개 언어로 만들어져 있다.

보를 분류 및 수집해 과학적 데이터베이스를 구축하고, 단백질의 3D 구조를 발견하고, 심지어 새로운 수학 정리를 증명해낸다.

시민 과학의 관행은 사실 컴퓨터 발명 이전으로 거슬러 올라간다. 예를 들어, 크리스마스 시즌 겨울 철새 세기Christmas Bird Count는 1900년에 시작됐다.* 당시 흔한 크리스마스 행사로 누가 가장 많은 사냥감을 쏘는지 겨루는 '사이드 헌트side hunt'가 있었다. 미국자연사박물관의 프랭크 M. 채프먼은 사이드 헌트가 환경에 미치는 영향을 우려해 새를 죽이지 말고 **세어**보자고 제안했다. 1900년에는 조류 관찰자 27명이 조류 90종을 관찰했으며 2018년 크리스마스까지 119년에 걸쳐 조류 관찰자 2,615개 팀이 새 2,638종, 4,900만 마리를 셌다.[5] 인터넷 기술 덕분에 더 넓은 지역에 걸친 지원자들의 대규모 활동 결과를 취합하는 일이 쉬워졌다. 이동형 컴퓨터가 보급되면서 환경 보호 프로젝트를 수행하는 현장에서 데이터를 바로 기록할 수 있게 됐다.[6]

잘 알려진 시민 과학 프로젝트로 영국 옥스퍼드 대학교 천문학자들이 2008년에 만든 갤럭시 주Galaxy Zoo가 있다. 최첨단 로봇 조종 망원경은 멀리 떨어진 은하계의 이미지를 대량으로 포착할 수 있고, 그 양은 천문학자들이 하나하나 분석할 수 없을 만큼 방대하다. 은하 사진을 보고 나선형인지 타원형인지, 나선팔이 있는지 없는지 알 수 있을까?[7] 실험 결과, 컴퓨터가 자동으로 은하 이미지를 분류하게 만드는 일은 놀랄 만큼 어려운 과제였다. 머신러닝의 한 종류인 딥러닝 기술이 발달하며 최근에는 유망한 결과가 나오기도 했지만[8] 2008년에는 컴퓨터가 은하계를 잘 분류하지 못했다. 반면 이것은 사람에게는 쉬운 일이었다. 옥스퍼드 대학원생 케빈 쇼빈스키는 박사 논문에 사용하기 위해 분류된 이미지가 대량으로 필요했고 도움을 받아야겠

* https://www.audubon.org/conservation/history-christmas-bird-count

다고 생각했다.[9] 그렇게 갤럭시 주라는 온라인 사이트를 만들어 자원봉사자들이 이미지를 분류하도록 했다.

갤럭시 주 사이트는 2008년 온라인에 공개됐고, 3주 만에 자원봉사자 15만 명이 사진 5,000만 장을 분류했다. 자원봉사자들이 기존 데이터의 이미지를 모두 분류해버리는 바람에 프로젝트가 일시 중단되는 일까지 있었다. 이후에 새로 등록된 데이터는 심지어 더 빨리 처리됐다. 2009년, 갤럭시 주 창시자들은 주니버스Zooniverse라는 새 온라인 사이트를 만들어 다른 종류의 데이터 분류까지 프로젝트를 확장했다. 정글 사진에 있는 동물을 파악하거나 해저 사진에 있는 물고기를 알아보는 등이었다. 프로젝트 범위는 생눌학을 넘어서서 제1차 세계 대전 참전 군인이 손으로 쓴 일기나 테이트 모던Tate Modern 미술관이 소장한 예술가의 메모를 옮겨 쓰는 데까지 확장됐다.[10]

다만 시민 과학 프로젝트가 반드시 해결해야 할 과제는 자원봉사자가 제공하는 정보의 신뢰도다. 어떤 사진을 보고 한 명이 나선형 은하라고 분류했다면 이 의견은 옳을까? 아닐 수도 있다. 하지만 수십 명이 나선형이라고 봤다면 신뢰도가 높아진다. 갤럭시 주는 먼저 자원봉사자들을 교육해 은하 이미지의 중요한 특징을 익히도록 하고, 사진 하나를 스무 명이 평가하도록 했다. 크라우드소싱 프로젝트에서는 데이터 하나를 몇 명이 독립적으로 처리해야 할지 계산한다. 먼저 명확한 답이 있는 샘플 데이터, 즉 검증된 자료를 여러 사람이 처리하게 한다. 그리고 원하는 수준의 신뢰도를 얻으려면 몇 명이 평가해야 하는지 계산한다. 예를 들어, 6명이 평가하면 정확도가 80%, 15명이 평가하면 99%라고 하자. 99%가 충분하다면 16명이 평가할 필요가 없다. 이런 방식으로 특정 업무에 평가자가 몇 명이나 필요한지 계산한다.

자원봉사자의 수행 능력이 **전문가보다 나을** 때도 있다. 한 가지 예는 주니버스 플랫폼에서 이뤄진, 세렝게티 초원 스냅 사진에서 동물을 파악하는 프로젝트다. 스완슨 등은 교육을 받지 않은 자원봉사자 여러 명의 판단이 97.9%의 정확도를 보인 반면 전문가 한 명은 96.6%의 정확도를 보였다고 밝혔다. 이와 같이 전문가도 실수할 수 있다. 검토할 사진이 많다면 더 그럴 것이다. 이때 판단을 검토할 사람이 있으면 도움이 된다.[11] 시민 과학 프로젝트를 효과적으로 진행하는 방법이 연구 주제로 떠오르고 있으며 핵심 고려 사항은 데이터 품질 개선이다.[12]

환경에 관련된 데이터 수집(크리스마스 시즌 겨울 철새 세기)이나 데이터 분석(갤럭시 주 프로젝트)은 시민 과학으로 성취할 수 있는 다양한 프로젝트 중 일부에 불과하다. 안드레아 위긴스 그로버와 케빈 크로스턴은 시민 과학 활동을 다섯 가지 카테고리로 나눴다. 각각 사회 운동action(과학적 방법을 사용한 지역 문제 참여 장려), 보존conservation(천연 자원 관리 목표 지원), 조사investigation(실제 환경으로부터 데이터 수집), 가상virtual(전적으로 온라인에서 이뤄지는 프로젝트), 교육education(봉사를 핵심 목표로 하는 프로젝트)이다.[13] 각 시민 과학 프로젝트가 자원봉사자에게 요구하는 전문성과 집중도의 수준은 모두 다르다. 갤럭시 주에서 은하 사진을 분류하는 사람은 몇 분을 쓸 수도, 몇 시간을 투자할 수도 있다. 그레이트 선플라워Great Sunflower 프로젝트는 꿀벌에 관한 데이터를 수집한다. 자원봉사자들은 정해진 종류의 해바라기를 심고 최소 3회, 회당 5분간 몇 마리의 벌이 해바라기를 찾는지 세어 데이터를 제출한다.[14] 코넬 대학교 조류학 실험실의 네스트워치NestWatch 프로젝트에서는 봉사자들이 매번 몇 시간을 걸어 멀리 있는 인공 새집을 관찰하러 간다.[15] 연안 관측 및 바닷새 조사Coastal Observation and Seabird Survey Team, COASST 프로젝트 봉사자들은 6시간에 걸쳐 훈련을 받고, 1년간 매달 해변에 관측을 나가서 죽어 있는 새를 찾는다. 한 번 관측하는 데만 몇 시간이 걸리고, 특별히 기록해야 할 대규모 '떼죽음die-off'이 발생하면 시간은 더 길어진다. 이와 같이 봉사의 종류에 따라 투자하는 시간은 달라진다.

무엇이 사람들을 참여하게 할까?

사람들은 왜 시민 과학 프로젝트에 참여할까? 데이나 로트먼과 동료들은 프로젝트 참여 동기를 심층적으로 이해하고자 미국, 인도, 코스타리카의 시민 과학 프로젝트 참여자 44명을 인터뷰했다. 개인적으로 흥미가 있어서, 커리어에 도움이 돼서, 과학에 기여하고 싶어서, 과학 공동체에 소속되고 싶어서, 사회적 책임감을 느껴서 등이 **최초** 참여 동기로 꼽혔다.[16]

이러한 요소는 사람들을 끌어들인다. 하지만 프로젝트 참여자 대부분은 활동을 그렇게 오래 지속하지 않는다. 자발적 참여자들이 기여하는 작업 전체를 놓고 보면 가장 활발한 참여자 일부가 상당한 분량을 수행한다. 사워만과 프란조니는 주니버스 프로젝트 7개를 검토한 결과 봉사자 중 상위 10%가 작업의 80%를 완수했다고 밝혔다.[17] 앞으로 다루겠지만, 오픈 소스 소프트웨어 등 다른 동료 생산에도 같은 패턴이 나타난다.

활동을 오래 지속하는 소수의 자원봉사자들은 어떤 동기로 머무르는 것일까? 로트먼 등은 사람들의 장기적 동기가 최초 동기와는 다르다는 점을 알아냈다. 장기적 동기로는 다른 봉사자 및 과학자와 관계를 쌓았다는 점과 기여한 바를 공식적, 비공식적으로 인정받았다는 점이 있다.[18]

참여자에게 동기를 부여하는 일은 시민 과학 프로젝트 설계자에게 우선적인 과제다. 프로젝트는 새로운 참여자를 끌어들이는 동시에 헌신적으로 오랫동안 참여하는 참여자가 생기도록 유도해야 한다. 로트먼은 주로 내면적 동기로 참여한 사람들을 연구했다. 활동 자체가 보상이 되는 경우는 내면적 동기로, 보상이 활동과 분리돼 있다면 외부적 동기로 분류한다. 예를 들어, 책 읽기를 좋아해서 독서를 한다면 내면적 동기가 있는 것이고 '올여름 다독왕'이 되려 한다면 외부적 동기가 있는 것이다. 어떤 활동을 게임으로 바꾸는 것, 즉 게임화gamification는 외부적 동기(예: 점수, 우승)를 더해준다. 이런 접근법을 취한 사례로는 폴딧Foldit 프로젝트가 있다. 폴딧 프로젝트 참여자들은 단백질의 3D 구조를 찾아낸다. 단백질 구조를 파악하는 일은 너무 복잡해서 슈퍼컴퓨터를 써도 단시간 내에 단백질의 형태를 계산할 수는 없었다. 폴딧 창시자 세스 쿠퍼와 동료들은 상호작용 애플리케이션을 만들어 참여자들이 다양한 전략을 시도해 가능한 구조(분자가 보유하는 에너지를 최소화하는 구조)를 찾아내도록 했다. 단백질의 최초 구조가 퍼즐로 제시되고, 참여자들은 가장 에너지가 낮은 버전을 만들어내려고 서로 경쟁했다.[19] 해답을 평가해 점수가 매겨지고, 각 단백질에 대해 최선의 해결책을 찾아낸 사람이 순위 게시판에 올랐다. 점수와 순위 게시판 등 비디오 게임에서 빌려온 특징이 사람들의 참여를 장려했다.

폴딧 참여자들은 또한 팀을 결성해서 단백질 접힘 문제의 해결책을 함께 찾을 수도 있다. 팀원과의 협동은 또 하나의 중요한 참여 동기이고, 사람들은 팀에 자부심을 가진다. 폴딧의 두 팀은 HIV 바이러스의 매우 중요한 단백질 구조를 밝히는 데 기여했다. 쿠퍼와 동료들은 결과를 발표하면서 기여자들을 공저자로 등재했는데, 이들은 각자의 본명 대신 팀명(폴딧 컨텐더 그룹Foldit Contenders Group과 폴딧 보이드 크러셔 그룹Foldit Void Crushers Group)을 올리길 택했다.[20]

프로젝트를 게임화하는 아이디어를 처음 실험한 사람은 루이스 폰 안이다. 첫 게임은 〈ESP 게임ESP Game〉이었는데, 참여자는 사진을 보고 다른 참여자가 사진에 있는 사물을 어떤 말로 묘사할지 맞힌다. 서로 의사소통이 불가능한 두 참여자가 같은 단어를 선택하면 점수를 받는다. 이 데이터의 실제 용도는 이미지 레이블링이었다. 두 참여자 모두 '개'를 선택했다면 이 사진에는 개가 있을 확률이 높다. 더 많은 사람이 동의할수록 결과의 신뢰도는 높아진다. 레이블링은 이미지 검색에 유용하고 시각 장애인이 화면 낭독 프로그램으로 인터넷에 접속하는 데도 도움이 된다. 참여자들은 게임 배포 몇 달 만에 이미지 1,000만 개를 레이블링했다.[21] 주니버스 프로젝트에서는 과학에 기여할 의지가 있고 천문학 연구에 참여하는 일이 멋지다고 생각하는 사람들이 무보수로 은하계 사진을 레이블링한다. 폰 안의 〈ESP 게임〉 참여자들은 그리 멋지지 않은 이미지도 기꺼이 레이블링한다. 이렇게 게임화하는 방법은 동료 생산 시스템을 설계할 때 유용한 도구다.

〈ESP 게임〉 같은 시스템을 크라우드소싱이라고 한다. 이 책에서는 크라우드소싱과 동료 생산을 동의어로 사용한다. 하지만 보통 크라우드소싱이라는 용어는 자원한 참여자들이 이미지 파악 등 단순 작업을 할 때, 동료 생산은 애니메이션 영화의 한 장면을 만들거나 협동해 수학 정리를 증명하는 등 더 복잡한 작업을 할 때 사용한다.

블로그 댓글로 수학 정리 증명하기

시민 과학은 온라인 협업의 한 가지 형태일 뿐이다. 사람들은 온라인에서 협업해 세계에 관한 지식, 예술, 심지어 순수 수학 등 다양한 콘텐츠를 만들어낸다. 동료 생산에서는 대부분 단순 작업을 한다. 사진에 개가 있는지, 은하계 사진이 나선형인지 타원형인지 판단하는 등이다. 하지만 폴딧 프로젝트에서 봤듯 동료 생산을 잘 구조화하면 참여자들이 보다 고차원적으로 기여하도록 할 수 있다. 그렇다면 동료 생산으로 수학 정리를 증명할 수도 있을까? 실제로 폴리매스 프로젝트Polymath Project가 여기에 도전하고 있다.

폴리매스 프로젝트는 유명한 수학자 티모시 가워스Timothy Gowers가 시작했다. 가워스는 수학계의 노벨상으로도 불리는 필즈상 수상자다. 역시 필즈상 수상자인 테런스 타오Terence Tao도 프로젝트에 합류했다. 두 창시자의 명성 덕분에 폴리매스는 곧 관심을 끌고 신뢰를 얻었다. 이런 프로젝트를 무명의 누군가가 시작했다면 바로 급격한 인기를 얻지는 못했을 것이다. 가워스는 다양한 사람이 다양한 방식으로 수학적 사고에 기여하는 모습을 보고 싶었고, 참여하는 사람이 많을수록 번뜩이는 아이디어가 나올 가능성이 높아질지 궁금했다.

폴리매스는 블로그에서 진행되며 사람들은 댓글을 달아 참여한다. 저스틴 크랜쇼와 아니켓 키투르는 폴리매스 프로젝트의 초기 활동을 통해 협업을 지원 혹은 저해하는 요소를 연구했다.[22] 온라인 협업으로 정리를 증명하고자 최초로 시도한 폴리매스 1의 활동을 세부 분석한 것이다. 2009년 2월부터 5월까지 블로그 게시글 14개에 댓글 1,555개가 달렸다. 최종 증명에 중요한 기여를 한 댓글에는 번호가 매겨졌다. 번호가 매겨진 댓글을 단 사람은 총 29명이었다. 상위 기여자 10명이 전체 댓글의 90%를 달았다(시민 과학, 오픈 소스 소프트웨어 사례와 같은 패턴이다). 기여자들의 배경은 필즈상 수상자인 가워스와 타오부터 수학과 신입 조교수, 대학원생, 고등학교 수학 교사까지 다양했다. 기여자 중 4명은 수학 논문을 발표한 적이 없으며 발표한 논문이 한 건뿐인 사람도 6명이었다. 크랜쇼에 따르면 댓글을 많이 달지는 않았지만 성공적인 최종 증명에 상당한 기여를 한 사람도 있었다.

타오는 프로젝트 초반에 각 토론 게시글의 댓글을 100개로 제한하자고 제안했다. 토론이 너무 복잡해지지 않게 하려는 의도였는데, 부수적 효과로 리더들이 댓글 100개의 마지막에 그동안 진행한 논의를 요약하게 됐다. 이러한 설계적 선택으로 프로젝트에 모듈성modularity*이 생겼다. 이어서 다루겠지만 업무의 모듈성은 협업을 증진하는 중요한 요소다.

폴리매스는 어려운 과제를 다루는 만큼 매우 흥미로운 온라인 협업 사례다. 이어서 동료 생산으로 무엇을 성취할 수 있는지에 관한 이론적 연구를 소개한다.

온라인 협업으로 과제 해결하기

동료 생산으로 과제를 해결하는 것은 다른 방식, 예컨대 회사나 프리랜서에게 비용을 지불하고 해결하는 것과 어떻게 다를까? 보상 체계의 효과를 연구하는 경영학 학자들은 흥미로운 관점을 제시한다. 이 주제는 7장에서 다시 다룬다. 경영학에서는 시간과 비용을 고려한 자원 집약도에 따라 어떤 프로젝트에서 얼마큼의 일을 할 수 있는지 정해진다고 말한다. 법학 교수 요하이 벤클러는 논문 「코스의 펭귄 또는 리눅스와 기업의 본질」에서 동료 생산이 근본적으로 새로운 현상이라고 주장한다.[23] 벤클러가 인용한 경영학 논문에서 로널드 코스Ronald Coase는 기업firm과 시장market의 차이를 다룬다. 기업은 직원을 고용하면 이들에게 사무 공간을 제공하고 급여를 지불하며 시간을 관리할 책임이 있다. 기업은 명령으로 관리되는 자원의 집합체이며 **조직 비용**organization cost이 발생한다. 직원을 고용하지 않고 외부의 개인이나 집단에 업무를 맡기면 조직 비용은 발생하지 않지만 **거래 비용**transaction cost이 발생한다. 적당한 인력을 찾고, 가격을 협상해야 하며, 누가 결과물을 소

* 옮긴이_ 한 성분의 변경이 다른 성분에 최소의 영향만 미치도록, 프로그램을 기능별로 분할할 수 있는 정도

유할지, 업무가 제때 완수되지 않거나 사양이 부정확하면 어떻게 할 것인지 법적으로 합의해야 한다. 코스는 세계가 기업, 시장, 혼합 등 세 가지 모델로 이뤄졌다고 분석하며 세 모델의 역학 관계를 설명한다. 벤클러에 따르면 "사람들은 시장을 이용했을 때의 이익에서 거래 비용을 제한 값이, 기업에서 같은 업무를 했을 때의 이익에서 조직 비용을 제한 값을 초과할 때 시장을 이용한다."[24]

그렇다면 동료 생산은 기업일까, 시장일까? 벤클러는 둘 다 아니라고 답한다. 그는 동료 생산이 근본적으로 새로운 패러다임이며 심오한 의미를 지닌다고 주장한다. 사람들이 특정한 과제를 맡게 되는 과정을 생각해보자. 기업 모델에서는 관리자가 이 과정을 통제한다. 관리자는 누가 어떤 업무를 맡을지 생각하고 직원마다 능력, 관심사, 활용 가능한 시간을 고려해 해결할 일을 할당한다. 시장 모델에서는 업무에 가격을 매김으로써 할당이 이뤄진다. 두 모델 다 중대한 **비효율성**inefficiency과 **정보 누락**loss of information의 가능성이 있다. 예를 들어, 기업에서는 직원 수에 비해 일이 너무 적거나(비효율성) 관리자가 각 직원의 능력을 정확히 이해하지 못할(정보 누락) 수 있다. 시장에서는 거래를 준비하는 전체 절차가 하나로 고정돼 있지 않다. 해당 업무에 적절한 사람을 찾는 시간이 오래 걸리거나(비효율성), 사실은 자격이 없는 사람을 선택하는(정보 누락) 상황이 발생할 수 있다. 반면 동료 생산에서는 개인이 스스로 업무를 선택한다. 이 편이 더 나은 접근일 것이다. 누군가의 능력과 관심사를 가장 잘 이해하는 사람은 바로 본인이기 때문이다. 모두가 자신이 가장 잘할 수 있고 하고 싶은 일을 선택한다는 면에서 벤클러는 동료 생산이 전반적으로 인간의 창의력을 더 잘 분배할 수 있다는 결론을 내렸다. 동료 생산을 옹호하는 벤클러의 주장은 개인의 능력에 관한 스스로의 판단이 관리자의 판단보다 정확하다는 확신에 바탕을 둔다. 상황에 따라 이 주장이 얼마나 타당한지는 실제 사례를 통해 탐구해야 할 흥미로운 문제다.

동료 생산은 불확실성을 줄이기 위해 분권화된 정보 수집에 의존한다. 자신의 능력을 아는 개인이 스스로 과제를 선택한다. 이 방법은 사람들의 판단이 정확해야만 효과가 있다. 따라서 잘못된 판단을 수정하기 위해 **동료 평가** peer review를 활용하곤 한다.

그렇다면 동료 생산의 두 가지 중요한 과제가 생긴다. **동기 부여** motivation와 **조직화**organization다. 기업에 속한 사람은 관리자가 시키기 때문에 (그리고 관리자가 시키는 일을 하면 급여를 받기 때문에) 일한다. 시장에 있는 사람은 특정 업무에 따른 보상을 받기 때문에 일한다. 자원봉사자는 왜 동료 생산에 참여할까? 위키피디아 편집자, 시민 과학 참여자, 기타 온라인 협업에 참여하는 봉사자는 관리자의 명령도 금전적 보상도 받지 않는다. 이들은 왜 일할까? 벤클러는 사회심리적 보상이 금전적 보상을 대신한다고 주장한다.

1990년, 나는 MIT 미디어 랩에서 석사 논문을 위해 매킨토시 커먼 리스프Macintosh Common Lisp, MCL로 스마트 영상 편집 시스템을 만들고 있었다. MCL이 버전 2.0으로 바뀌면서 여러 가지로 달라진 참이었다. MCL은 오픈 소스 소프트웨어이며, 오픈 소스는 이 장에서 자세히 다룰 동료 생산 콘텐츠의 중요한 형태다. 새 버전은 완성도가 높지 않았다. 많은 핵심 파일이 새로운 문법으로 변환되지 않은 상태였다. 스크린에 버튼을 표시해야 했는데 버튼을 만드는 코드가 아직 없어서 내가 직접 했다. 솔직히 말하면 실력은 형편없었다. 나중에 누군가가 열 군데는 넘게 고쳤을 것이다.

어쨌든 그 기능이 작동하게는 만들어서 체인지로그changelog*에 내 이름이 올랐다. 지금까지도 MCL 체인지로그에서 내 이름을 봤다는 지인의 메일을 가끔 받는데, 자연히 우쭐한 기분이 든다. MCL에 기여했다고 인정받는 데서 느끼는 자부심은 벤클러가 말하는 사회심리적 보상의 사례다. 비슷하게, 6장에서는 자진해서 온라인 커뮤니티(페이스북 그룹이나 레딧 게시판) 관리에 시간을 투자하는 관리자들을 다룬다. 이들은 관리자 활동을 통해 집단 내 지위를 높이고 다른 자원자들과 동료 의식을 느낀다.

벤클러가 말하는 동료 생산의 두 번째 과제는 **조직화**다. 내가 MCL에 사소하게나마 기여할 수 있었던 것은 해결해야 하는 작업이 작은 부분으로 나뉘어 있었기 때문이기도 하다. 규모가 다양한 작업이 여러 개면 기여도가 각기 다른 사람들이 참여할 수 있다. 작업이 서로 독립적이어서 다른 사람과 조정할 필요 없이 하나를 선택해서 처리할 수 있다면 더 좋다. 마지막으로, 이렇게 각자가 기여한 부분을 쉽게 통합할 수 있어야 한다. 요약하자면, **모듈성**이 있고 **독립적인 부분**으로 이뤄져 있으며 이를 **쉽게 조합**할 수 있다면 동료 생산에 적합한 프로젝트라고 할 수 있다.

위키피디아는 어떻게 돌아갈까?

위키피디아는 벤클러가 제시한 동료 생산의 세 가지 기준을 모두 충족한다. 문서별로 구분돼 모듈성이 높다. 한 문서 또는 한 문단을 작성하거나 편집할 수도 있고, 오탈자 하나를 고치는 정도도 가능하다. 각 부분은 서로 독립적이다. '땅콩 알레르기'라는 문서의 내용이 '식품 알레르기'의 내용과 모순되지

* 옮긴이_ 온라인 사이트나 프로그램 제작 등 프로젝트를 진행할 때의 변경 사항에 대한 기록

않으면 좋겠지만, 어쨌든 둘을 따로 작업할 수 있다. 그리고 '땅콩 알레르기' 문서는 '쓰레기통' 문서와 아무 관련이 없다(내가 편집한 문서들을 예로 들었다). 각 부분을 통합할 필요도 없다. 위키피디아를 편집하는 일 자체가 통합본을 수정하는 일이다. 시민 과학 데이터가 대부분 여러 출처의 데이터를 조합해야만 의미가 생기는 것과는 다르다. 예를 들어, 한 정원에 찾아오는 꿀벌 수는 딱히 의미가 없지만, 그레이트 선플라워 프로젝트 리더들이 수천 곳에서 받은 데이터를 종합하면 의미가 생긴다. 통합할 필요가 없다면 동료 생산은 쉬워진다.

위키피디아의 구조는 일반 사용자들이 생각하는 것보다 복잡하다. 앞에서 본 것처럼 누구나 편집할 수 있도록 하려면 변화를 쉽게 되돌리는 기능이 필수다. 각 문서의 '역사 보기history' 탭을 누르면 모든 과거 버전을 확인하고 대조할 수 있다. 게다가 문서마다 '토론talk' 페이지가 있어 편집자끼리 문서에 관한 의견을 나눌 수 있다.

위키피디아는 시간이 지나면서 사이트의 기능 유지에 반드시 필요한 정책을 발전시켰다. 그중 하나는 내용의 중립성neutral point of view, NPOV을 유지해야 한다는 정책이다.* 백과사전은 편향되지 않은 관점을 제시해야 하며 모든 내용에는 신뢰할 수 있는 출처가 있어야 한다. 어떤 문제에 관해 의견을 내비치거나 강력한 입장을 취하는 콘텐츠는 삭제된다. 또 다른 핵심 정책은 생존 인물의 전기biographies of living persons, BLP와 관련된 것이다.** 명예 훼손 소송을 피하고 생존 인물의 권리를 존중하고자 BLP는 생존 인물 관련 문서를 편집할 때 특별히 주의할 점을 안내한다. 앞으로도 수천 가지 정책이 계속 만들어질 것이다.

* https://en.wikipedia.org/wiki/NPOV

** https://en.wikipedia.org/wiki/Wikipedia:Biographies_of_living_persons

이러한 정책은 특이하게도 **편집 가능한** 위키피디아 문서로 올라와 있다. 정책의 변화는 보통 이 문서의 토론 페이지에서 상당한 논의를 거친 후에 도입된다. 2010년, 누군가가 나에 관한 위키피디아 항목에 내 생일을 추가했다. 개인정보 보호 전문가들이 신원 도용의 위험을 없애기 위해 온라인에서 생일을 밝히지 말라고 조언하는 경우가 많아서 나는 BLP의 토론 페이지에 문서에서 다루는 인물 당사자가 생일 정보를 삭제해달라고 요청할 수 있는지 질문했다. 즉각적인 논의를 거쳐 개정이 승인됐고, BLP 정책이 업데이트돼 인물 당사자가 생일 정보를 추가하지 않도록 요청할 수 있게 됐다. 새로운 정책이 도입된 후 편집자들은 내 이름으로 된 문서뿐 아니라 역사 보기 탭에서도 생일 정보를 삭제했다.

가끔은 특정 주제 영역의 문서들을 조정할 필요도 있다. 위키프로젝트WikiProject가 이런 역할을 한다. 각 프로젝트는 특정 주제 영역에 집중하며 일련의 문서에 대해 소유권ownership을 갖는다. 군사軍史, 의학, 공룡, 오페라 등에 관한 위키프로젝트가 진행 중이다. 활발한 위키프로젝트는 문서 내용에 관한 기준을 확립한다. 예를 들어, 어떤 정보를 공룡의 정보란에 포함할지(생존 시기, 분류 등) 구체적으로 명시한다. 프로젝트는 그 주제에 속하는 문서 내용의 수준에 관한 기준을 세우고, 기준에 따라 각 문서의 품질을 평가하고, 어떤 부분에 가장 관심이 필요한지 참여자들에게 제안한다. 예를 들어, 오페라 프로젝트는 힘을 모아 '이달의 작곡가'와 '이달의 오페라'를 개선하고 있다. 위키프로젝트 참여자는 위키피디아의 전반적인 일관성을 향상하도록 돕는다. 이전 사례로 돌아가자면, 의학 프로젝트 참여자들은 땅콩 알레르기 문서의 내용이 보다 보편적인 식품 알레르기의 내용과 모순되지는 않는지 검토한다.

위키피디아는 언어에 따라 다르다. 2005년 진행한 '온라인 커뮤니티 설계Design of Online Communities' 강의에서 학생들은 영어, 스페인어, 튀르키예어, 힌디어로 된 위키피디아를 대조했다. 그 결과, 위키피디아 규모가 작을수록 문서가 다루는 내용이 해당 언어 또는 지역의 특수성을 반영한 주제에 집중한다는 사실을 알아냈다. 스페인어 위키피디아는 영어와 거의 비슷한 주제를 다뤘지만, 힌디어 위키피디아는 당시 전적으로 인도와 관련된 주제만 다뤘다. 튀르키예어는 그 중간쯤이었다.

문서의 구체적인 내용 역시 언어에 따라 달랐다. 현재는 기계 번역 기술이 어느 정도 믿을 만하지만, 번역이 아무리 잘 된다 해도 단순한 내용 번역은 좋은 전략이 아니다. 브렌트 헥트Brent Hecht는 25개 언어의 위키피디아 문서 내용을 비교할 수 있는 옴니피디아Omnipedia라는 시스템을 만들었다. 영어 텍스트 옆에 다른 언어권의 같은 문서를 번역한 텍스트를 병치해 내용을 비교하는 시스템이다. 예를 들어, 영어 위키피디아의 '음모론conspiracy theory' 페이지는 존 F. 케네디 암살 관련 의혹이나 달 착륙이 거짓이라는 설을 다루는 한편 네덜란드어 위키피디아의 페이지는 네덜란드와 벨기에에서 퍼진 음모론을 담고 있다. 독일어와 히브리어 페이지에는 반유대주의적 음모를 다루는 방대한 내용이 실려 있다. 음모라는 개념 자체가 문화권에 따라 상대적이다.[25]

오픈 소스 프로젝트, 성당과 시장

위키피디아에서 동료 생산된 문서를 읽는 독자들은 오픈 소스 소프트웨어open-source software, OSS인 인터넷 브라우저(파이어폭스)를 사용하고 있을지도 모른다. 또한 콘텐츠는 오픈 소스 웹 서버(아파치)를 통해 독자들의 컴퓨터에 전송됐을 수도 있다. OSS는 특별한 구조를 가진 강력한 동료 생산의 형태다. 세계 소프트웨어 시장에서 OSS가 차지하는 비중은 점점 커지고 있다. OSS가 만들어지는 과정은 위키피디아나 시민 과학이 이뤄지는 과정과 흥미로운 대조를 이룬다.

소프트웨어는 복잡하며 그 구성 요소들은 상호 의존적이다. 자발적인 참여자들은 어떻게 소프트웨어를 만들어낼까? OSS 개발의 초기 선구자 에릭 레이먼드는 1997년 「성당과 시장」이라는 제목으로 OSS 개발 절차에 관한 논문을 발표했다.[26] 성당 모델은 기업이 소프트웨어를 만드는 전통적인 방식을 말한다. 기업에서는 관리자와 소프트웨어 엔지니어를 고용하고, 관리자는 작업을 구성 요소 단위로 나눠 소프트웨어 엔지니어 한 명 한 명에게 업무를 할당한다. 그리고 일반적으로 별도의 품질 보증quality assurance, QA 부서가 소프트웨어를 테스트한다. 이와 같이 하향식 관리 구조에 따라 활동이 조직된다. 한편 시장 모델은 많은 자발적 참여자가 다소 혼란스럽지만 활기차게 활동하는 새로운 오픈 소스 패러다임을 말한다. 레이먼드의 글은 OSS 운동의 촉매가 됐다는 평가를 받으며, 논문 자체도 오픈 소스 방식으로 작성됐다(독자 의견을 받아 수정했으며 수정된 버전을 확인할 수 있었다).

레이먼드는 오픈 소스 프로젝트의 출발점이 보통 백지상태가 아니라 작업 중인 미완성 임시 버전이라고 설명했다. 이 최초 버전을 만든 사람이 프로젝트 리더를 맡는다. 아이디어만으로 자진해서 도울 사람을 끌어들이기는 쉽지 않지만, 최초의 작업 버전이 있으면 프로젝트의 잠재력에 대해 사람들을 설득할 수 있다. 자원자들이 모여 최초의 프로젝트 버전을 사용하면서 기능을 추가하거나 버그를 수정한다. 이들은 일단 자신의 버전을 수정한 다음 리더에게 수정 제안을 보내면서 공식 출시 버전에 넣어달라고 요청한다. 리더는 제안된 사항을 평가하고 이를 반영할지, 수정을 요청할지, 아니면 거부할지 결정한다. 상당히 힘든 작업이다.

OSS 개발 절차는 리더가 없거나leaderless, 민주적democratic이지 않다. 오히려 **자애로운 독재**benevolent dictatorship가 일반적이며 프로젝트를 시작한 사람이 독재자에 해당한다. 작은 집단이 통제권을 공유한다면 **과두제**oligarchy로 볼 수 있다. 아파치 웹 서버 프로젝트가 과두제의 한 가지 사례다.[27] 벤클러의 동료 생산이 성공하기 위한 기준을 다시 생각해보면 OSS의 중요한 과제는 각 부분을 통합하는 것이었다. OSS 프로젝트에서는 모든 기여자의 코드를 포함할 수 없다. 위키피디아에서는 기여한 내용이 바로 수용되며, 이 내용이 부적절하면 나중에 삭제할 수 있다. 하지만 소프트웨어에서 잘못된 기여는 시스템 일부의 품질만 저해하는 것이 아니라 시스템 전체를 망가뜨릴 수 있다. 따라서 누군가는 공식 버전에 어떤 코드가 들어갈지 신중하게 평가해야 한다. 프로젝트 창시자 또는 리더진이 이 역할을 하게 된다.

초기 OSS 프로젝트의 주요 의사소통 수단은 이메일과 메일링 리스트였다(1990년대 중반, 레이먼드가 논문에 개발 과정을 상세히 기록한 인출 메일fetchmail*을 만들 때 웹은 존재하지도 않았다). 리더가 받는 이메일은 상상 이상으로 많았을 것이다. 지금은 OSS 개발 전용으로 설계된 온라인 사이트인 소스포지SourceForge(1999년 설립)나 깃허브GitHub(2008년 설립) 덕분에 OSS 개발이 훨씬 용이해졌고, 버전 관리, 버그 추적, 논의 공간 등의 기능이 추가됐다.

OSS 프로젝트는 대부분 실패한다. 레이먼드는 프로젝트가 성공하려면 프로젝트와 리더가 둘 다 훌륭해야 한다고 주장한다. 프로젝트는 그럴듯한 전망이 있어야 하며, 초기 버전이 우수해야 하고, 사람들이 필요로 하는 것

* 옮긴이_ TCP/IP 링크를 사용해 메일을 수집하거나 전송하는 메일 유틸리티

이어야 한다. OSS 참여자 중에는 그 도구가 필요해서 참여하는 사람이 많기 때문이다.[28]

OSS 프로젝트 리더는 존경받을 만한 기술적 능력이 있고, 좋은 아이디어를 알아볼 줄 알아야 한다. 대인 관계 기술 역시 매우 중요하다. 레이먼드는 이렇게 썼다.

> 개발 커뮤니티를 이루기 위해서는 참여자를 끌어들이고, 그들이 리더가 하는 일에 관심을 갖고 스스로의 업무량에 만족하도록 해야 한다. 기술적인 연마는 이를 성취하는 데 많은 도움이 되겠지만 그것이 전부는 아니다. 리더가 보여주는 성격도 중요하다. 누구나 리누스[리누스 토르발스Linus Torvalds, 리눅스 프로젝트의 리더]를 좋아하고 도와주려 하는 건 우연이 아니다. 내가 많은 사람과 일하기를 즐기고 흡사 개그맨의 태도와 본능을 지닌, 에너지 넘치는 외향인인 점 역시 우연이 아니다. 리더에게 어느 정도 사람을 끌어들이는 기술이 있으면 시장 모델이 효과적으로 작동하는 데 큰 도움이 된다.

OSS 프로젝트 개발자들은 대부분 자원한 사람들이다. OSS를 사업의 일부로 여기는 기업에서는 사원들이 근무 시간에 OSS 프로젝트와 관련된 일을 하도록 허용한다. 모두가 자원봉사자인 전통적인 OSS 프로젝트의 경우에는 왜 사람들이 기여할까? 자원자들은 보통 스스로 프로젝트를 선택하고 자신이 하는 일을 중요하게 생각한다. 벤클러는 2002년 글에서 레이먼드의 논문을 인용하면서 기여자들이 느끼는 사회적 만족감을 설명했다. 이 만족감은 내가 MCL에 버튼 코드를 추가했을 때 느낀 감정과 같은 것이다. 레이먼드는 이 기분을 에고부egoboo*라고 칭하며, OSS를 '에고부의 효율적 시장'이라고 설명한다.[29]

사람들은 여러 가지 능력으로 OSS 프로젝트에 기여한다. 많은 사람이

* 옮긴이_ 돈을 받지 않고 하는 작업을 잘 끝낸 것에 대해 인정과 칭찬을 받는 것

버그를 포착해 보고하며, 잘 작성된 버그 보고서는 기여하는 바가 크다. 좀 더 적게는 버그 수정을 돕는 사람도 있고, 새로운 중요 모듈에 기여하는 사람도 있다. 아파치 웹 서버에 관한 2002년 연구 결과에 따르면 코드에 기여한 사람은 388명이지만, 그중 15명이 소프트웨어의 83%를 만들었다.[30]

오픈 소프트웨어 운동이 이룬 중요한 혁신 중 하나는 **출시 주기**release cycle다. 인터넷이 광범위하게 보급되기 전에는 소비자에게 소프트웨어를 전달할 때 CD나 플로피 디스크 같은 물리적 매체를 사용했다. 우편으로 소프트웨어 업데이트를 배포하려면 비용이 많이 들고 운송이 어려웠기 때문에(소비자 소프트웨어 개발자들은 누가 그 제품을 샀는지조차 모를 때가 많았다) 코드를 물리적 매체에 담아 배포하기 전에 꼼꼼히 테스트하는 일이 매우 중요했다. 따라서 소프트웨어 출시 주기는 극단적으로 느렸다. 게임이나 도구tool는 최초 출시가 곧 최종 버전일 때도 많았으므로 개발자들은 한 번에 제대로 하기 위해 신중에 신중을 기했다. 이것이 성당 모델의 작동 방식이다.

반대로 시장 모델에서 레이먼드의 모토는 '빨리 출시하고 자주 출시하기release early, release often'였다. 소프트웨어가 업데이트되면 인터넷을 통해 사용자 모두에게 빠르게 배포할 수 있으니, 사용자가 직접 소프트웨어를 써보고 효율적으로 품질을 테스트할 수 있다. 테스트하는 사람이 많을수록 문제를 파악하기도 쉽고 빨라진다. 레이먼드는 "보는 눈만 많으면 어떤 버그도 숨을 곳이 없다"라고 했다.[31] 오픈 소프트웨어 운동이 일어나면서 소프트웨어의 신버전이 빠르게 출시되기 시작했고 지금은 이것이 소프트웨어 개발의 표준이 됐다. 업데이트 버전을 쉽게 전달할 수 있게 되면서 소프트웨어를 소비자나 사용자에게 전달하기 전에 완벽하게 만들 필요도, 심지어 완성할 필요도 없어졌다. 베타 버전(거의 완성됐지만 버그가 있을 수 있는 버전) 또는 알파 버전(작동을 장담할 수 없는 조기 출시 버전)이라는 개념은 기술계에서만 쓰는 전문 용어였지만 지금은 누구나 아는 말이 됐다.

협업으로 창작하기

동료 생산에서 혁신이 일어날 수 있을까? 동료 생산 프로젝트에서는 보통 프로젝트 초반부터 최종 결과물이 분명하다. 위키피디아에서 '오리'라는 문서를 작성하는 사람들은 굳이 논의하지 않아도 어떤 결과물이 나올지 대충 알고 있다. OSS 프로젝트 역시 대부분 매우 구체화된 목표를 가지고 출발한다. 가장 잘 알려진 사례로, 리눅스 운영 체제는 유닉스UNIX의 복제본이다. 리눅스에 기여하고 싶다면 유닉스 매뉴얼을 보고 어떤 기능을 하는 코드를 만들어야 할지 확인하면 됐다. 이런 경우 협업이 쉽다. 굳이 "제가 뭘 해야 하죠?"라고 물을 필요 없이 도움이 되는 일을 즉시 시작할 수 있다.

무엇을 할지가 분명하지 않으면 작업 절차는 복잡해진다. 기본 목표나 핵심 설계와 관련된 결정부터 논의해야 한다. 모두가 이미 이해한 일은 별다른 조정 없이 리더가 없다시피 한 상태로도 진행할 수 있다. 하지만 혁신에는 어떤 형태로든 리더십이 필요하다.

목표가 제대로 정의되지 않은 복잡한 프로젝트가 있을 때, 자원한 참여자들이 동료 생산 방식으로 이를 수행하는 것이 가능할까? 나는 2008년 커트 루터(당시 박사 과정 학생, 현재 버지니아 공대 교수)와 함께 이 질문을 연구하기 시작했다.[32] 함께 애니메이션을 만드는 사람들의 사례가 흥미로웠다. 뉴그라운즈Newgrounds라는 온라인 사이트에서는 단편 애니메이션을 만들고 공유한다. 애니메이션을 만드는 협업 프로젝트를 '콜라보collab'라고 했다. 우리는 콜라보 작업을 하는 사람들을 인터뷰하면서 여러 가지를 파헤쳤다. 프로젝트가 어떻게 시작되고, 누가 자원하며, 사람들은 자신이 해야 할 작업을 어떻게 아는지, 누가 작품과 관련된 결정을 내리는지 물었다.

OSS처럼 뉴그라운즈에서도 누군가가 새로운 프로젝트를 시작하며, 이 사람이 최종 결정권을 지닌 자애로운 독재자 역할을 한다. 애니메이션 장르는 다양하며, 스토리의 종류(서사 구조)가 작업 프로세스를 결정한다. 장르 중에서는 '컬렉션collection'이 가장 흔하다. 컬렉션의 리더는 한 가지 주제, 예컨대 '가축들의 공격'* 에 관한 짧은 애니메이션을 요청하고, 참여자들은 프레임 속도나 길이 같은 요건을 맞춰서 각자의 몫을 정해진 마감일까지 제출한다. 리더의 임무는 간단하다. 참여자들이 제출한 애니메이션을 적절한 순서로 편집해 붙이며, 어떤 제출물을 포함할지 결정한다. 제출이 늦거나 품질이 형편없다면 그 부분은 사용하지 않는다.

한편 스토리를 들려주는 전통적인 '내러티브narrative' 애니메이션은 조금 다르다. 먼저 누군가가 대본을 써야 한다. 이 대본을 여러 부분으로 나누고, 각 애니메이터에게 할당하고, 마감을 합의한다. 누군가가 마감일까지 약속한 부분을 제출하지 않으면 리더에게 문제가 생긴다. 이야기의 일부가 없는 것이다. 내러티브의 리더는 컬렉션 작업에서처럼 늦은 부분을 그냥 뺄 수는 없다. 먼저 기존 애니메이터와 협상하고("2주를 더 드리면 끝낼 수 있을까요?") 조율이 어려우면 결국 다른 사람에게 이 부분을 할당하는 경우도 생긴다. 리더에게 주어지는 업무량과 스트레스가 더 크다. 컬렉션의 경우에는 "유감이지만 당신 작품은 마감에 늦어서 쓸 수 없어요"라고 말하면 그만이지만, 모든 부분이 필요한 내러티브 애니메이션에서는 리더의 역할이 더 섬세하다.

뉴그라운즈에서 세 번째로 흔한 모델은 '컨티뉴에이션continuation'이다.

* www.newgrounds.com/portal/view/310559

한 사람이 애니메이션을 시작하면 두 번째 사람이 넘겨받아 다음 부분을 덧붙인다. 보다 즉흥적인 스토리텔링이 가능한 방식이다. 처음부터 전체 대본을 쓸 필요가 없으며, 미적인 연속성을 유도한다. 자신이 맡은 부분을 작업할 때 이전 부분과 멋지게 어울리도록 만들 수 있다. 이는 여러 애니메이터가 동시에 작업하는 내러티브나 컬렉션에서는 어려운 일이다. 한편 컨티뉴에이션 모델에서는 프로젝트를 제시간에 끝마치는 것이 리더의 숙제다. 애니메이터들은 동시에 작업하는 것이 아니라 연달아서 일한다. 한 명만 작업을 못 해도 프로젝트 전체가 중단된다.

세 종류의 콜라보(컬렉션, 내러티브, 컨티뉴에이션)에서 핵심은 서사 구조가 작업 흐름을 결정한다는 점이다. 또한 결과물의 서사 구조는 프로젝트 리더가 쏟아야 할 시간과 사회적 역할에도 영향을 미친다. 더 일반화해서 말하자면, 창작물의 내적 구조가 창작 방식을 제약한다.

뉴그라운즈의 콜라보 작업이 완결된 애니메이션까지 이어지는 일은 흔하지 않다. 2010년 뉴그라운즈 애니메이션 프로젝트와 관련된 양적 연구 결과에 따르면 프로젝트의 87.4%는 미완이었다.[33] 이들 프로젝트의 중요한 문제는 리더가 활동의 병목이라는 것이다. 리더가 업무량에 치이면 프로젝트는 느려진다. 리더가 포기하면 프로젝트는 사라지고 기여한 사람들의 작업물도 모두 쓰레기통으로 들어간다. 리더십은 온라인 창작 협업이 성공하거나 실패하는 데 결정적인 요인이다.

창작과 관련된 결정은 대부분 콜라보 리더의 공지로 이뤄진다. 리더는 참여자에게 무엇을 요구할지, 어떤 작업물을 포함할지, 각 부분을 어떻게 통합할지 결정한다. 프로젝트 참여자 모두가 전반적으로 창작 작업에 더 많이 참여하도록 할 수 있을까? 이 아이디어를 실험하기 위해, 커트는 이런 종류의 협업을 지원하도록 특별히 설계된 파이프라인Pipeline이라는 프로젝트 관리

도구를 만들었다. 파이프라인 소프트웨어를 사용하면 프로젝트 리더는 수행해야 하는 작업을 게시하고 각 참여자는 어떤 작업을 맡을지 스스로 고를 수 있다. 한 작업이 완성되고 나서 그 부분을 논의할 공간이 있다. 파이프라인이 없을 때 참여자들이 보통 작업물을 리더에게 보내고 리더가 피드백을 제공하는 것과 달리, 프로젝트 팀의 모든 참여자가 쉽게 의견을 낼 수 있다. 애니메이터와 예술가를 비롯해 창조적인 작업에 참여하는 사람들의 실제 사용 사례는 파이프라인이 있으면 프로젝트 팀에서 더 많은 구성원이 창의적인 아이디어를 낸다는 사실을 보여준다.[34]

협업 프로젝트에서 창의력을 발휘하는 사람이 많을수록 좋을까? 여기에는 논란의 여지가 있다. 상반되는 속담이 있을 정도다. 누군가는 백지장도 맞들면 낫다고 하고, 누군가는 사공이 많으면 배가 산으로 간다고 한다. 프로젝트에 따라 둘 다 맞는 말이다. 나카코지 등은 OSS 프로젝트 네 건을 연구한 결과 프로젝트가 실험적이고 혁신적일수록 강력한 하향식 리더십이 더 효과적이라고 밝혔다.[35] 창작물에 관한 동료 간 의견 교환을 늘림으로써 혁신이 가능할지는 연구 가치가 있는 질문이다. 협업의 다양한 구조와 이것이 어떻게 최종 결과물에 영향을 미치는지에 관해 앞으로 흥미로운 연구가 폭넓게 이뤄질 수 있을 것이다.

협업의 유쾌한 실패

지금까지 논의한 사례는 참여자들이 프로젝트에 진심으로 도움이 되기를 바라며, 참여자와 프로젝트 리더가 비슷한 목표를 공유한다는 전제가 있었다. 하지만 꼭 이런 경우만 있는 것은 아니다. 목표 공유에 실패한 재미있는 사례가 있다. 2016년 영국 정부는 새 북극 탐험 선박의 이름을 선정하는 온라인 투표를 열었다. 10만 표 이상의 차이로 우승한 이름은 '보티 맥보트페이스Boaty McBoatface'*였다. 온라인 투표에 참여한 사람들은 한 번 웃겨보려고만 했을 뿐, 진지하게 배 이름을 지으려는 사람들과는 뜻이 달랐다. 이 배의 이름은 결국 RSS **데이비드 애튼버러 호**RRS Sir David Attenborogh**(득표 순위 5위)가 됐지만, 실제로 애튼버러 호에 실리는 세 대의 노란 소형 무인 잠수정에는 보티 맥보트페이스라는 이름이 붙었다.[36] 이 정도는 악의 없고 재미있는 에피소드지만, 6장에서는 유쾌하게 넘길 수만은 없는 온라인의 나쁜 콘텐츠와 나쁜 행동을 살펴본다.

정리하기

동료 생산에 자원한 참여자들은 스스로 능력과 관심사에 맞는 과제를 선택한다. 동료 평가를 통해 작업물의 품질 수준을 유지할 수 있으며, 참여자가 과제를 스스로 선택하면 개인의 창의력과 노력을 더 잘 활용할 수 있다.

한 프로젝트에 자원한 참여자들이 협업하려면 업무를 작고 모듈성이 있는 부분으로 나눌 수 있어야 한다. 전체 프로젝트가 각기 다른 규모의 부분적인 업무로 나뉘면 전문성, 관심도, 가용 시간이 서로 다른 사람들이 쉽게 참여할 수 있다. 보통은 개인이 기여한 작업물이 전체의 한 부분으로 기능할 수 있도록 통합하는 과정이 필요한데, 이 과정이 쉽다면 프로젝트 진행이 용이하다.

나뉜 업무들은 일반적으로 프로젝트 리더가 통합한다. 협업 프로젝트는 대부분 자애로운 독재 방식으로 운영돼, 프로젝트 창시자가 최종 결과물에

* 옮긴이_ '박선박 선박' 정도의 말장난

** 옮긴이_ 영국의 동물학자

어떤 부분이 포함될지 결정한다. 협업 프로젝트의 리더에게 프로젝트 수행을 위한 업무가 너무 많이 몰리면 리더는 진행이 느려지는 원인이 되기도 한다. 잘 설계된 도구는 리더의 업무량을 줄이는 데 도움이 된다.

동료 생산 시스템에서는 보통 소수의 사람이 대부분의 일을 처리한다. 하지만 단기간 참여하는 사람 역시 중요한 역할을 한다. 온라인 협업 프로젝트를 조직하려면 새로운 참여자를 영입하는 법(최초 동기의 설계)과 구성원이 지속적으로 기여하도록 장려하는 법(지속적인 참여를 위한 설계)을 둘 다 고려해야 한다.

협업 프로젝트가 자원봉사자들에게 요청하는 업무는 매우 단순할 때가 많지만, 애니메이션 영화를 만들거나 단백질 구조를 밝히거나 수학 정리를 증명하는 등 더 복잡한 일을 공동으로 수행하는 프로젝트를 조직할 수도 있다. 협업의 구조는 작업 절차와 결과물의 성질 및 품질을 결정한다.

응용하기

앞으로 자원한 참여자들이 협업해 어떤 혁신을 이뤄낼 수 있을까? 이미 성공한 프로젝트의 구조를 참고해서 무엇이 쉽고 무엇이 어려운지 파악할 수 있다. 동료 생산은 인간의 창의력과 노력을 더 잘 활용하도록 도와준다. 이러한 프로젝트에 기여하는 사람들은 대부분 의미 있는 일을 한다는 만족감과 순수한 작업의 즐거움을 둘 다 느끼고 싶어 한다. 참여를 유도하는 새로운 방식을 발명하는 것이 프로젝트 설계자의 과제다.

지금까지 동료 생산 **결과물의 품질**과 관련된 의문을 간단히 다뤘다. 앞에서 본 것처럼 시민 과학과 같은 크라우드소싱 프로젝트의 데이터는 프로젝트의 설계와 관리가 효과적으로 이뤄지면 매우 정확하고 과학적으로 유효하다. 다음 장에서는 동료 생산 콘텐츠의 유효성과 관련해 가장 논쟁의 여지가 많고 이해도가 낮은 질문을 다룬다. 위키피디아를 믿을 수 있을까?

03
위키피디아를 믿을 수 있을까?

2장에서는 위키피디아가 어떤 식으로 만들어지는지 살펴봤다. 위키피디아는 쓸모가 있을까? 위키피디아에서 읽은 내용을 믿을 수 있을까? 내 아이들의 중고등학교 선생님은 모두 위키피디아 인용을 금지했고, 사이트를 아예 보지 말라고 하는 경우도 있었다. 그 선생님들은 옳았을까? 이 질문에 답하려면 먼저 한발 물러나서 더 근본적인 질문을 해봐야 한다. 우리는 어떤 사실을 어떻게 알까?

어떻게 알까?

인간 활동이 기후 변화를 유발할까? 그런지 아닌지 어떻게 알 수 있을까? 나는 교내 곳곳을 돌아다니면서 동료들에게 이 질문을 던져봤다. 어떤 사람은 '근거가 되는 과학적 데이터'가 있기 때문에 기후위기가 실재한다는 사실을 안다고 답했다. 나는 이어서 물었다. "기후 변화에 관한 논문을 실제로 읽은 적이 있나요?" 답변을 정리하면 다음과 같다.

"과학 논문 초록을 몇 건 읽었고 신뢰할 수 있는 뉴스 채널의 보도 내용을 들었어요."

"연구 논문 하나를 전부 읽었고, 그 외에는 뉴스에서 봤어요."

"기후 과학에 관한 논문을 읽은 적은 없지만, 뉴스 기사를 봤어요."

"6학년 때 배웠어요."

"앨 고어Al Gore의 영화를 봤어요."

"최근에 알래스카에 갔어요. 두 시간을 걸어서야 빙하에 도달했죠. 몇 년 전만 해도 그냥 사방이 빙하였다고 하더군요. 빙하를 보려고 걸을 필요가 없었다고요."

동료들은 모두 기후 변화가 실재한다고 믿었다. 이들 중 기후과학자는 아무도 없다. 어떤 주제에 관해 직접 연구할 시간이 없으면 신뢰할 수 있는 정보 출처에 의존한다. 하지만 반대편, 즉 인간이 기후 변화를 일으킨다고 믿지 않는 사람은 어떨까? 어떻게 그런 결론에 도달하게 됐을까?

논의의 편의를 위해, 실제로 인간 활동이 기후 변화의 원인이라고 가정해 보자. 기후 변화가 실재한다면 반대편은 단순히 착각하고 있는 것일까? '탈진리post-truth'의 시대가 온 것일까? 탈진리는 옥스퍼드 사전이 꼽은 2016년 올해의 단어였다. "객관적 사실보다 감정이나 개인적 신념이 여론 형성에 더 큰 영향을 미치는 상황"으로 정의된다.[1] 이 말에는 사실을 믿는 사려 깊은 사람들과 그렇지 않은 경솔한 사람들이 있다는 관점이 깔려 있다. 지적으로 경솔한 사람이 존재하는 것은 사실이지만, 나는 이 관점이 지금의 상황을 유용한 방식으로 설명하지 못한다고 생각한다. 한쪽은 출처에 의존하고 다른 쪽은 그렇지 않은 것이 아니라 양쪽 모두 출처가 있다. 어떤 주제에 관해 전문가가 아닌 한 자신이 믿는 출처에 의존하는 것이 최선이다. 그러면 다음 문제가 생긴다. **어떤 정보 출처를 믿을지 어떻게 결정할까?**

정보는 넘치고 현대인의 삶은 복잡하다. 우리는 어떤 문제에 관해 결정할 때 모든 것을 제대로 알지 못하는 경우가 대부분이다. 나는 기후 변화나 면역학 박사 학위를 딸 시간이 없다. 돈을 더 내고 저공해 차량을 살 가치가 있는지, 아이들에게 백신을 맞혀도 안전한지 등을 결정할 때 더 빠른 방법이 필요하다. 그래서 내가 신뢰하는 출처에 의존한다. 어떤 출처를 신뢰할지에 관한 개인의 결정에는 논리적으로 설명하기 어려운 부분이 있다. 지난 시대에는 지역 공동체나 종교 모임의 지도자가 중요한 문제에 관해 무엇을 믿을지 알려줬다. 현대에는 대중 매체(인쇄술, 라디오, TV의 발명에 따라)가 개인의 결정에 영향을 미치며 최근에는 인터넷과 소셜 미디어가 그 역할을 차지했다.

기후 변화에 논란의 여지가 있다면, 이것을 어떻게 논의할까? 예를 들어, 앨 고어의 영화 〈불편한 진실〉* 에 나오는 내용을 믿어야 할지 의문이라고 하자. 논리적으로 생각할 수 있는 다음 단계는 이 영화를 뒷받침하는 정보 출처를 찾는 일이다. 그다음에는 그 출처의 출처를 찾아야 하고, 이 과정이 **무한정 반복**된다. 그렇다면 논쟁의 여지가 없는 '기본적 진실base fact'이라는 것이 존재할까? 이것이 지식을 다루는 이론인 **인식론**epistemology의 질문이다. '왜 어떤 사람들은 앨 고어의 영화를 믿고 다른 사람들은 믿지 않는가'

* 〈불편한 진실An Inconvenient Truth〉, https://en.wikipedia.org/wiki/An_Inconvenient_Truth

라는 질문은 **지식 사회학**sociology of knowledge의 질문이다.

사람들은 대부분의 문제와 관련해 특정한 사실을 믿는 성향이 있으며 이에 부합하는 정보 출처를 수용한다. 이것을 확증 편향이라고 한다.[2] 인터넷에는 모든 관점을 뒷받침하는 출처가 있다. 오만한 인류가 천연자원을 분별 있게 사용하지 못했다고 믿는 사람이라면 기후 변화를 믿을 확률이 높고 '허프포스트HuffPost'*를 읽을 것이다. 한편 인류가 신에게서 지구에 대한 지배권을 받았고 천연자원은 인류를 위해 존재한다고 생각한다면 기후 변화를 믿지 않을 것이고 '브레이트바트Breitbart'**를 읽을 것이다. 각각의 세계관에는 쉽게 흡수할 수 있는 생각과 받아들이기 힘든 생각이 있다. 인터넷에는 특정 관점을 지지하는 출처도, 같은 의견을 가진 사람들도 있어서 새로운 세계관을 창조하도록 도와준다. 전형적인 관점이든 비전형적인 관점이든, 생각이 같은 집단의 구성원끼리 서로의 신념을 지지한다.

서로 다른 집단의 세계는 점점 고립되고 있다. 내가 근무하는 건물에서는 기후 변화를 믿지 않는 사람을 한 명도 만나지 못했다. 실제로는 믿지 않는 사람이 있었을지 몰라도 순순히 그 사실을 인정하지는 않았다. 사회 집단은 현실에 대한 관점을 형성하며, 오늘날 사회 집단들은 조화롭게 공존하지 못할 때가 많다.

기후 변화를 믿는 쪽이든 믿지 않는 쪽이든, 무엇을 믿을지 결정하는 방법은 비슷하다. 믿을 만한 매체와 사람에 의존하는 것이다. 하지만 그렇다고 양쪽 다 옳다고 할 수는 없다. 기후 변화가 실재한다는 증거가 더 우세하다. '진실'의 답이 존재한다. 어떻게 아느냐고? 내가 믿는 정보의 출처(양질의 언

* 편집자_ 온라인 뉴스 및 오피니언 사이트. 정치, 엔터테인먼트, 문화, 기술, 환경과 기후 변화 등 폭넓은 주제를 다룬다.

** 편집자_ 극우 성향의 온라인 뉴스 및 오피니언 사이트. 차별적이거나 논란이 많은 콘텐츠로 알려져 있다.

론과 동료 평가를 거친 과학 논문)가 반대편의 출처보다 신뢰할 만하다고 단언할 수 있기 때문이다.

무언가가 진실이라는 것은 어떤 의미일까? 인터넷은 우리가 진실을 이해하는 방식을 어떻게 바꿨을까? 3장에서는 인터넷을 이해하는 데 도움이 되는 진실과 지식의 본질에 관한 이론을 살펴본다. 물론 이는 평생을 걸고 파헤칠 만한 문제이며, 실제로 그런 연구자들도 많다. 하지만 여기서는 인터넷 사용자이자 연구원으로서 도움을 받은 이론의 일부를 간단히 소개한다.

불확실한 감각으로만 알 수 있다, 내적 실재론

우리가 아는 모든 것은 감각을 통해 경험한 것이다. 감각은 틀릴 수 있다. 지각하는 과정에서 실수가 있을 수 있고, 모든 관찰의 정확도에는 한계가 있다.

인간은 부정확한 감각으로 세계의 표상을 창조한다. 내적(정신적)이거나 외적(글, 지도 등)인 표상은 언제나 근사치에 그친다. 고등학교 때 물리를 공부하면서 나는 아직 고등학생이라 모든 상황을 대략적인 이론으로 배운다고 생각했다. 나중에는 '진짜' 해결책을 배울 줄 알았다. 하지만 대학에서 물리를 전공하면서 모든 해답이 언제나 근사치라는 사실을 깨달았다. 이론은 점점 정교해졌지만 여전히 근사치였다. 호르헤 루이스 보르헤스의 표현처럼, 어떤 땅의 유일하게 완벽한 지도는 그 땅 자체다.[3] 세계는 원자 하나하나까지 그 자체를 완벽하게 나타내며, 모든 표상에는 어느 정도 오류가 있다.

설상가상으로, 관찰하는 행위는 측정하는 대상에 변화를 일으킨다. 이 변화는 중대할 때도, 사소할 때도 있다. 입자를 관찰하기 위해 광자를 쏘면 입자가 움직이는 아원자 영역에서는 그 영향이 확실히 중대하다. 관찰자의 존재가 개인의 행동에 영향을 주는 사회적 영역에서도 중대한 변화가 일어난다. 어빙 고프먼은 누구나 특정한 인상을 주려고 노력하며 늘 다른 사람을 의식해 행동한다는 주장을 펼쳤다.[4] 내가 준 인상(전달하려고 의도한 것)과 남이 받은 인상(타인이 실제로 행동에서 유추한 것)은 다를 수 있다(5장에서 이에 관해 추가로 다룬다). 그 외 영역에서는 관찰 행위의 중요도가 그렇게 높지 않다.

만약 무언가를 알고자 할 때 감각에 의존할 수밖에 없다면, 내가 느끼는 현실이 꿈이 아니라는 사실을 어떻게 알 수 있을까? 세계가 실제로 존재하는지 어떻게 알 수 있을까? 이것이 형이상학metaphysics의 화두다. 객관주의 관점은 실재하는 세계가 있으며 우리는 이에 관해 알 수 있다고 주장한다. 주관주의 관점은 우리가 감각의 한계에 갇혀 있으며 어떤 것도 확실히 알 수 없다고 주장한다.

현실에 대한 객관주의와 주관주의 관점은 이미 오랫동안 논의됐으며, 다행히 내적 실재론internal realism이라는 상식적인 합의가 이뤄졌다. 나는 세계가 존재한다는 사실을 어떻게 알까? 사실 알 수 없다. 하지만 통계적으로는 존재할 가능성이 매우 높다. 나는 나의 주관적인 지각과 감각의 한계에 갇혀 있으며, 다른 사람들도 마찬가지로 각자의 한계에 갇혀 있다. 하지만 나와 어떤 사람이 둘 다 내가 의자에 앉아 있다고 생각한다고 해보자. 인간의 감각이 정말 오류투성이라면 합의는 왜 일어날까? 이제, 같은 건물에서 일하는 사람 100명에게 물었는데 모두 내가 의자에 앉아 있다고 말한다고 해보자. 다들 똑같이 생각하는 이유는 **의자가 실제로 존재**하기 때문이다. 증명할 수는 없지만, 각자가 주관적으로 지각한 결과 간에 높은 상관관계가 나타나기 때문에 나는 내가 지각하는 바와 관계없이 세계가 실재한다고 믿을 수 있다. 이는 힐러리 퍼트넘이 처음으로 제시한 철학적 접근이다.[5] 세계는 실재하지만, 세계의 일부(즉, 세계와 분리되지 않은)인 사람들의 불확실한 감각을 통해서만 알 수 있다는 것이다. 인간의 감각에는 한계가 있는 데다 인간 역시 관찰 대상인 세계의 일부이므로 인간이 진실이라고 주장하는 것의 정확도에는 한계가 있을 수밖에 없다.

믿음을 정당화할 수 있어야 한다, 인식론

세계가 존재한다고 하자. 그런데 우리의 제한된 관점과 부정확한 감각으로 무엇을 알 수 있을까? 무언가를 안다는 것은 무슨 뜻일까? 인식론은 지식에 관한 연구다. 무언가를 알기 위해서는 그것을 믿어야 하고, 그것이 진실이어야 하며, 믿음을 정당화할 수 있어야 한다.[6] 게임 참가자가 "상금은 3번 문 뒤에 있습니다!"라고 말한다면, 우연히 답을 맞힌다고 해도 이것은 지식이 아니다. 믿음(실제로 옳았지만)을 정당화할 수 없기 때문이다. 반면 3번 문 뒤에 있는 상금을 직접 본 무대 스태프는 지식(사실이며 정당한 믿음)이 있다고 할 수 있다. 감각으로 보아서 사실을 알게 된 것이다. 인간이 감각에 의존해 직접 인식한 사실은 정당화된 믿음이 될 수 있다.

믿음을 정당화할 수 있는지는 어떻게 판단할까? 인식론자들은 정당화의 본질이 무엇이고 정당화가 필요한지, 가능은 한지 논의한다. 정당화의 두 가지 기본적 접근법은 증거론evidentialism과 신빙론reliablism이다. 증거론에 따르면 믿음에는 증거가 있어야 한다. 모든 믿음은 일련의 정당화 가능한 기본적 믿음basic belief에서 도출된다. 기본적 믿음은 믿을 수 있는 감각으로 받아들인 사실과 '경험에 대한 적절한 반응'으로 자연스럽게 형성된 믿음을 포함한다.[7] 기본적이지 않은 믿음은 기본적 믿음에서 추론된다. 이 관점에서는 증거의 연결 고리를 따라 기본적인 믿음까지 가야 하므로 무언가를 알기란 어려운 일이다.

반면 신빙론은 신빙성 있는 인지 절차의 결과로 발생한 믿음을 신뢰할 수 있다고 주장한다. 신빙성 있는 절차는 대체로 정확한 결과로 이어진다. 리처드 펠드먼은 조류 관찰자 두 사람의 사례를 든다.

각각 조류 관찰 초보자와 전문가인 두 사람이 희귀종인 분홍반점딱새를 찾아 숲을 걷고 있다고 하자. 새 한 마리가 날아가자 두 사람은 각자 그 새가 분홍반점딱새라는 결론을 내렸다. 전문가는 이것이 진실임을 아는 반면 초보자는 흥분 상태로 성급하게 추정했다. 전문가에겐 정당화되는 믿음이 있지만 초보자는 그렇지 않다.[8]

신빙성 있는 절차를 거치기는 어려운 일이다. **덕 인식론**virtue epistemology은 지식의 취득이 **성취**라고 주장한다. 지식은 '유능한 인지 주체competent cognitive agency'가 이뤄내는 결과다.[9] 인식론적 덕목은 "호기심, 지적 자율성, 지적 겸손, 주의력, 지적 신중함, 지적 철저성, 개방적 사고, 지적 용기와 지적 끈기"를 포함한다.[10] 결정적으로, 지식의 습득은 보통 혼자 하는 일이 아니라 사회적 과정이며, 지식은 성공적 협업의 결과다.

다른 사람이 말해줬다는 이유로 믿음이 정당화되는 때는 언제일까? 인식론에서 이것은 **증언**testimony의 문제다. 누군가의 증언을 받아들이기로 하면 증언자의 무지 또는 거짓말로 인한 잘못된 정보에 취약한 상태가 된다. 증언의 문제는 누구를 믿을 것인지 판단하는 문제로 귀결된다.

정확한 증언을 받아들인다면 협업으로 지식을 쌓게 된다. 존 그레코는 증언이 왜 협업인지 설명할 때 증언을 축구 패스에 비유한다.

테드는 축구 경기 도중 이루 말할 수 없이 훌륭한 패스를 받는다. 수비수가 허둥대고 골키퍼가 땅에 엎어진 사이, 테드는 공을 손쉽게 네트에 차 넣는다.[11]

이 골은 스트라이커인 테드가 미드필더와 협업해 이룬 성취다. 미드필더에게 큰 공이 돌아가긴 하겠지만 분명 협업의 사례다. 그레코는 증언을 통한 지식의 취득이 이와 비슷하다고 주장했다. 모든 일이 잘 풀리면 화자와 청자의 공동 성취가 이뤄지는 것이다. 지식 전달이 성공할 가능성은 사회적 환경에 따라 달라진다. 그레코에 따르면 "지식이 전달될 때 증언의 신뢰도는 최소한 부분적으로나마 사회적 환경에 좌우된다. 더 정확히 말하면, 사회적 환경을 구성하는 사회 규범 및 화자와 청자가 그러한 규범과 상호작용하는 방식에 좌우된다."[12]

이러한 인식론의 개념은 인터넷을 이해하는 새로운 관점을 열어준다. 온라인에서 정보를 접할 때는 의문이 생긴다. 이 정보를 진실이라고 믿는 것이 정당화될까? 직접 접근할 수 있는 증거 때문일까, 아니면 신빙성 있는 출처 때문일까?

온라인에서 타인으로부터 정보(소셜 미디어 게시글 등)를 얻는 일은 증언을 받아들여 지식을 창조하려는 시도다. 증언을 통한 교환의 신뢰도는 환경의 특징(소셜 미디어 플랫폼) 및 이 환경에서 콘텐츠를 게시하는 사람들의 사회 규범에 의해 결정된다. 플랫폼의 설계는 결과물이 지식(진실이며 정당화되는 믿음)이 될 확률에 영향을 미친다. 인터넷 사용자는 플랫폼의 특징을 기준으로 삼아 무엇을 믿을지 결정할 수 있고, 따라서 플랫폼 설계자에게는 중요한 임무가 있다. 플랫폼이 성공적인 지식 창조를 촉진하도록 설계하는 일이다.

진실은 사회적으로 구성된다, 구성주의

같은 건물에서 근무하는 사람들 모두 내가 의자에 앉아 있다는 데 동의한다는 사실은 세상에 '의자'라는 것이 존재하며 내가 의자에 앉아 있을 확률이 매우 높다는 타당한 명제로 이어진다. 더 넓게 보면 이것은 과학의 원리에 대한 꽤 훌륭한 은유다. 1908년, 로버트 밀리컨과 하비 플레처는 기름방울 실험으로 전자의 전하가 일원적이라는 결론을 내렸다. 전자가 몇 개인지에 따라 전하는 동일한 기수의 정수 배로 나타났다.[13] 당시에는 논란이 많았지만 오늘날에는 밀리컨이 옳았다고 할 수 있다. 어떻게 알까? 이후 100년이 넘게 이어진 후속 과학 연구가 결론을 뒷받침하기 때문이다.

밀리컨은 관찰을 통해 결론을 내렸지만, 그가 틀렸을 수도 있다. 사실 밀리컨의 실험 결과가 논쟁의 대상이 된 이유는 원본 기록에서 변칙적인 결과가 보였기 때문이다. 가설에 맞지 않는 숫자 옆에는 "매우 낮다. 뭔가 잘못됐다", "두 방울일지도" 등 의견이 쓰여 있었다.[14] 이런 기름방울은 최종 분석에 포함되지 않았다. 밀리컨은 편법을 써서 원하는 결과에 맞지 않는 데이터를 버린 것일까? 과학사학자 제럴드 홀턴은 밀리컨이 데이터에서 제외한 기름방울에서 뭔가 다른 점을 발견했을 것이라고 주장한다.[15] 일반인은 과학에서 측정은 정확한 과정이며 측정치는 가설의 근거 혹은 반례가 된다고 생각한다. 하지만 실제로는 측정 과정의 모든 단계가 혼란이며 적극적 해석을 요한다. 기름 두 방울일 수도 있는 결과를 제외할까 말까 하는 고민은 평범한 과정이라고 할 수 있다.

과학은 골치 아픈 과정이며 결과가 진실인지 판단하려면 오랜 시간에 걸쳐 입증해야만 한다. 브뤼노 라투르와 스티븐 울가는 새로운 과학적 사실의 수용이란 본질적으로 사회적인 과정이라고 주장한다.[16] 과학 연구 분야에서는 이러한 접근을 **구성주의**constructivism라고 한다. 먼저 과학 논문에 타당해 보이는 주장이 실린다. 예를 들어, 밀리컨과 플레처가 전자의 전하는 일원적이라고 주장한다. 사람들이 점점 결과를 재생산하고 받아들이면 이 주장이 인용된다. "전자의 전하는 일원적이므로…(밀리컨, 1909)"와 같은 식이다. 더 널리 수용되면 인용 표시도 사라진다. 진실로 널리 인정되면 인용 없이 언급할 수 있으며, 개념이 일반적으로 인정되면 이를 생각해낸 사람을 언급할 필요가 없어진다. 과학 공동체에서 어떤 사실이 수용되는 과정은 사회적이다.

물론, 사회적 합의를 도출하는 과정에서 실수가 생기기도 한다. 내 아버지가 정형외과 진료를 시작할 무렵에는 어떤 부상은 따뜻하게, 어떤 부상은 차게 하는 것이 표준 치료법이었다. 그러다가 어느 시점에는 언제나 냉찜질을 하라고 바뀌었다. 아버지는 우스갯소리로 이렇게 말한다. "1970년대 중반쯤에 인간의 몸에 변화가 일어나서 온찜질보다 냉찜질에 반응하게 됐지 뭐냐." 1970년대 중반 이전에는 온찜질이 좋은 경우가 있다는 것이 '진실'이었지만 1970년대 이후에는 더 이상 진실이 아니게 됐다. 물론 인간의 몸은 갑자기 바뀌지 않았다. 그동안 최선의 치료법을 잘못 알고 있었던 것이다. 어떤 사실이 틀림을 확인하는 과정 역시 사회적이다. 진실이라고 사회적으로 합의됐던 것도 알고 보면 사실이 아닐 수 있다. 다만 많은 사람이 진실이라고 동의한 것이 그 시점의 최선이다.

철학적으로 생각해보자. 어떤 부상에는 온찜질이 좋다고 말했던 사람들은 틀렸을까? 나중에 밝혀진 증거에 따르면 그렇다. 하지만 당시에는 알 수 없었다. 라투르나 울가 같은 구성주의자들에 따르면 객관적인 진실이란 어떤 시점에 어떤 사실을 알고 있는 사회적 맥락의 인간과 별도로 존재할 수 없다. 한편 사회인식론자들은 인간이 알지 못하더라도 객관적 진실은 존재한다고 주장한다.[17] 나는 사회인식론자와 퍼트넘의 내적 실재론에 동의한다. 진실은 존재하지만 인간은 진실에 간접적으로밖에 접근할 수 없다.[18] 이 구분은 미묘하지만 중요하다. 아무튼, 현실적으로는 모든 지식은 일시적이라는 명제가 최선이다. 무언가가 진실이라는 말은 "이 사실을 강력하게 뒷받침하는 증거가 있으며, 반례가 나타날 때까지 이것이 최선이다"를 줄여 말한 것이다.

지식의 구성을 유도하는 메커니즘, 동료 평가

진실이 사회적으로 구성되는 것이라면 현실에서 진실을 확립하는 과정은 어떻게 나타날까? 동료 평가는 과학계의 주된 메커니즘이다. 새로운 사실을 발견하면 이에 관한 논문을 쓰고, 해당 분야 전문가들의 심사를 거친다. 얼마나 엄격하게 심사했는지에 따라 논문의 신뢰도가 결정된다. 동료 평가는 지식의 사회적 구성을 유도하는 방법이다.

현실에서 논문이 얼마나 신중하게 심사받는지는 발표 형태에 따라 다르다. 통과 기준은 일반적으로 저널이 가장 높다. 수준 높은 저널에 제출된 논문은 해당 분야 전문가 세 명에게 보내지고 승인될 때까지 심사와 재심사를 거친다. 공정한 심사를 위해 심사자들은 보통 익명을 유지한다. 일부 분야에서는 저널보다 콘퍼런스 논문 심사가 더 엄격하다. 내 전문 분야인 인간-컴퓨터 상호작용human-computer interaction, HCI 및 소셜 컴퓨팅에서는 콘퍼런스 발표가 저널보다 더 중요하다는 의견도 있다. 하지만 많은 분야(특히 인문학)에서 콘퍼런스 발표는 가벼운 심사를 받거나 아예 심사 없이 진행 중인 아이디어에 관해 동료의 피드백을 받는 수단 정도로 활용된다.

내가 조지아 공대에서 가르치는 '컴퓨팅, 사회, 프로페셔널리즘'이라는 강의에서 동료 평가를 다루는데, 학생들은 책의 심사 과정이 다른 출판 형태에 비해 느슨하다고 하면 늘 놀란다. 학부 교과서와 일부 인문학 책은 상세 심사를 거치지만, 다른 분야는 심사 과정이 형식적일 때가 많다. 원고 내용에 관해서 해당 분야 전문가 몇 명에게 자문을 구하기도 하지만 필수는 아니며, 저자와 출판사는 동의하지 않는 자문 내용을 무시할 수 있다. 원고 검토자는 익명일 때도 있지만 보통은 저자가 검토자를 알고 있다. 따라서 검토자는 솔직하기보다 과하게 조심하는 외교적인 태도를 취하게 된다.

신문 기사와 잡지는 출간 전에 다른 형태의 검토를 거친다. 사실 확인fact-check이다. 우수한 신문사나 출판사는 출판 내용이 모두 사실인지 확인하는 직원을 따로 둔다. 출판물의 명성과 신뢰도를 지키려는 목적도 있고, 명예 훼손 소송을 피하기 위해서이기도 하다. 다만 저널리즘의 수익 모델이 약화되면서 사실 확인 절차를 없애거나 간소화한 출판사가 많아졌다.

온라인에는 공식 검토를 거치지 않은 정보가 많다. 누구든 블로그에 장문의 게시글을 올리거나 토론 사이트에 의견을 쓸 수 있다. 어떤 사이트는 댓글을 쓰거나 찬성과 반대를 투표하는 등 콘텐츠에 관한 피드백이 어느 정도 가능하다. 하지만 이것이 공식 심사 과정과 같은 역할을 한다고 볼 수는 없다.

동료 평가도 때로는 실패한다, 시금치 도시전설

동료 평가 절차를 너무 이상화하지는 말아야 한다. 최고 수준 저널이라고 해도 늘 기대치가 충족되지는 않는다. 학제 간 연구가 보편화되면서 논문 심사자가 논문에 인용된 연구 문헌을 모두 제대로 이해하기는 어려워졌다. 심사는 사회적인 절차다. 보통 편집자나 콘퍼런스 구성 위원회에서 아는 사람에게 심사를 요청한다. 요청받은 사람은 여러 요인을 고려해 수락 여부를 결정한다. 관심 있는 주제인지, 충분히 이해하는 분야인지, 요청한 사람에게 빚진 것이 있는지(최근 그 사람에게 심사를 부탁한 적이 있는지) 등을 생각한다. 심사를 맡게 되면 논문 중 완전히 이해하는 부분도 있는 한편 다소 익숙하지 않은 부분도 있기 마련이다. 내 경우에는 편집자에게 내가 잘 아는 분야와 모르는 분야를 구분하는 메모를 남긴다. 편집자는 심사 대상 연구의 모든 측면에 대해 전문가를 한 명 이상 구해야 하지만 늘 그렇게 되지는 않는다.

심사를 맡은 논문에 아직 읽지 않은 논문이 인용되면 심사자는 그 논문을 읽어야 할까? 이론상으로는 그래야 하(고 실제로 그럴 때도 있)지만 표준 절차로 삼기는 어렵다. 내가 심사하는 논문의 수와 각 논문에 인용된 논문까지 고려하면 그 수가 엄청나기에 참고 문헌 내용에 관해서는 그저 논문 저자의 말을 믿을 수밖에 없다. 물론 저자의 말이 꼭 옳다고 확신할 수는 없다.

올레 비에른 레크달은 시금치에 철분이 풍부하다(이는 사실이 아니다)는 '학계의 도시전설academic urban legend'이 어떻게 탄생했는지 다룬다. 인용된 논문을 확인하지 못한 기초적인 실수 때문에 잘못된 믿음이 수십 년간 지속됐다. 이를 깨달은 K. 수네 라르손은 1995년 논문에서 햄블린의 주장[19]을 인용해 "시금치에 철분이 풍부하다는 1930년대의 신화는 발표된 자료가 오해를 불러일으키는 바람에 생겼다. 소수점이 잘못 찍혀 철분 함량이 실제보다 10배 많게 표시된 것이다"라고 썼다.[20] 이렇게 과학 논문에서 오류를 바로잡은 연구자라면 신중하게 자료를 검토했을 것이라고 생각하기 쉽지만, 햄블린의 주장 역시 근거는 없으며 실제로 소수점과 관련된 증거 자료는 없다는 사실이 드러났다.[21] 학계의 도시전설의 근원에 관한 이야기조차 학계의 도시전설이었던 것이다!

3장을 읽기 전에 시금치에 철분이 많다고 생각했는가? 레크달의 설명을 읽기 전에 나는 그랬다. 시금치의 철분 함량에 관한 잘못된 정보는 동료 평가를 거치는 출판계에서 일하는 과학자들 사이에서까지 널리 퍼졌다. 오류를 바로잡는 메커니즘(과학적 훈련과 동료 평가)이 실패한 것이다. 저널에 논문을 발표하는 과학자들조차 지속적으로 거짓 정보를 재생산한다면, 인터넷에서 훈련되지 않은 사람들이 동료 평가를 거치지 않은 정보를 공유하고 퍼뜨리는 일이 얼마나 쉬울지 생각해보라.

가장 신뢰도 높은 정보 혹은 거짓 인용의 고리, 위키피디아

앞서 이야기했듯 출간물의 신뢰도는 심사 강도에 달려 있다. 따라서 나는 위키피디아가 역사상 가장 신뢰도 높은 출간물일 때도 있다고 주장한다. 물론 그렇지 않을 때도 있다. 이는 **문서에 따라 다르다.**

위키피디아는 누구나 편집할 수 있다. 로그인도 하지 않은 익명 네티즌의 수정이 대부분의 문서에서 허용된다. 공식 자격이 없는 사람도 문서를 편집할 수 있다는 사실에 보수적인 사람들은 대체로 거부감을 보인다. 지구 온난화 사례에서 봤듯 사람들은 특정한 방식의 믿음을 갖는 경향이 있다. 예를 들어, 권위나 신뢰도에 대해 전통적인 관점을 취하는 사람은 (옳다는 증거도 옳지 않다는 증거도 없는데도) 위키피디아를 의심할 확률이 높다. 혁신 기술의 잠재력에 대해 실증주의적이고 기술 유토피아적 관점을 취하는 사람은 (증거가 없어도) 위키피디아에 열광할 것이다.

진실은 겉보기보다 복잡하다. 많은 사람의 손을 거친 인기 표제어를 생각해보자. 다음에 미국 연방대법원장 후보가 발표되거나 새 교황이 추대되면 위키피디아 문서를 살펴보자. '역사 보기' 탭을 클릭하면 해당 문서의 모든 과거 버전과 편집 일자가 나온다. 그리 유명하지 않던 사람이 갑자기 명성을 얻게 된 경우에 위키피디아의 진가가 드러난다.

현 미국 연방대법원장인 '존 로버츠John Roberts' 문서를 예로 들어보자. 존 로버츠는 2005년 5월에 표제어로 올랐고, 학력 및 경력과 컬럼비아 지역 상소 법원에서 판사로 재직했다는 기록이 짧은 문단 몇 개로 정리돼 있었다(총 182개 단어). 이 문서는 미국 대법원 판사 후보에 오른 해 7월 19일 전까지는 총 편집 횟수가 9회였다. 7월 19일 당일에는 31회가 됐고, 7월 말에는 1,200회가 넘었다. 7월에 편집한 사람은 359명(로그인한 사용자 174명, 나머지는 익명)이었다. 2020년에 이 문서의 단어는 6,800개를 넘었다. 존 로버츠의 전기를 자세히 다룸은 물론, 그가 판사로서 취한 입장을 상세히 검토했고 대법원장이 되기 전에 대법원에서 다룬 사건과 이전에 판사로서 내린 수십 건 판결에 관한 별도 문서가 링크돼 있다. 신뢰할 수 있는 인용이 자세한 전기를 뒷받침한다. 이 문서에 사실이 아닌 내용을 마구 덧붙이다가는 곧바로 수정될 것이다.[22](시험해보지는 말자!)

앞에서 본 것처럼, 인용되는 저널 논문은 정보의 질에 있어 '황금률'에 준한다고 볼 수 있다. 하지만 인용되는 저널 논문을 심사하는 사람은 보통 전문가 세 명이다. 전문가 세 명과 자발적인 기여자 수백 명을 어떻게 비교할까? 해당 분야에 관한 배경지식이 없다면 가독성, 문법, 구조 등은 개선할 수 있을지 몰라도 문서 내용에 큰 도움은 되지 못할 것이다. 그런데 특정 주제에 관한 정보로 가득한 인터넷에서 참고 문헌을 상세히 읽는다면 어떨까?

위키피디아를 편집할 때는 신뢰할 만한 출처의 인용문을 근거로 들어야 한다. 인용 없이 추가된 정보는 보통 빠르게 삭제된다. 모든 편집에 강력한 근거가 있다면 자발적인 기여자 수백 명이 전문가 몇 명보다 나을 수 있다.

현재는 위키피디아 문서에 모인 전문가들이 커뮤니티를 이룬다. 내 아이들은 어릴 때 심각한 음식 알레르기가 있었다. 2000년대 중반에는 음식 알레르기에 관한 문서가 하나뿐이었고, 나는 달걀, 유제품, 땅콩, 견과류 등 흔한 알레르기 유발 항원마다 별도 문서를 생성했다. 초반에는 문서에 기여하기가 쉬웠다. 세부 사항을 명확히 하거나 새로운 연구 결과를 추가하면 됐다. 하지만 전문성을 갖춘 기여자들이 참여하면서 문서는 점점 전문화됐다. 시간이 흐르면서 위키피디아 편집자들의 지식수준이 높아졌다. 지금도 나는 주의를 기울이면 편집에 기여할 수 있고, 실수를 하더라도 이를 바로잡아줄 전문가가 많다. 한번 편집한 문서는 '주시문서 목록watch list'에 추가되고, 위키피디아 편집자들은 관심 있는 문서가 새로 편집되면 자주 확인한다. 문서마다 전문가와 비전문가가 모여 흥미로운 '실천공동체community of practice'를 형성한다. 이에 관해서는 4장에서 더 알아본다.

저널 논문은 한차례 심사 절차를 거친 뒤 그대로 보존된다. 어떤 현상에 관한 합의된 관점을 바꾸는 새로운 정보를 발견하면 이후에 발행되는 저널에서 다룰 수는 있어도 기존 출간물은 바뀌지 않는다(명백한 오류가 확인되면 철회할 수 있을 뿐이다). 하지만 위키피디아 문서는 매 순간 바뀔 수 있다. 지식의 사회적 구성이라는 관점에서 더 많은 사람이 검토할수록 신뢰도가 높아진다. 수백 명이 계속해서 업데이트한 위키피디아의 인기 문서는 **역사상 가장 많이 검토된 최신 정보**라고도 볼 수 있다.

위키피디아에서 인기 문서는 아주 많이 검토되지만 인기가 없는 문서는 거의 검토되지 않기도 한다. 예를 들어, 매사추세츠주 의회 의사당 페이지는 2004년에 만들어졌는데 연간 편집 횟수는 한 손에 꼽힌다. 본문 일부에는 '출처 필요'라는 태그가 붙어, 입증하려면 추가 출처가 필요한 부분을 알린다. 다음은 2020년 5월에 발췌한 본문 일부다.

> 2층 돔 아래에 있는 벽화는 에드워드 브로드니가 그린 것이다. 브로드니는 1936년 공공산업진흥국Work Progress Administration 주최로 첫 벽화를 그릴 사람을 뽑는 대회에서 우승했다. 여기에는 「고국의 참전 상이용사를 기사로 서임하는 컬럼비아*Columbia Knighting Her World War Disabled」라는 제목이 붙었

* 옮긴이_ 미국을 여성으로 의인화한 역사적, 시적 이름이자 캐릭터

다. 브로드니는 모델료를 감당할 수 없어서 친구와 가족에게 포즈를 부탁했다. 컬럼비아의 모델은 브로드니의 여동생 노마 브로드니 코헨이었고 앞에서 한쪽 무릎을 꿇은 군인의 모델은 남동생 프레드 브로드니였다. 1938년에는 돔 아래에 「세계 대전의 어머니들World War Mothers」이라는 두 번째 벽화를 그렸다. 이번에도 모델은 친구와 가족이었고, 여동생 노마와 어머니 세라 브로드니가 나란히 앉았다. 『뉴욕타임스』는 브로드니의 벽화가 비교적 드물게 여성을 피사체로 삼은 군사 예술이라는 점을 언급했다.*

여기서 인용을 따라가면 세라 브로드니가 「세계 대전의 어머니들」의 모델이었다는 사실에는 근거가 있지만 노마가 컬럼비아의 모델이었다는 근거는 없다. 나는 이것이 사실이라고 맹세한다. 2008년 10월에 직접 그 문장을 추가했기 때문이다. 노마는 내 할머니고 세라는 증조할머니다. 인용할 자료가 있었다면 인용했겠지만 2008년에는 인기 문서가 아니면 출처가 없는 정보를 추가할 수도 있었다. 오늘날에는 어려운 일이다. 노마에 관한 언급이 삭제되지 않은 이유는 **아무도 매사추세츠주 의회 의사당에 관심이 없기 때문**이다! 주목받지 못하는 페이지는 검토 횟수가 적어 신뢰도가 낮다.

인식론자 돈 팰리스는 이렇게 지적한다. "위키피디아에 접속자 수가 적어서 오류 확인 빈도가 낮은 문서가 많다는 사실은 인정한다. 하지만 독자가 많지 않은 문서는 인식론적 오류의 대가 역시 이에 비례해 작아진다." 위키피디아는 자체 최적화가 이뤄지는 시스템이다. 많은 사람이 관심을 갖는 문서일수록 높은 확률로 신뢰도가 높아진다.[23]

다른 온라인 사이트에서 위키피디아의 글을 복사하는 경우도 많다. 노마와 프레드에 관한 서술을 인용하는 온라인 사이트가 많아졌다. 그래서 가끔 거짓 인용의 고리, 이른바 무근본 출처 생성citogenesis 사태[24]가 발생하

* https://en.wikipedia.org/wiki/Massachusetts_State_House#Inside_the_building

는데 과정은 다음과 같다. 먼저, 누군가가 위키피디아에 출처가 없는 내용을 등록한다. 그리고 다른 누군가가 이 내용을 기사로 쓰면서 위키피디아를 출처로 언급하지 않는다. 위키피디아 편집자가 인용을 보완해 페이지 내용을 개선하기 위해서 검색하다가 그 기사를 찾아내서 인용한다! 사실은 근거가 전혀 없는데도 출처가 생성됐다. 벽화의 실제 모델이 노마와 프레드인 것은 우연히도 사실이지만, 사실이 아니라 해도 이 정보를 인터넷에서 없애기는 어려울 것이다. 이것이 위키피디아 모델의 약점이다. 정보 출처의 질에 대한 평가가 균등하게 이뤄지지 않는다.

백과사전 내용이 진실인지와는 별개로, 무엇을 다루는지에 관한 문제도 있다. 어떤 주제에 관해 문서가 만들어질까? 할라바이스와 라카프는 위키피디아 문서 몇 개를 무작위로 뽑아 '출간 자료 데이터베이스Books in Print'* 에 나타난 같은 주제 자료와 비교한 결과 차이가 있다고 밝혔다. 예를 들어, 위키피디아에서는 자연 과학을 사회 과학보다 자세히 다뤘다. 분야별 백과사전과 비교한 결과에 따르면 위키피디아는 물리학과 언어학을 시보다 폭넓게 다루고 있었다. 물론 대중문화 같은 일반 관심사와는 비교도 안 된다. 〈해리포터〉나 〈스타워즈〉에 관한 글은 무수히 많다.[25] 위키피디아 문서는 범위가 점점 넓어지고 있으며, 어떤 영역을 얼마나 완성도 있게 설명하는지도 계속 달라진다.[26]

어떤 주제에 관한 문서가 존재할 때 그 완성도는 얼마나 될까? 무엇을 포함하고 무엇을 배제할까? 역사학자 로이 로젠즈윅은 위키피디아의 전기 문서 25건을 학자들이 작업한 '온라인 전미 전기American National Biography Online'와 비교했다. 신뢰도는 양쪽 모두 높았다. 비교 결과 로젠

* 편집자_ 미국의 바우커Bowker에서 제공하는 도서 목록 데이터베이스로, 출판사, 소매업자, 도서관 등에서 도서 제목을 비롯한 각종 정보를 검색하기 쉽도록 다양한 기능을 제공한다.

즈윅은 위키피디아 문서 25건 중에서 4건, 전미 전기에서 1건의 사소한 사실 관계 오류를 발견했다. 한편 본문 문체와 정보 종류의 차이는 보다 흥미롭다. 미국 전 대통령 에이브러햄 링컨의 전기는 두 자료 모두 정확하다. 전미 전기는 품격 있는 문체를 사용하며 당시 역사적 상황을 풍부하게 다루고, 역사 기록이라는 목표가 명확하며, 확신 있는 판단을 내린다. 반면 위키피디아는 중립적 관점을 지켜야 한다는 명시적 정책을 따르므로 판단을 허용하지 않는다. 또한 여러 사람이 작성한 탓에 흐름이 자연스럽지 않은 부분도 있다. 하지만 위키피디아는 전미 전기에는 없는, 링컨에 관한 재미있고 다양한 이야기를 담고 있다(찰스 다윈과 같은 날에 태어났으며, 추수감사절을 미국 국경일로 지정하는 대통령령을 발효했다는 등).[27]

돈 팰리스는 논문 「위키피디아의 인식론을 향해」에서 위키피디아가 대체로 신뢰할 만하다는 결론을 내리면서, 신뢰도 외에 인식론적 미덕도 있음을 상기시킨다. 이는 바로 "힘, 속도, 파급력이다. 즉, 어떤 정보원이 지식을 얼마나 많이, 얼마나 빨리, 얼마나 많은 사람에게 전할 수 있는지도 중요하다."[28] 위키피디아는 이 기준에서 탁월하다.

정리하기

'위키피디아를 믿을 수 있는가'라는 단순한 질문에 대답하려면 놀랍게도 상당한 철학적 사고가 필요하다. '객관적 진실이 존재하는가' 등 근본적인 철학적 질문에는 명쾌한 답이 없다. 나는 상식적이고 온건한 타협안을 받아들이는 편이며, 그 내용을 요약해보면 다음과 같다.

세계는 실재하지만 인간은 부정확한 감각을 통해서만 세계를 알 수 있다(내적 실재론). 진실은 지식이나 지식을 가진 자와 무관하게 존재할 가능성이 높지만,

우리는 인간의 방식으로 진실에 접근할 수밖에 없다. 감각에는 오류가 있기에 우리는 사회적 합의를 통해 '진실'을 판단한다(사회적 인식론). 물론 틀릴 때도 있지만 우리는 계속 사회적 합의를 개선해나간다.

지식이 되려면 사실이며 정당화할 수 있는 믿음이 필요하다. 지식은 신빙성 있는 인지 절차로 이룬 성취다. 지식을 공유하는 일은 공동의 성취이며 그것이 성공할지는 사회적 환경의 핵심 특징이 결정한다.

이 어려운 문제들에 관해 어떤 결론에 도달하든 인식론(무엇이 진실인가)과 지식 사회학(사람들은 무엇을 믿는가)이 제공하는 통찰은 나날이 유용해진다. 위키피디아뿐 아니라 인터넷 전체가 활발히 움직이는 생태계이며 지금 이 순간에도 지식의 사회적 구성이 이뤄지고 있다.

응용하기

이제 지식과 그 본질을 어느 정도 이해했다면, 인터넷 사용자이자 인터넷 기반 의사소통 시스템 설계자로서 우리는 어떻게 한발 더 나아갈 수 있을까? 기본적으로는 모든 지식의 취약성을 인지하는 것이 좋다. 인식론자들은 기본적 진실이 무엇이며 어떤 사실에 근거가 있는지를 어떻게 판단할지 논의하지만, 보통 사람은 일상에서 기본적 진실(만약 존재한다면)에 닿을 때까지 생각의 근거를 파고들 시간이 없다. 모두가 기후과학자는 아니다. 다만 신뢰할 만한 정보원을 통해 저공해 자동차가 추가 비용을 부담하고 탈 만큼 가치 있는지 판단할 뿐이다. 누구도 모든 것을 다 알 수는 없다. 심지어 기후과학자도 자녀에게 백신을 맞힐지, 글루텐을 먹을지, 유전자 변형 식품을 살지 결정하려면 정보원이 필요하다.

지식의 사회적 구성과 본질을 이해할수록 보다 현명하게 정보를 소비하고 정보 시스템을 설계할 수 있다. 다음 사례를 생각해보자. 최근에 나는 뜻하지 않게 잘못된 뉴스 기사를 리트윗했다. 기사는 승차 공유 서비스인 우버와 리프트Lyft* 기사들의 시간당 수익 중앙값이 놀랍게도 3.37달러밖에 되지 않는다는 내용이었다.[29] 이 기사는 (세계적으로 평판 좋은 뉴스 출처인) 『가디언』에 게재됐고, (세계적으로 명망 있는 연구 기관인) MIT에서 수행한 연구에 기반했다. 이러한 배경을 믿고 별생각 없이 기사를 리트윗했는데 트위터 친구들은 회의적인 반응을 보였다. 보수가 이 정도로 낮다면 그렇게 많은 사람이 일할 리가 없다며 말이 안 되는 수치라고 했다. 더 깊이 파고드니 MIT 논문이 사실 동료 평가를 거치지 않은 단순 조사 보고서임이 밝혀졌다. 저자들은 우버의 비판을 받고 정정 기사를 올리기도 했다. 정정한 중앙값은 8.55달러로 이전보다 훨씬 합당한 수준이었다. 나는 게시글을 즉시 삭제하고 정정 트윗을 올렸다. 나도 모르게 잘못된 사실을 게시함으로써 **오정보**misinformation 문제에 한몫 거든 셈이다. 고의로 거짓 정보를 공유하는 것을 **허위 정보**disinformation라고 하며 이에 관해서는 6장에서 다룬다.

이 일화에는 나쁜 부분과 좋은 부분이 있다. 나쁜 부분은 『가디언』과 MIT조차 믿을 수 없다는 점이다. 이러한 정보원도 믿을 수 없을 때가 있다면 이보다 명성이 낮은 출처에서 쏟아지는 기사의 바다를 어떻게 헤쳐나가야 할까? 한편 좋은 부분은 시스템이 효과적으로 작동했다는 점이다. 친구들은 트윗을 보고 즉시 의문을 제기했고, 나는 이를 내린 뒤 정정 글을 올렸다. MIT의 연구 저자들은 수치를 확인하고 정정했다. 『가디언』도 정정 기사를 올렸다. 이 과정을 지식의 사회적 구성이라는 관점에서 살펴보면 어떤 설계

* 편집자_ 미국의 승차 공유 서비스 기업으로, 2023년 4월 현재 미국과 캐나다 일부 지역에서 서비스를 제공한다.

적 특징이 최초 오류로 이어졌으며, 어떤 특징이 정정 과정으로 이어졌는지 알 수 있다.

무엇을 신뢰하고 무엇을 공유할지 근거를 기반으로 판단하려는 사람들을 어떻게 도울 수 있을까? 메타데이터, 즉 특정 정보의 근거가 되는 출처에 관한 정보를 제공하는 방안이 있다(예를 들어, 『가디언』 기사가 동료 평가를 거치지 않은 단순 조사 보고서를 기반으로 했다는 정보를 제공한다). 많은 온라인 사이트에서 이와 관련된 노력을 시작했다. 예를 들어, 페이스북은 2017년에 기사의 배경을 공개하기 시작했다.[30] 기사에 작게 표시된 'i' 모양을 클릭하면 처음 공유된 날짜와 발행인 프로필을 보여주는 페이지로 이동한다. 이러한 출처 정보는 일부 기사에만 추가돼 있으며, 대부분 이미 널리 알려진 주류 뉴스 출처에서 나온 기사에 붙어 있다. 사실 이런 정보 표시는 사이트가 작고 평판이 불확실할수록 더더욱 필요하지만 안타깝게도 이런 기사에는 추가 정보가 없다. 2020년 2월, 트위터는 인위적이거나 조작된 매체를 분류하겠다고 발표했다.[31] 2020년 5월에는 특히 코로나19 팬데믹과 관련해 "잠재적으로 유해하거나 오해의 소지가 있는 콘텐츠"에 별도 표시를 하겠다고 밝혔다.[32] 그리고 5월 말에는 처음으로 미국 전 대통령의 트윗 2건에 오해의 소지가 있다고 표시했다.[33] 전 대통령의 트윗은 오정보로 표시되는 일이 점점 늘다가 2021년 1월에는 결국 계정이 정지됐다.

메타데이터는 도움이 될까? 이 질문에 답하려면 여러 가지 더 어려운 질문을 생각해봐야 한다. 트윗이나 기사가 거짓이거나 오해의 소지가 있는지는 누가 판단할까? 판단 기준은 무엇일까? 표시가 적절하다고 가정할 때 이 표시가 독자에게 도움이 될까? 사용자 인터페이스를 어떻게 설계하면 메타데이터의 효과가 커질까? 메타데이터 때문에 오히려 사람들이 잘못된 주장을 진실이라고 확신하는 역효과는 언제 발생할까?[34]

어떤 종류의 메타데이터가 도움이 될까? 정보는 얼마나 자세해야 할까? 메타데이터를 어떻게 만들까? 사람의 노동력을 투입할까, 혹은 인공지능을 활용할까? 직원이나 알고리즘을 어떻게 훈련할까? 근본 가치와 가정이 서로 다른 다양한 메타데이터 자원이 필요할까? '신뢰도 서비스reliability service'에 대한 잠재 수요가 있을까? 그런 서비스를 가능하게 할 잠재 비즈니스 모델이 있을까? 메타데이터 외에 어떤 방식으로 인터넷의 거짓 정보나 오해의 소지가 있는 정보 문제를 해결할 수 있을까?

이러한 고민을 하는 사람들은 교사, 학생, 출판인, 온갖 종류의 개인적, 정치적 결정을 하려는 시민을 비롯해 다양하다. 진실과 지식의 본질을 더 깊이 이해한다면 무엇을 믿을지에 관해 더 나은 판단을 내릴 수 있다.

다음 장에서는 누가 누구와 정보를 공유하는지에 관한 문제를 다룬다. 인류가 달 착륙에 성공했다고 믿지 않는 사람은 같은 의견을 가진 집단에 속해 있을 때 믿음을 유지할 확률이 더 높다.[35]

04
인터넷은 우리가 생각하는 방식을 어떻게 바꿨을까?

미 육군 중대장 네이트 앨런Nate Allen과 토니 버지스Tony Burgess는 육군사관학교에서 친구가 됐다. 둘은 가까이 살면서 저녁이면 앨런의 집 마당에서 만나 조언을 주고받았다. 이렇게 노하우를 공유하니 좋은 점이 많다고 생각한 두 사람은 2000년 3월 컴퍼니 커맨드Company Command라는 온라인 사이트를 시작했다. 『뉴요커』의 기자 댄 바움은 2005년 「장군들은 모르는 전투의 기술」이라는 기사로 이 이야기를 다뤘다.[1]

기사는 군 간부가 종종 느끼는 고립감을 설명한다. 그리고 대대의 부관이자 대대장의 보좌관으로 임관된 통신장교 스테퍼니 그레이Stephanie Gray의 일화를 소개한다. 그레이의 첫 출근 날에 큰 문제가 발생했다. 대대 장교들은 모두 현장으로 달려갔다. 한 사병이 살해당한 것이다. 서류 처리를 해야 할 거라고는 생각했지만, 그레이는 어쩔 줄 몰랐다. 이때 컴퍼니 커맨드에 글을 올려 비슷한 일을 겪은 사람들에게 도움을 받았다. 바움은 그레이의 말을 인용한다.

"30분 안에 첫 회신이 왔고, 하루 종일 이메일이 속속 도착했어요. 도움을 준 사람 중에는 현직 군인도, 퇴역 장교도 있었고 군 목사도 있었죠. '이 규정을 참고하라' 든가, '나는 이렇게 했다' 는 내용이었어요. 상부에 보고하는 절차를 알게 됐어요. 또 사병의 신원을 확인해서 중대장, 대대장, 여단장이 유가족에게 보내는 편지를 썼고요… 사망 보험금 서류를 작성했고, 다른 절차도 많았죠."

계급 사회에서는 구성원 간에 어떻게 정보를 공유할까? 미 군대에서는 일반적으로 다른 이들과 유용한 정보를 공유하려는 간부가 명령 체계를 따라 상부로 보고한다. 이 정보는 몇 주 뒤 권고의 형태로 명령 체계를 따라 동 계급 군인에게 전해진다. 신중하게 검토한다는 장점도 있는 반면 전달은 느려지기 마련이다. 한편 컴퍼니 커맨드에서는 간부들이 실시간으로 동료와 조언을 주고받을 수 있다. 바움은 키이스 윌슨Keith Wilson 중위의 사례도 언급한다. 윌슨 중위는 이라크 시내 곳곳에 붙은 무크타다 알사드르Moqtada Al-sadr의 포스터 뒤에 수류탄이 숨겨져 있다는 경고를 사이트에서 읽었다. 부하들을 보내 포스터를 확인하게 하자 몇 시간 만에 수류탄을 찾아냈다. 일반적인 절차에 따라 명령 체계를 오르내리며 경고문을 전달했다면 이 정보는 적시에 도착하지 않았을 것이다.

이 이야기에서 가장 놀라운 부분은 따로 있다. 법원은 보안이 불완전한 비공식 온라인 사이트에서 군 정보를 공유한 앨런과 버지스에게 제재를 가하지 않았다. 이들은 오히려 동료 간 정보 공유를 위한 온라인 사이트를 계속 운영하도록 박사 학위 과정을 지원받았다.

컴퍼니 커맨드에서 이뤄지는 의사소통 방식은 **지식 형성 담론**knowledgebuilding discourse이라고 할 수 있다. 집단 구성원 모두가 새로운 지식을 창조하기 위해 의견을 보태는 형태다. 한 명이 새로운 아이디어를 내면 나머지 사람들이 비평한다. 시간이 흘러 도달한 합의점이 새로운 지식이 된다. 동료 평가를 통해 새로운 지식을 구축하는 과학자 공동체가 이상적으로 작동했을 때의 모습과 동일하다. 인터넷을 기반으로 한 의사소통 도구는 특히 효과적으로 지식 형성 담론을 지원한다. 빠르게 아이디어를 공유하고 의견을 나눌 수 있기 때문이다. 지식 형성 담론은 지식의 사회적 형성을 촉진한다.

지식 형성 담론은 공유되는 정보의 종류를 변화시킨다. 동료 생산된 정보는 보다 **적절한** 경향이 있다. 지식을 창조하는 사람과 공유하는 사람의 욕구나 이해관계가 같기 때문이다. 보다 **빨리** 만들어지기도 한다. 공식 검토를 거치지 않기 때문이다. 심도 있는 동료 평가를 거친다면(거쳐야만) 정보의 신뢰도는 매우 높아진다. 이 장에서 더 다루겠지만, 동료 평가는 종종 실패한다. 동료 생산 공동체에 적극적으로 참여하지 않았다면 어느 정도 수준으로 검토된 정보인지 알 수 없다. 이는 (3장에서 봤듯) 동료 생산 정보를 사용하려는 사람이 겪는 어려움이다.

지식 형성 공동체에 참여하기

지식 형성 공동체에 참여한 적이 있는가? 서브레딧이나 페이스북 그룹, 메일링리스트* 등 온라인 토론 집단을 떠올려보자. 집단에 합류했을 때를 생각해보자. 맨 처음 무엇을 했는가?

신규 회원은 대부분 **눈팅**lurking으로 참여한다. 아직 뭔가 하지는 않고

* 옮긴이_ 관심 분야가 같은 집단 내에서 이메일로 공통 관심의 정보나 메시지를 교환하는 구조

보기만 하는 것이다. 눈팅은 집단의 규칙과 규범을 익혀 준비가 되면 적절히 참여할 수 있도록 해준다. 온라인 커뮤니티에도 서브레딧처럼 명문화된 규정이 있는 경우도 있지만[2] 보통은 관찰을 통해 배워야 하는 암묵적인 규칙에 따라 운영된다. 블레어 노네크와 제니 프리스는 여러 종류의 토론 집단에서 눈팅을 하는 사람들을 연구했고, 기술 지원 집단과 건강 지원 집단을 대조했다.[3] 눈팅하는, 즉 게시글을 보지만 올리지 않는 사람의 비율은 기술 지원 집단에서 훨씬 더 높았다. 기술 지원 집단에서는 90%가 글을 올리지 않고 읽기만 한 반면 건강 지원 집단에서는 그 비율이 46%에 그쳤다. 기술 지원 분야의 질문에는 객관적인 답이 있는 경우가 많고, 답이 나오면 보통 논의가 끝난다. 반면 건강 지원 집단에서는 답이 나온 뒤에도 다른 사람들이 공감하는 댓글을 달거나 자신의 이야기를 공유한다. 노네크와 프리스가 지적하듯, 눈팅은 참여가 아니라고 할 수 없으며 그 자체로 참여의 형태다. 대화에는 말하는 사람과 듣는 사람이 필요하기 때문이다. 게다가 더 많은 사람이 읽고 있다면 특이하거나 일반적이지 않은 질문에 누군가 답을 내놓을 가능성도 더 크다.

신입 회원은 보통 잠시 눈팅을 하다가 가볍게 참여하기 시작한다. 시간이 지나면서 점점 더 깊이 관여하다가 집단의 핵심 활동에 참여하게 된다. 레이브와 웽거는 이 과정을 연구했고 이를 타당한 주변적 참여legitimate peripheral participation, LPP라 했다.[4] 목표지향적 활동을 함께하는 사람들의 집단을 실천공동체community of practice라고 한다. 실천공동체의 구성원이 되기 위한 배움의 과정을 거치면 집단의 주변부에서 중심부로 서서히 이동하게 된다.

이와 관련해 레이브와 웽거가 서아프리카 재단사를 연구한 사례가 유명하다. 재단사의 도제는 처음에 바닥을 쓰는 일을 한다. 이들의 참여는 **타당**

하다. 누군가는 바닥을 쓸어야 하기 때문이다. 누구도 도제에게 교육만을 목적으로 일을 시키지는 않는다. 또한 이들의 참여는 **주변적**이다. 바닥을 쓸면서 주변에 있는 경험 많은 재단사들이 일하는 모습을 관찰할 기회가 있기 때문이다. 마침내 누군가가 "이 솔기 좀 꿰매줄래?"라고 물을 때쯤에는 그 작업을 여러 번 본 상태다. 실천공동체에서 배움의 과정은 주변부에서 중심부로 이동하는 과정이다.

실천공동체가 성공적으로 학습하기 위해서는 **숙련된 업무 수행 과정을 보여야 한다.** 레이브와 웽거는 정육업계의 도제를 실패 사례로 제시한다. 이들이 관찰한 정육업자의 도제는 이미 잘려 있는 고기를 포장하는 일을 맡았다. 그런데 포장 기계가 있는 공간과 숙련된 정육업자들의 업무 공간은 분리돼 있었다. 도제들은 숙련된 정육업자가 일하는 모습을 볼 기회가 없었고, 다음 단계로 나아가라는 지시를 받았을 때도 아무런 준비가 돼 있지 않았다.[5]

지식노동은 보통 재봉이나 정육 가공 등의 육체노동보다 관찰하기 어렵다. 재봉 바늘이나 육류용 칼을 사용하는 방법은 눈에 보이지만 지식노동은 눈에 보이지 않는다. 콜린스 등은 타당한 주변적 참여를 통해 지식노동을 배우는 과정을 인지적 도제cognitive apprenticeship라 했다.[6] 지식노동이 성공적으로 이뤄지려면 숙련된 공동체 구성원의 업무 수행을 보일 필요가 있다. 아이디어를 표현하고 피드백을 받아 수정하는 과정을 새로운 구성원이 볼 수 있다면 도움이 될 것이다. 온라인 상호작용에서는 지식노동이 눈에 잘 보일 때가 있다. 집단의 새로운 구성원은 경험 많은 구성원들의 참여를 관찰하고, 사소한 의견 제시나 수정 제안으로 시작해 더 큰 기여를 하는 데까지 나아갈 수 있다. 다시 말해, 타당한 주변적 참여를 통해 배울 수 있다.

2005년, 당시 내가 가르쳤던 학생 안드레아 포르테, 수잔 브라이언트와 함께, 위키피디아에 초기부터 참여해 결국 전문 편집자가 된 사람들을 인터뷰한 적이 있다.[7] 위키피디아에 기여한 사람들은 누구인지, 동기는 무엇이었는지 알고 싶었다. 우리가 인터뷰한 사람들은 처음에 개인적으로 관심 있는 문서를 사소하게 수정하는 정도로 시작했다. 한 인터뷰 대상자의 답변은 다음과 같았다.

"위키피디아에서 처음 찾아본 단어 중 하나는 웨일스Wales였어요. 거기 살고 있었거든요. 문서를 읽으면서 '이건 아닌데, 바꿔야겠어' 싶은 부분이 있었죠. 그리고 생각했어요. '어떤 내용을 추가할 수 있을까? 좀 짧은 것 같은데.' 그리고 그게… 습관처럼 됐죠, 뭐."[8]

시간이 지나며 인터뷰 대상자들은 위키피디아에 기여하는 다른 사람들의 작업을 관찰할 수 있었고, 서서히 더 복잡한 작업을 맡았다. 커뮤니티의 주변부에서 중심부로 나아가면서 더 정교한 편집 도구를 사용하기 시작했고, 위키피디아를 단순한 문서 모음이 아니라 커뮤니티로 여기게 됐다. 다시 말해, 정규 위키피디아 편집자들은 실천적인 지식 형성 공동체에서 타당한 주변적 참여를 통해 배우는 과정을 거친 것이다! 연구를 시작했을 때는 우리가 연구하는 이론에 위키피디아의 사례가 이렇게까지 완벽히 들어맞을 줄 미처 몰랐다(포르테에게 농담한 기억이 난다. "그 이론을 전부 읽으라고 한 게 다 이유가 있었다니까").

비행기를 착륙시키는 것은 조종사만이 아니다

지금까지 지식 형성 공동체에서 생각의 방식이 어떻게 달라졌는지 살펴봤다. 전통적인 방식과 비교하면 지식 형성 과정이 더 빨라졌고 더 적절한 콘텐츠를 만들어낼 수도 있지만, 만들어진 정보의 신뢰도는 매우 들쭉날쭉할 수 있다. 인터넷 환경의 특징은 지식 형성 활동이 활발하게 일어나는 데 도움이 됐다. 예를 들어, 플랫폼 사용자들이 찬성과 반대를 투표하는 기능이 있으면 그 집단이 더 양질이라고 판단하는 콘텐츠가 더 많은 관심을 받게 된다. 관리 기능(관리자나 자동화 시스템)은 많은 사람이 보기 전에 부적절한 콘텐츠를 제거할 수 있다. 지식 형성 과정은 사람, 사회적 행위 그리고 도구의 조합으로 이뤄진다. 즉, 사회기술적 시스템socio-technical system이라고 할 수 있다.

사실 지식 형성 공동체에서 새로운 지식을 창조할 때 사고하는 주체the thing that is thinking는 개인이 아니라 사회기술적 시스템 전체다. 사고의 행위는 모든 인간과 비인간 요소에 분산된다. 에드윈 허친스는 이를 분산 인지distributed cognition(또는 'dcog')라 불렀다. 허친스는 항공모함 조종이나 비행기 착륙 등에서 나타나는 분산 인지를 상세하게 분석했다.[9] 「조종석은 어떻게 속도를 기억하는가」라는 논문에서 그는 조종사 두 명이 비행기를 착륙시키는 상황을 예로 든다. 조종사 두 명과 계기판과 눈금과 심지어 사소한 참고 사항 정보(해당 항공기 무게에 대한 권장 속도가 적힌 착륙 참고 사항 정보) 하나하나가 모두 안전한 착륙에 반드시 필요하다. 두 조종사가 자신에게 주어진 도구를 활용해 기존에 배운 규칙에 따라 비행기를 착륙시킨다고 생각할 수 있겠지만, 허친스는 **시스템 전체가 사고하는** 것이라고 발상을 전환한다.

분산 인지의 시각은 온라인 대화에 대한 흥미로운 관점을 제시한다. 이 관점에 따르면, 폴리매스 프로젝트의 정리를 증명하거나 주니버스에서 은하에 관한 검증된 데이터를 창조하는 것은 사회기술적 시스템 전체다. 사람, 사용된 소프트웨어 도구, 노동의 분화, 명문화된 참여 규칙, 암묵적인 사회규범 등 모든 것이 어우러져 결과를 도출한다. 마찬가지로 페이스북 그룹의 대화 결과에는 사회기술적 시스템 전체가 영향을 미친다. 페이스북 그룹의 토론은 레딧이나 트위터에서 일어나는 논의와 주제가 같다고 해도 시스템상 모든 요소의 차이로 인해 매우 다른 양상을 띨 수 있다.

거리를 넘어

컴퍼니 커맨드를 만든 버지스와 앨런은 옆집에 살면서 쉽게 아이디어를 교환할 수 있어 큰 도움을 받았다. 그리고 이들이 만든 온라인 사이트에서는 전 세계 중대장들이 그 장점을 누릴 수 있었다. 지리적 여건과 관계없이 사람들을 모을 수 있는 인터넷의 힘은 혁신적인 변화로 이어졌다.

예를 들어, 희소 질환이 있는 사람들을 생각해보자. 나에게는 원추각막증이라는 경미한 안과 질환이 있다. 각막이 불규칙하게 얇아지는 병이다. 내 지인 중에 원추각막증 환자는 한 명뿐이다. 어쩌면 더 있을지도 모르지만 일상 대화에서 지병을 화제로 삼는 일이 드물다 보니 알 길이 없다. 레딧의 원추각막증 그룹 회원 수는 2021년 1월 기준 8,100명이다.[*] 회원들은 개인적인 이야기와 새로운 연구 결과를 공유하고 조언과 정보를 찾는다. 자진해서 가입한 사람들로 이뤄진 집단은 특이한 관심사, 욕구, 신념을 가진 사람들이 서로를 찾도록 도와준다. 이런 집단은 심지어 정부나 기업에 변화를 촉구하는 활동을 조직하기도 한다. '나 같은 환자Patients Like Me'라는 온라인 사이트 회원들은 자신의 증상에 관한 과학적으로 유효하고 의미 있는 연구 데이터를 수집했다.[10]

* 편집자_ 2023년 4월 기준으로는 13,700명이다.

관심사나 욕구, 가치관이 비슷한 사람들이 모이면 보통 그 사람들에게도 좋고 사회에도 유익하다. 하지만 언제나 그런 것은 아니다.

세계관을 공유하는 에코 체임버

앞서 봤듯, 동료 생산 콘텐츠의 질은 동료 평가의 질에 좌우된다. 위키피디아의 경우, 인기 문서는 깜짝 놀랄 정도로 수준이 높다(3장 참고). 백신이나 기후 변화 등 논쟁적인 주제에 관한 문서는 전쟁터가 돼 정보와 오정보가 뒤섞일 것이라고 생각하기 쉽지만, 이 경우 전문 편집자들이 문서의 정확도를 유지하고 오정보를 삭제한다. 물론 전문 편집자들은 동료 평가를 거친 과학적 연구 결과를 신뢰하고 기준으로 삼는다. 이러한 문서는 많은 사람들이 지켜보고 있기 때문에 문제없이 유지된다.

그런데 극단적인 관점을 가진 자발적인 심사자 집단이 서로의 신념을 강화하면 어떤 일이 일어날까? 이것이 바로 **에코 체임버**echo chamber* 현상이다.[11] 기존 출판계에서는 소수의 전문가가 콘텐츠를 심사한다. 지식 형성 공동체에서는 전문성의 정도가 각기 다른 수많은 사람이 콘텐츠를 검토한다. 에코 체임버에서는 잠재 심사자 모두가 이미 일련의 전제에 동의하므로 전제부터 비판받을 가능성은 낮다.

에코 체임버가 그 자체로 나쁜 것은 아니다. 오히려 필요하고 유용한 상황이 많다. 일부 논쟁적인 주제의 경우 특정한 전제에 동의하지 않는 사람끼리는 대화가 아예 불가능할 때도 있다. 페미니즘에 관한 유즈넷USENET**

* 옮긴이_ 원래는 반향실, 즉 흡음성吸音性이 적은 재료로 벽을 만들어 소리가 잘 되울리도록 한 방을 말한다.

** 옮긴이_ 전자게시판의 일종으로 특정한 주제나 관심사에 대해 의견을 게시하거나 관련 분야에 대한 그림, 동영상, 실행파일, 데이터파일 등의 자료를 등록할 수 있는 세계적인 토론 시스템

토론 그룹이 흥미로운 사례다. 유즈넷은 초창기의 온라인 토론 포럼(월드 와이드 웹world wide web 이전) 중 하나다.* 1980년에 만들어진 유즈넷은 오늘날의 레딧처럼 그룹으로 나뉘었고, 각 그룹은 사회과학, 취미, 과학 등 상위 계층에 속했다. 예를 들어, '취미-반려동물-고양이'는 고양이에 관한 토론 그룹이었다. 누군가가 새로운 그룹의 명칭과 규칙을 제안하면 공공의 논의 및 투표를 통해 새 그룹이 만들어졌다. 하지만 '기타' 계층에서 그룹을 만들 때만큼은 투표가 필요하지 않았다. 누구나 즉석에서 그룹을 만들 수 있었다(그래서 재미있는 그룹이 많이 만들어졌다. '기타-스웨덴-셰프-보크-보크-보크'** 나 '기타-섹시-대머리-선장' 등).

유즈넷에는 페미니즘 토론 그룹이 최소 두 개 있다. '사회과학-페미니즘'과 '기타-페미니즘'이다. 유즈넷 콘텐츠는 데자 뉴스Deja News에 의해 1995년부터 아카이브화되기 시작했고,*** 데자 뉴스는 2001년 구글에 인수됐다. 오래된 유즈넷 그룹은 대부분 비활성화 상태긴 하지만 여전히 구글 그룹스Google Groups에 존재한다. 유즈넷이 한창 활발하던 시기에 나는 '온라인 커뮤니티 설계' 강의를 듣던 학생들에게 두 그룹을 살펴보고 차이점과 그 원인을 생각해보라는 과제를 내곤 했다. '사회과학-페미니즘'에는 관리자가 있어서 페미니즘에 관한 일련의 전제에 동의하는 글만 인증돼 게시됐다. 반면 '기타-페미니즘'에는 관리자가 없었다. 당연하게도 관리자가 있는 그룹에서는 페미니스트 사상에 관한 예의 바른 토론이 오갔지만 관리자가 없는 그룹은 난장판이었다. 지금도 구글 그룹스에 접속하면 1990년대의 유즈넷 콘

* https://en.wikipedia.org/wiki/Usenet

** 옮긴이_ 1970년대의 TV 프로그램 〈머핏 쇼The Muppet Show〉에 등장한 스웨덴 셰프 캐릭터 때문에 생긴 밈meme. '보크börk'는 스웨덴어 같지만 사실 아무 뜻 없는 말이다.

*** https://en.wikipedia.org/wiki/Google_Groups

텐츠를 볼 수 있다. 아무 날짜나 골라(1999년 12월 31일) 확인해보니 '기타-페미니즘'에는 명사들의 나체 사진과 '편협한 페미니즘, 작성자 다프네 페탈'Feminism as Bigotry' by Daphne Patal'이라는 토론이 게시글로 올라와 있다. 같은 날 '사회과학-페미니즘' 게시판에는 '영감을 주는 글: 용기 있는 여성An Inspiration: Women of Courage'이나 '미의 신화, 그 후Follow up to the Beauty Myth' 등의 주제가 보인다.

관리자가 있는 '사회과학-페미니즘' 그룹은 초창기 온라인 에코 체임버였다. 페미니즘의 원칙에 동의하는 사람끼리 사려 깊고 예의 바르게 논의하기에 완벽한 장소였다. 관리자가 없는 '기타-페미니즘' 그룹에서 이런 논의는 불가능했다. 에코 체임버는 종종 귀중하고 필요하다.

하지만 에코 체임버는 단점도 있다. 예를 들어, '사회과학-페미니즘'에서 남녀 간 임금 차이를 계산한 통계 방식에 의심을 품고 세부 사항을 따졌다간 환영받지 못했을 것이다. 에코 체임버 안에 있는 사람들은 특정한 세계관 안에서 나아갈 수 있는 안전한 공간을 확보하는 한편, 이 세계관을 비판하는 세력에는 노출되지 않는다. 기본 전제에 대한 공격을 차단한 상태인데, 어떤 면에서는 그래서 생산적일 수 있다. 근본적인 원칙을 계속 방어해야 한다면 대화가 진전되지 않을 테니 말이다. 한편 타당한 비판도 접할 수 없게 된다. 에코 체임버에 있는 사람들이 합당한 이의까지도 전혀 고려하지 않는 경향은 오늘날 인터넷의 핵심 문제다.

다른 전제를 두고 다른 논의가 이뤄질 수 있도록 다양한 공간을 만드는 것은 중요하다. 하지만 현재 인터넷 기술의 행동유도성affordance*은 안타깝게도 양극화로 이어졌다. 어떤 문제를 놓고 양쪽의 극단적인 입장을 재확

* 옮긴이_ 인간이 특정한 행위를 하도록 유도하는 사물이나 환경의 특질. 즉, 환경에 내재돼 있는 행위 가능성

인하는 공간은 많지만, 서로 의견이 다른 사람들이 상대의 뜻을 차분히 들어 볼 수 있는 공간은 많지 않다. 서브레딧 '중립 정치Neutral Politics'는 이에 반박하는 흥미로운 사례다. "정치 현안을 공평하고 실증적으로 논의하기 위해 엄격히 관리되는 커뮤니티로, 사실과 상호 존중의 논의를 기본으로 한다"라는 소개글이 눈에 띈다. 실제로 엄격한 관리가 이뤄져서 대체로 예의 바른 논조로 보다 사려 깊은 토론이 이뤄지며 회원들은 근거 있는 주장을 펼친다. 이처럼 중립성을 위해 노력하는 공간이 더 필요하다.

진짜 심각한 문제는 에코 체임버에서 공유하는 굳건한 전제가 **틀렸을** 때 발생한다. 3장에서 봤듯, 어떤 의견은 실제로 '틀린' 생각이다. 지구는 둥글며, 홀로코스트는 실제로 일어났고, 백신은 자폐증의 원인이 아니다. 지식 형성 온라인 커뮤니티의 행동유도성은 양날의 검이다. 윌슨 중위의 분대원들에게 수류탄의 존재를 적시에 경고했으나, 한편으로는 안타깝게도 사람들이 객관적으로 거짓인 명제를 믿게 할 수도 있다.

지구평면설의 증명은 과학을 닮았다

공동의 지식 형성은 기여자들의 시간을 투자하려는 의지, 지식수준, 근거의 본질에 관한 이해, 진정성 등에 따라 성공하기도 실패하기도 한다. 각 요소는 모두 실패 가능성을 안고 있다. 기여자가 별로 없다면 협업의 결과물이 충분한 수정을 거치지 못해 신뢰가 생기지 않을 수 있다. 편집자가 거의 없는 비인기 위키피디아 문서가 그런 사례다. 또한 기본적 진실과 전제부터 잘못되면 추론한 결과가 아예 틀릴 수 있다. 3장에서는 믿음이 기본적 진실에서 파생된다는 사실을 확인했다. 잘못된 전제를 기반으로 하는 결론은 신뢰할 수 없을 것이다. 더 나쁜 상황도 있다. 일부 기여자가 고의로 최종 결과물을 손상시키려고 노력하는 경우다(나는 일을 시작하고 첫 20년 동안은 인터넷에 있는 사람 대부분이 진정으로 서로 돕고 싶어 한다고 믿었다. 앞으로 20년은 순진했던 나 자신을 비웃으며 보내려고 한다!).

3장에서 봤듯 지식은 사회적으로 구성된다. 과학자 공동체에서 합의한 사실들은 무엇이 '진실'인가에 관한 인간의 최선이며, 그 진실은 시간이 지나며 새로운 증거가 나올 때마다 수정된다. 과학자가 되려는 사람은 근거의 기준을 배우고, 기존 과학 지식을 기반으로 삼기도 하고 비판하기도 하면서 새로운 과학 지식을 창조하는 법을 익힌다. 과학 지식의 진보는 공동체, 즉 과학자 공동체에서 일어나는 **사회적 과정**이다. 지금까지 우리는 과학 저널, 동료 평가, 과학 콘퍼런스 등 다양한 메커니즘을 발명해 그 사회적 과정을 촉진하고, 아이디어를 교환하고 지식수준을 높일 기회를 만들었다. 그러나 과학자 집단이 아닌 집단에서도 이러한 메커니즘을 도입하는 경우가 점점 늘고 있다. 이를테면 지구가 평평하다고 믿는 사람들도 과학자 공동체의 전략을 활용한다.

인간 역사를 통틀어 일반적이지 않은 믿음을 가진 사람은 항상 있었고, 그들이 옳다고 증명되는 일도 있었다! 인터넷은 특히 일반적이지 않은 믿음을 발전시키기 좋다. 같은 전제를 공유하는 사람끼리 모일 수 있기 때문이다. 1950년대에도 수백 명 정도에게 지구가 평평하다는 소식지를 돌리기는 어렵지 않았다. 하지만 21세기 초반이 되자 수천 명 이상이 쉽게 소식지를 받을 뿐 아니라 현실 세계에서의 거리와 상관없이 매일 서로 이야기를 나눌 수 있게 됐다. 지구 평면설 신봉자들의 온라인 포럼도 여러 개 만들어져 유용한 정보와 토론 게시판을 운영하고 있다. 지구 평면설을 설명하는 유튜브 영상은 특히 설득력이 있다. 그럴듯한 유튜브 영상을 보고 지구 평면설을 믿게 됐다는 사람이 많다.[12]

지구가 둥글다는 사실은 최소한 기원전 600년쯤 과학적으로 증명됐지만* 이에 반대하는 세력이 주기적으로 나타난다. 그들은 지구는 평평하며, 지구가 둥글다는 것은 전 세계적 음모라고 주장한다. 19세기에는 새뮤얼 로버텀Samuel Rowbotham이라는 사람이 '패럴랙스Parallax'라는 예명으로 유럽을 돌며 지구가 평평하다는 강의를 하기 시작했다. 그는 자신의 연구 분야를 회의론적 천문학zetetic astronomy이라고 칭했으며, 유대-기독교 성경을 문자 그대로 해석해 근거로 삼았다. 크리스틴 가우드는 패럴랙스를 다음과 같이 설명했다.

> 패럴랙스는 종교와 과학을 해결할 수 없는 갈등 관계로 놓고 성경을 과학으로부터 지킨다고 주장함으로써, 그러한 생각을 들으려고 기꺼이 돈을 내놓는 청중을 끌어들일 수 있었다. 게다가 민주적인 사실 확인을 강조하면서 혼자 공부하는 노동 계층 사람들을 유혹하는 한편 실험적 증거를 내세워 자신의 명분에 권위와 신뢰를 더했다. 말하자면 인간과 성경의 힘이라는 깃발 아래 대중의 지지를 얻으려 한 것이다. 패럴랙스가 자신의 이론을 실제로 믿었는지는 밝혀지지 않았다.[13]

패럴랙스는 강의를 하고 책을 써서 돈을 벌었는데, 지구 평면설을 실제로 굳게 믿었는지는 불확실하다. 그가 내세운 동기에는 종교와 그가 생각하는 '과학'이 섞여 있다. 지구가 평평하다고 증명하려면 지구의 곡률을 측정하는 실험을 설계하고 **엉망으로** 수행하면 된다. 19세기 지구평면론자들은 이러한 '증거'를 마치 연극처럼 무대에 올렸다.[14] 자신이 일반 대중보다 과학적이라고 주장하는 말솜씨는 대단히 흥미로웠다. 이들의 말을 빌리면, 직접 실험을 수행해 눈에 보이는 증거를 믿는 자신들과 달리 대중은 순진하게도 남의 말을 그냥 믿는다는 것이었다.

* https://en.wikipedia.org/wiki/Spherical_Earth

패럴랙스 이후에도 지구가 평평하다는 이론을 주장하는 사람들은 많았다. 20세기에 국제지구평면설연구회International Flat Earth Research Society, IFERS와 캐나다지구평면설협회Flat Earth Society of Canada, FES가 설립됐다. 회원 중에는 지구평면설을 진지하게 믿는 사람도 있었지만 반박하려고 가입한 사람도 섞여 있었다.[15] 밋업Meetup(지역 집단의 대면 회의를 조직하는 온라인 사이트)을 보면 2021년 1월 기준으로 전 세계 26개 지역 지구 평면설 집단에 등록된 회원은 1,900명 이상이다.* 2017년에는 500명,[16] 2018년에는 650명이[17] 모임에 참석했다. 지구평면설을 믿는 사람들이 만들어 운영하는 온라인 사이트(www.theflatearthsociety.org)에는 서버 기록에 따르면 최대 동시 접속자 수가 2017년 6월 17일에 3,720명이었다고 기재돼 있다.

과학자들은 전문 콘퍼런스, 토론 포럼, 논문을 통해 지식을 발전시킨다. 지구평면론자 역시 **이 메커니즘을 모두 사용하며** 서로의 신념을 강화한다. 집단적인 지식 형성 담론에 참여하는 것이다. 포럼 tfes.org의 한 게시글**에서는 지구평면론자들이 난제를 토론한 사례가 있다. 때때로 에베레스트산 꼭대기에 그림자가 지는 현상을 어떻게 설명할 수 있을까? 이들은 지구가 평평하고, 에베레스트산은 주위의 어떤 산보다 높으며, 태양은 언제나 에베레스트산 정상보다 높은 곳에 떠 있다는 전제에서 시작한다. 이런 전제 때문에 그림자는 수수께끼다. 토론 참여자들은 광원과 그림자를 보여주는 다이어그램을 그리고, 집에서 그림자를 드리우는 물건으로 실험하며 찍은 사진을 올린다. 가로등 그림자와 비유해보기도 한다. 회원들은 상대적인 시점의 개념을 도입하면 좋을지, 아니면 문제가 복잡해질 뿐인지 토론하며, 새뮤얼 로버

* https://www.meetup.com/topics/flat-earth

** https://forum.tfes.org/index.php?topic=11467.0

텀이 19세기에 쓴 글로 돌아가 참고 문헌을 인용한다. 잘못된 전제에서 출발한다는 사실을 제외하면, 우리가 생각하는 '과학'의 자세하고 신중한 논의와 매우 닮아 있다.

인터넷은 음모론에 대한 믿음을 조장할까?

2018년 가을, 조지아 공대 석사 과정 학생 시지아 샤오Sijia Xiao와 함께 다음 질문에 답하려 했다. 인터넷은 음모론에 대한 믿음을 조장할까? 우리가 연구 대상으로 선택한 음모론은 켐트레일chemtrail*이었다. 켐트레일 음모론자들은 비행기 뒤에 보이는 비행구름이 비윤리적인 목적으로 살포된다고 믿는다. 기후 관리를 위해서라는 설도 있고, 인위적으로 인구수를 조절할 목적이라는 말도 있다. 우리는 켐트레일 음모론 신봉자들을 인터뷰하면서 어떻게 이 가설을 알게 됐는지 물었다. 특히 인터넷의 역할을 알아보는 데 집중했다.

샤오가 인터뷰 대상자를 구하는 과정은 놀랄 만큼 쉬웠다. 켐트레일 음모론 신봉자들은 진심으로 자신이 아는 사실을 공유하고 싶어 했다. 심지어 인터뷰 음성 파일을 문서로 전사하는 직원에게 다음과 같은 이메일을 받기도 했다.

> 두 분의 연구는 너무나 중요합니다! 이 주제에 관해 제가 알고 있는 사실을 더 말씀드리고 싶습니다. 직장에서 해고당할 수도 있어서 익명 계정으로 연락드립니다.

이 사람과 연락을 더 이어가지는 않았다. 아무튼 켐트레일 신봉자 13명

* 편집자_ 화학 물질chemical과 비행운contrail을 뜻하는 영단어를 합친 신조어(출처: 위키피디아)

과 다른 음모론 신봉자를 합쳐 28명을 인터뷰했고, 반대로 음모론을 믿지 말라고 대중을 설득하려는 사람들도 만났다. 놀랍게도 처음에 왜 음모론을 믿게 됐고 어쩌다 마음을 바꿨는지 차근차근 말해줄 수 있는 전前 신봉자를 7명이나 찾았다.

음모론에 빠진 과정은 저마다 다르지만, 연구 대상자 다수는 켐트레일에 대한 최초의 신념을 형성하는 데 유튜브 영상이 큰 역할을 했다고 말해줬다.

> 유튜브의 편리한 점은 접근이 쉽고 누군가 이미 조합해둔 영상을 볼 수 있다는 것이다. 마치 누군가 모든 정보를 모으고 상자에 넣고 리본까지 달아서 준비해둔 것 같다. (신봉자)

> 이제는 경계하고 있지만, 음모론 영상은 음악 등으로 공포를 불러일으켜 시청자의 감정을 조종한다. (전 신봉자)

흥미롭게도, 지구평면론자들에 관한 애슐리 랜드럼의 연구에서도 같은 결과가 더 확연하게 나타났다. 랜드럼이 만난 지구평면론자는 모두 유튜브에서 처음 지구평면설을 접했다.[18]

일단 켐트레일에 관해 알게 되고 나면 다음 순서로는 켐트레일 신봉자 페이스북 그룹에 가입하는 경우가 많다. 그룹의 회원들은 서로의 신념을 강화하며 에코 체임버를 만든다. 페이스북에서 가장 큰 켐트레일 그룹은 2021년 1월 기준 회원이 19만 2,000명이 넘는다.

음모론에서 벗어난 사람과 이야기하며 우리는 **입구가 곧 출구**라는 사실을 알게 됐다. 켐트레일을 더 이상 믿지 않는 사람들은 유튜브에서 켐트레일을 지지하는 영상인 줄 알고 재생했다가 반대 입장의 영상을 보게 됐다고 한다. 비슷하게, 켐트레일 지지자 모임인 줄 알고 가입한 페이스북 그룹이 사실은 음모론을 믿지 않도록 설득하는 모임이었다는 사람도 있었다. 음모론을 믿도록 설득했던 미디어가 다시 믿지 않도록 설득한 사례다.

유튜브가 신념을 형성하는 데 미치는 영향력은 너무나 확연하다. 따라서 2019년 2월, 유튜브는 추천 알고리즘을 바꿨다. 이제 음모론 관련 영상은 더 이상 추천되지 않는다.[19] 플랫폼에 올라와 있긴 하지만, 다음에 볼 영상으로 자동 추천되지는 않는 것이다. 이와 마찬가지로 2019년 3월, 페이스북은 백신 반대론자 그룹의 게시글이 뉴스피드에 올라오지 않을 것이라고 발표했다.[20] 유튜브와 페이스북이 어떤 영상과 그룹을 음모론이라고 판단하는지는 알려지지 않은 중대 기밀이다.

이 변화의 영향은 굉장했다. 유튜브의 모기업인 알파벳의 분기 수익이 상당히 감소했다.[21] 유튜브는 그동안 사람들이 헛소리를 믿게 만들면서 어마어마한 수익을 내고 있었던 것이다. 이는 인터넷 기업의 관리에 순수하게 자본주의적으로 접근할 수는 없다는 결론으로 이어진다. 모든 기업이 단순히 주주 이익을 극대화하려 하는데 그저 마법처럼 정의로운 일이 일어나리라고 기대할 수는 없다(7장에서 이에 관해 더 다룬다). 컴퓨터 관련 전문가들의 세계 최대 전문 협회인 미국컴퓨터학회ACM는 2018년, 25년 만에 처음으로 윤리강령을 다시 썼다.[22] 강령에 추가된 부분은 다음과 같다.

3.7 사회 인프라와 통합된 시스템을 인지하고 특별한 주의를 기울인다.

대규모 소셜 미디어가 사회에 너무나 깊숙이 들어오다 보니, 운영에 새로운 규정이 필요함은 점점 명백해지고 있다. 지구가 평평하다고 사람들을 설득하면서 이윤을 남기는 것은 안 될 말이다. 더 장기적으로 보면, 소셜 미디어의 사회적 영향에 주의를 기울이는 회사는 더욱 번영할 것이다. 이왕 이윤을 위해 일한다면 장기적 이윤을 보는 편이 조금은 더 낫다. 이번 분기 보고서의 수익만을 우선순위에 두는 것은 유해하다. 유튜브와 페이스북은 옳은 방향으로 작은 발걸음을 뗐고, 이는 장기적으로 두 회사에 이익으로 돌아갈 것이다. 소셜 미디어 때문에 발생하는 사회적 문제를 효과적으로 해결하려면 상업 플랫폼에서도 규제가 필요하고, 공익을 동기로 움직이는 비영리 플랫폼 역시 힘을 보태야 한다.

트롤이 몰려온다

지금까지 사람들이 협업해 정보를 모으고 개선해 지식, 즉 진실이며 정당화된 정보를 창조하는 모습을 살펴봤다. 하지만 선의를 품은 사람들도 부정확한 전제에서 출발하면 잘못된 결론에 합의하게 된다. 모두가 잘못된 전제에 동의하면 서로 바로잡아줄 수도 없다. 그렇게 사실이 아닌 음모론을 믿게 되는 것이다. 그런데 음모론 신봉자들은 보통 의도는 좋다. 진심으로 진짜 지식을 형성하는 중요한 일을 하고 있다고 믿는 사람들이다.

지구평면설에 관한 온라인 토론에 참여하는 사람 중에는 진지하고 열렬한 지지자도 있지만, 관련된 책과 물건을 팔아서 부당 이득을 취하는 사람도 종종 있다(로버팀이 강의로 돈을 번 것처럼 말이다). 또한 토론 자체에 **배꼽을 잡으며** 진지한 참여자를 부추기는 하위 집단도 있다. 선의를 품지 않은 사람, 즉 고의로 지식 형성 과정을 저해하는 사람은 지식 형성의 또 다른 장애물이다. 이 사람들을 트롤troll이라고도 부른다.

휘트니 필립스는 자신의 저서 『이래서 문제다This Is Why We Can't Have Nice Things』에서 한 트롤에게 트롤링의 정의를 물었다. 트롤의 답은 다음과 같았다.

> 트롤은 인터넷상의 멍청한 대화를 방해하기 좋아하는 사람들이다. 트롤의 기본 원칙 두 가지가 있다. 첫째, 신성한 것은 없다. 둘째, 신성한 것이 있다면 포르노로 만들어라.[23]

가브리엘라 콜먼은 다음과 같이 덧붙인다.

> 트롤은 소름 돋고 불편한 콘텐츠를 퍼뜨리고, 싸움을 걸거나 난리를 쳐서 사람들을 화나게 한다. 순전히 장난질로 어떤 정체성, 신념, 가치를 표방하기도 하고, 온라인 포럼에 스팸으로 침입하거나, 목표 주거지에 피자 수백 판, 택시, 심지어 FBI 특수부대를 보내는 식으로 불화와 싸움의 혼란을 촉발한다. 트롤들은 저마다 전략은 다르지만 목적은 'lulz'라고 말하곤 한다. 'lol'* 에서 파생된 말로, 자유분방하지만 악의적인 유머를 뜻한다.[24]

누군가 고의로 방해하려 한다면 협업해 지식을 형성하기는 훨씬 더 어렵다.

트롤은 지식을 형성하는 온라인 활동을 방해하기를 즐긴다. 샤하프와 하라는 위키피디아의 트롤들을 연구하며 도발적인 방식으로 계속해서 콘텐츠를 파괴하는 사람, 예컨대 음란물을 올리는 사람들을 관찰했다. 이러한 공격을 관리하려면 관리자에게 엄청난 업무가 주어진다.[25] 트롤이 포럼의 논의를 방해하면 일반 사용자는 참여하기 어려워진다. 저널리스트 조시 퀴트너가 기록한 초기 사례를 보면, 유즈넷의 '기타–천박' 그룹이 '취미–반려동물–고양이' 그룹을 공격한 적이 있다. 직접적인 공격과 미묘한 공격이 포럼에 게시됐다. 폭력적으로 고양이에게 상해를 입히는 계정도 있었고, 겉으로는 단순히 고양이 발톱 제거를 지지하는 듯하지만 이 문제에 대해 강력한 입장을 가진 고양이 애호가들이 동요하도록 설계된 언어를 사용한 게시글도 있었다.[26] 이들의 공격에 성역은 없다. 2010년 미국 시월드에서 한 트레이너가 범고래 쇼 도중 공격을 받고 현장 관객 앞에서 사망한 후, 트롤들은 그의 사진을 밈으로 만들어 인격 모독과 성적 대상화를 서슴지 않았다. 휘트니 필립스는 사망자 추모 페이지를 파괴하는 행위인 'RIP 트롤링'의 시발점이 된 사

* 옮긴이_ 크게 웃다laugh out loud의 줄임말로 인터넷상에서 웃음을 표시하는 말. 한국어의 'ㅋㅋㅋ'와 비슷한 의미를 지닌다.

건들 중에서도 이 사건이 핵심이라고 본다.[27]

트롤과의 전쟁은 군비 확장 경쟁이다. 사이트 관리자들이 트롤의 피해를 복구하는 방법을 찾아내도 트롤은 다시 혁신적인 공격 방식을 찾는다. 끊임없는 악순환이다. 보통 온라인 사이트에서는 인력을 투입하는 동시에 봇bot이라고 부르는 자동화된 도구를 사용해 나쁜 콘텐츠를 삭제한다. 스튜어트 가이거와 데이비드 리베스는 위키피디아 파괴 행위를 멈추기 위한 인간과 봇의 상호작용을 분산 인지의 사례로 봤다.[28] 소프트웨어 도구는 명백한 파괴 행위, 예컨대 욕설, 대량의 텍스트 추가 또는 삭제를 파악하는 데 도움을 주고, 편집자가 한두 번의 클릭으로 손쉽게 이를 되돌리고 공격 사례로 기록할 수 있게 한다. 소프트웨어 도구는 인간 노동력 요구 수준을 대폭 낮췄고, 여러 명의 편집자가 효율적으로 협업할 수 있도록 연결 고리 역할도 한다.

위키피디아에서 파괴 행위와 싸우기 위해 사용하는 봇은 자원봉사자들이 만든 것이다. 상대적으로 단순한 원칙(경험적 원칙)으로 파괴 행위를 탐지하고, 반복 작업을 자동화했다. 레딧에도 비슷한 규칙으로 운영되는 봇이 몇 가지 있는데, 그중 채드 버치Chad Birch가 만든 도구 오토모드Automod가 있다. 오토모드는 정규 표현 매칭regular expression matching을 사용해, 명시적으로 허가되거나 금지된 사이트 링크 목록에 따라 콘텐츠를 관리한다.[29] 위키피디아와 레딧은 시스템 작동법을 투명하게 공개하며, 작업은 주로 자원봉사자들이 한다. 페이스북이나 트위터 같은 대형 상업 사이트에서는 급여를 받는 인력이 투입되고 딥러닝 등 좀 더 복잡한 인공지능 기술이 사용된다.[30] 그러나 어떤 사이트도 자동화 시스템의 작동 원리를 완전히 투명하게 밝힐 수는 없다. 그랬다간 악용하는 사람들이 교묘하게 규칙을 피할 것이다. 예를 들어, 금칙어 철자를 고의로 틀리는 식이다. 인스타그램이 거식증과 자해를 부추기는 특정 해시태그를 금지하자 사용자들은 단순히 철자를

바꿔 올렸다.[31]

지식 형성을 촉진하는 시스템 설계에서 기본이 되는 것은 동료 평가 개념이다. 한 콘텐츠를 더 많은 사람이 확인하고 검토할수록 신뢰도는 높아진다. 위키피디아가 이를 인증하는 사례다. 놀랍게도 검토자는 전문가가 아니어도 상관없다. 전문 지식이 없는 사람도 참고 문헌이 확실한 근거로 주장을 뒷받침해야 한다는 기본 원칙을 따르고 믿을 수 있는 정보 출처가 무엇인지만 알면 검토 절차에 도움이 될 수 있다. 그런데 트롤이 이 과정에 끼어들면서 문제가 훨씬 복잡해졌다. 이제 일종의 생태계가 만들어져서 일부가 콘텐츠를 개선하려 노력하는 사이 어떤 사람들은 고의로 이 과정 전체를 망친다. 트롤과 트롤 사냥꾼이 사용하는 기술은 영원히 진화할 것이다. 6장에서 나쁜 행위와 나쁜 콘텐츠 관리라는 주제를 다루며 이 문제를 다시 논하려고 한다.

결과물의 수준

지식 형성 담론으로 생산된 콘텐츠는 단순히 '다른 방법으로 만든 같은 물건'이 아니다. 품질에도 흥미로운 차이가 있다. 3장에서 살펴본 바에 따르면, 위키피디아에 올라온 역사적 인물의 전기를 전문 역사학자가 쓴 글과 비교하니 정확도는 거의 같지만 다채로운 일화가 많고 역사적 해석은 적었다.[32] '해석'이 용인되지 않기 때문이다. 가장 흥미로운 차이는 콘텐츠의 선택이다. 지식 형성 담론에 참여하는 사람 모두가 자원봉사자라면, 자연스럽게 봉사자들이 관심을 가지는 콘텐츠가 생산된다. 컴퍼니 커맨드 사이트의 사례로 돌아가면, 이 사이트에서는 자연스럽게 중대장들이 관심을 가지는 콘텐츠가 성장했다.

회원들의 관심사에 따라 콘텐츠가 조정되는 것은 대체로 장점이다. 다만 재미있는 주제가 중요한 주제보다 더 많은 관심을 받는 경우가 생길 수도 있다. 예를 들어, 판타지 작가 테리 프래쳇Terry Pratchett에 관한 위키피디아 문서는 단어 1만 5,000여 개(2020년 7월 기준, 참고 문헌 포함)로 이뤄진 반면 인식론에 관한 문서는 단어 1만 3,000여 개로 이뤄졌다. 지식 형성 담론을 지원하는 온라인 사이트 설계자들은 원하는 종류의 콘텐츠 생산을 장려하기 위한 설계적 특징을 도입할 수 있다. 위키피디아에서는 위키프로젝트가 이 역할을 한다. 예를 들어, '위키프로젝트 – 의학'은 잘 검토된 의학 문서가, '위키프로젝트 – 상어'는 상어에 관한 자세한 콘텐츠가 생산되도록 장려한다.

회원들이 자원해 생산하는 콘텐츠가 어떤 종류인지에 관한 정확한 역학 관계는 플랫폼마다 다르다. 하지만 플랫폼의 창조자로서 어떤 콘텐츠를 장려하고 또 막을지는 온라인 커뮤니티 설계의 핵심 과제다.

정리하기

지식 형성 담론에서, 집단 구성원은 모두 아이디어를 내고 다른 사람의 의견을 발전시킨다. 위키피디아의 성공이 보여주듯, 이는 놀랄 만큼 효과적일 수 있다.

지식 형성은 **실천공동체**에서 일어난다. 사람들은 **타당한 주변적 참여**LPP 과정을 통해 공동체의 일원이 되는 법을 배운다. 개인은 단순한 방법으로 공동체에 기여하기 시작하면서 경험 많은 구성원들의 활동을 관찰하고, 시간이 지나면서 더욱 중요한 기여를 하게 된다. 재단 등 육체노동이라면 숙련자의 업무를 관찰하기가 쉽지만, 지식노동을 하는 숙련자가 어떻게 일하는지 파악하기는 어렵다. 타당한 주변적 참여를 통해 지식노동을 배우는 과정을 **인지적 도제**라고 한다. 숙련자의 업무 수행을 보이는 것이 성공적인 인지적

도제의 핵심이다.

사람, 사회적 관습, 도구의 조합인 사회기술적 시스템이 지식 형성을 뒷받침한다. 도구 설계는 집단의 활동과 결과에 상당한 영향을 미친다. **분산 인지**dcog 이론은 사고하는 주체the thing that is thinking가 사람과 사람의 활동뿐 아니라 환경 요소와의 조합이라는 점을 시사한다.

인간은 협업해 놀랍도록 많은 지식을 생성할 수 있지만, 집단의 전제가 잘못되면 이 과정은 실패한다. 거짓 음모론에 관한 신념은 이런 식으로 굳어진 것이다. 집단 구성원들이 잘못된 가정을 공유하면 서로의 잘못을 비판할 수 없게 된다. 심지어 일부 참여자(트롤)가 고의로 지식 형성 과정을 방해하면 취약성은 더 커진다.

응용하기

우리는 여러 가지 중요한 사회적 기능과 관련해 지식 형성에 점점 더 의존하고 있다. 위키피디아에서 지식을 익히고, 일상 주제든 진지한 문제든 온라인에서 논의하며 더 깊이 이해한다. 사실 인터넷은 그 자체로 지식 형성 시스템이라고도 볼 수 있다. 지식 형성이 이뤄지는 방식과 잠재력, 한계를 이해하는 것은 일상에 점점 더 필요한 기술이다.

지식 형성 과정을 어떻게 개선할지, 결과물의 수준에 관한 문제를 어떻게 극복할지는 인터넷 기업과 연구자들의 핵심 과제다. 지식 형성 집단이 일련의 전제에 합의했다면 이를 명문화하는 것이 중요하다. 이후 때마다 집단의 현직 구성원이 해당 전제를 비판하고 개선해나가면, 잠재적인 신규 구성원은 이 집단을 선택할지 판단할 수 있다. 지식 형성의 본질을 이해하면 그 과정이 효과적으로 이뤄지도록 지원하는 소프트웨어를 설계할 수 있다.

05

온라인에서 정체성을 표현하는 방식은 왜 중요할까?

/

온라인에서 우리는 어떤 사람이며 그것을 어떻게 표현할까? 인터넷 활동의 상당 부분은 어떤 식으로든 자신을 타인에게 드러내는 것과 관련된다. 따라서 온라인에서 자신을 표현하는 방식은 온라인 활동에 중요한 영향을 미친다. 온라인 사이트를 만들 때 근본적인 설계적 선택 중 하나이기도 하다. 이 문제를 다루려면 대면 상호작용을 섬세히 이해해야 한다. 어빙 고프먼은 1959년에 발행된 유명한 저서『자아 연출의 사회학The Presentation of Self in Everyday Life』*에서 논의의 출발점을 마련한다.

* 편집자_『자아 연출의 사회학』(현암사, 2016)

한 사람이 자신을 타인 앞에 드러낼 때 하는 행위는 같은 사람의 행위 전체에 비해 사회에서 공식적으로 인정하는 가치를 포용하고 보여주려는 경향이 강하게 나타난다… 세계는 사실 결혼식장과 같다.[1]

우리는 타인 앞에서 언제나 연기한다

결혼식이란 뭘까? 결혼식에서는 모두가 옷을 차려입고 집단 전체에 '두 사람이 가족이 됐다'는 정보를 전달하기 위해 만들어진 의식을 함께 연기한다. 결혼식 참석자는 모두 신랑과 신부, 그들의 부모와 학교 친구, 주례 등 역할을 맡아 연기하며, 각자 정해진 방식으로 옷을 입고 행동해야 한다. 이런 사회규범은 개인적, 문화적 사례를 통해 익힌다.

나는 대규모 청중 앞에서 중요한 강연을 할 때보다 결혼하던 날 더 긴장했다. 교수라는 역할에는 익숙하지만 신부라는 역할은 낯설었다. 우리는 언제나 역할을 맡는데, 이 역할은 매일 달라진다. 보통 평일에 나는 아들을 학교에 데려다주고 병원에 들러 알레르기 주사를 맞고 카페에서 커피를 한 잔 사고 대학원생과 만나고 강의를 하고 협업 연구원과 화상 회의를 한다. 각각의 상황에서 나라는 사람의 다른 면을 보여준다. 엄마 에이미, 알레르기 환자 에이미, 커피를 마시는 에이미, 지도 교수 에이미, 교수 에이미, 협업 연구원 에이미는 모두 조금씩 다르다. 상황마다 나 자신을 다르게 연출하기 때문이다. 내가 그 연출을 바꿔버리면, 예컨대 카페 카운터에 다가가서 커피를 주문하기 위해 직원을 부르는 대신 문 앞에서 다른 고객들을 바라보며 강의를 시작할 때처럼 목소리를 높여 주의를 집중시킨다면 상황은 어색해질 것이다. 상황마다 내 행동은 다르고, 내가 누구인지도 다르다. 그 모든 면이 합쳐져서 나의 자아를 형성한다.

내가 강의하는 '온라인 커뮤니티 설계'를 듣는 학생들은 한 사람의 서로 다른 측면들이 진정한 자아를 가리는 가면이라고 생각하는 함정에 빠지곤 한다. 하지만 사실 단 하나의 진정한 자아란 존재하지 않는다. 누구나 항상 연기하고 있으며, 내면의 자아는 우리가 가진 모든 면을 합친 것이다.[2]

고프먼은 인간 상호작용 및 자아 연출과 관련해 풍부한 통찰을 제공한다. 대부분 온라인 상호작용과도 연결되므로 자세하게 살펴볼 가치가 있다. 다만 강의에서 늘 언급하듯 여기서도 말해둘 부분이 있다면, 고프먼의 원문에는 성차별, 인종차별, 계급차별 등 현대 시각에서 보면 불쾌한 부분이 있다.

고프먼은 다음과 같이 명쾌하게 시작한다.

> 누구든 타인이 있는 곳에 가면 그 사람의 정보를 얻으려 하거나 이미 가지고 있는 정보를 활용한다… 사람에 관한 정보는 상황을 정의하는 데 도움이 돼, 내가 타인에게 기대할 점과 타인이 나에게 기대할 점을 미리 알 수 있게 해준다.[3]

많은 상황에서 우리가 알아야 할 가장 기본적인 정보는 상대의 공식적 역할이다. 알레르기 주사를 맞기 위해서는 알레르기 전문 병원에 있는 수십 명 중에 누가 오늘 주사를 놓는 간호사인지 알아야 한다. 병원에 도착해 접수를 하고 기다리면, 간호사는 준비가 되면 내 이름을 부른다. 나는 주사실 앞에서 내 이름을 부르는 사람이 오늘 알레르기 주사를 놓을 간호사라고 추론할 수 있다. 위치(주사실)와 행동(내가 접수한 후 이름을 부름)이 정보를 전달한다. 그래도 헷갈린다면 차림새를 보고 좀 더 확신을 얻을 수 있다. 병원에서 근무하는 간호사는 의료복을 입고 명찰을 달고 있다.

누군가의 역할을 잘못 추론한 적이 있는가? 나는 여러 번 그랬다. 특히 옷가게에서 그런 경험이 많다. "이 옷, 다른 색도 있나요?"라고 물었는데 상대가 당황해서 답했다. "죄송해요, 저 직원 아니에요." 반대로 나를 직원으로 착각한 사람도 있었다. 최근에 옷가게에 간 나는 옷더미에서 내 사이즈의 스웨터를 꺼내고 흐트러진 옷들을 정리했다. 다른 고객이 그 모습을 보고 당연히 내가 직원이라고 생각한 것이다. 이처럼 잘못된 상호작용은 불편할 수 있다. 고프먼이 지적하듯 누군가에게 특정 역할이 주어지면 그 사람을 취급하는 방식도 정해지기 때문이다. 옷가게에서 잘못된 상호작용이 자주 일어나는 이유는 직원이 특별히 유니폼을 입지 않아, 알레르기 전문 병원 간호사와 달리 복장이 역할의 신호가 되지 않기 때문이다.

고프먼에 따르면 우리가 타인에 관해 얻고 싶어 하는 정보는 사회경제적 지위, 자기 자신에 관한 생각, 나에 대한 태도, 능력, 신용도 등이다. 여기서 고프먼은 겉으로 드러나는 성별, 나이, 인종은 이미 안다고 가정했다. 하지만 온라인에서는 이와 같은 개인의 정체성을 추론할 방법이 필요하다(알고 싶지 않을 수도 있겠지만).

대면 환경에서는 신체적 특징, 옷 입는 방식, 어떤 자세를 갖췄는지 등 상대의 행동과 외모가 그 사람에 관한 정보를 전달하는 실마리가 된다. 어떤 환경에 있는지를 보고 정보를 추론하기도 한다. 주사실에서 내 이름을 부르는 사람은 아마도 간호사일 것이고, 강의 시작 시간에 강의실 앞에 서 있는 사람은 아마 강사일 것이다.

대면 환경에서 우리는 늘 계산 중이다. 이 자리의 사람들은 다들 어떤 역할을 하고 있을까? 나는 누구와 대화하고 있는 걸까? 온라인에서 정체성을 표현하는 방식은 온라인 상호작용에서 이러한 과정이 어떻게 진행될지에 영향을 미친다.

표현한 인상과 드러난 인상

우리는 상황마다 상대방에게 어떤 인상을 전달하기 위해 의식적, 무의식적으로 노력한다. 그러나 상대가 실제로 이 행동을 어떻게 해석하는지는 의도와 다를 수 있다. 고프먼의 말을 빌리면 **표현한 인상**(의도해서 전달한 것)과 **드러난 인상**(의도하지 않았는데 전달한 것)이 있다.[4] 손님을 위해 저녁 식사를 준비한 집주인이 음식이 입에 맞는지 물었다고 하자. 손님은 정말 맛있다고 답하며 품위 있게 감사를 전하려고 한다. 하지만 주인은 "포크나 숟가락을 입으로 가져가는 속도를 관찰해 손님이 말한 바를 확인하는 신호로 삼는다."[5] 손님의 정중한 답변을 그대로 믿기보다 드러난 인상을 통해 판단하는 것이다. 고프먼에 따르면 누구나 상대에게 주는 인상을 통제하려 노력한다는 사실을 알기에, 상대의 행동을 해석하려는 사람은 통제가 쉬운 측면과 어려운 측면을 나눈다. 얼마나 바쁘게 포크를 움직이는지에 비하면 저녁을 먹는 손님의 말은 쉽게 통제할 수 있는 측면이다.

고프먼의 이야기를 보자. 스코틀랜드의 셰틀랜드 섬에서 한 오두막에 다가가는 손님에 관한 이야기는 특정한 인상을 주려 노력하는 행위자와 이를 해석하려는 수신자 사이의 흥미로운 상호작용을 보여준다.

> 차 한잔을 마시러 오두막에 들른 사람은 최소한 문을 들어서면서 예의 따뜻한 미소를 짓는다. 하지만 오두막을 가리는 장애물이 없고 집에 불을 꺼둔 상태라면 주인은 집에 다가오는 방문자를 들키지 않고 관찰할 수 있어서, 섬에 사는 사람들은 종종 이웃이 다른 표정으로 집까지 걸어와 문을 두드리기 직전에 사회생활용 미소로 바꾸는 것을 구경하며 웃곤 했다. 하지만 어떤 사람들은 이 사실을 알고 멀리서부터 무조건 사회생활용 표정을 지음으로써 일관된 이미지를 보여주기도 했다.[6]

여기서는 특정한 인상(표현한 인상)을 전달하려는 방문자와 추론하려는(드러난 인상) 집주인이 일종의 경쟁을 하고 있는 셈이다.

인간의 행위는 진심일 수도 거짓일 수도 있다. 훌륭한 금융 자문인의 인상을 전달하려고 노력하는 사람은 실제로 그 분야에 기술이 있을 수도 있고(진심) 사기꾼이라서 믿음을 얻은 다음 돈을 뜯어내려 할 수도 있다(거짓). 상황을 더 복잡하게 만들자면, 진심이라고 해도 실제로 실력 있는 자문인인 경우와 스스로 그렇게 착각하고 있는 경우가 있다. 이 사람과 대화하는 상대방은 행위의 진실성과 실제 능력을 알아내기 위해 신호를 활용한다.

인간의 상호작용은 근본적으로 협업을 통해 일어난다. 상호작용을 시작하면 참여자들은 기대를 품게 된다. 고프먼은 강의를 시작하는 한 강사의 태도를 사례로 든다.

> 나는 첫날에 강의실에 들어서자마자 학생들에게 주도권이 내게 있다는 사실을 알린다… 시작부터 강하게 나가면 나중에 유연하게 행동할 수 있다. 처음부터 풀어진 채 시작하면 나중에 강경하게 나가려 해도 학생들은 그저 웃을 것이다.[7]

참여자들은 최초의 기대에 기반해 **상황적 합의**working consensus를 설정하고 상호작용을 이어간다. 일단 한 사람은 환자이고 한 사람은 알레르기 주사를 놓는 간호사라고 설정되면 이후 상호작용을 용이하게 하는 틀이나 '대본'을 갖게 되는 셈이다.[8]

앞무대와 역할

고프먼은 '앞무대front'를 "한 개인의 행위 중 관찰하는 사람이 상황을 정의할 수 있도록 일반적이고 고정된 형태로 정기적으로 기능하는 부분"으로 정의한다.[9] 이어서 이렇게 쓴다. "한 사람의 앞무대는 다음을 포함할 수 있다.

직책이나 직위, 의복, 성별 · 나이 · 인종적 특징, 체격과 외모, 자세, 발화 패턴, 표정, 신체 언어 등."[10] 고프먼은 이를 외관과 태도(현재 상황을 대하는 태도)로 나눈다. 우리는 외관과 태도, 상황이 모두 일관성 있기를 기대한다. 서로 다른 역할이 앞무대에서 일부 요소를 똑같이 사용할 수도 있다. 고프먼은 그 예로 당시 굴뚝 청소부와 향수 판매원이 모두 흰 실험 가운을 입었다고 언급했다.

외관과 태도 다음으로 앞무대의 세 번째 핵심 요소는 환경이다. 인간 활동이 벌어지는 곳의 "가구, 장식, 물리적 배치, 기타 배경과 소품이 되는 주변 물건 등"을 말한다.[11] 건축과 실내 디자인은 활동의 분위기를 설정하는 상황을 창조한다.

어떤 경우에는 앞무대와 실제 역할에 차이가 발생한다. 다음 예시를 보자.

> 한 환자는 간호사가 옆 침대에 멈춰 잠깐 옆 환자와 이야기하는 것을 본다. 간호사는 사실 호흡 곤란과 피부색을 관찰하고 있었지만, 환자는 그 사실을 모른 채 그저 가볍게 들렀다고만 생각한다.[12]

그 결과, 간호사는 종종 전문 의료인으로서 받아야 할 존중을 받지 못한다. 비슷하게, 장의사 업무는 대부분 고객인 유가족이 볼 수 없는 곳에서 이뤄진다. 따라서 장의사는 관(유가족이 볼 수 있는 것)에 높은 금액을 청구해 서비스 비용을 충당한다.[13]

온라인 정체성, ID

한 개인이 온라인 상호작용에서 공식적인 역할을 수행하든 그냥 놀고 있든, 앞무대는 존재한다. 사람들은 이 사람이 어떻게 자아를 연출하는지, 즉 앞무대에 어떤 요소를 사용하는지에 따라 어떻게 상호작용할지 판단한다.

가장 단순한 예로는 많은 온라인 사이트에서 사용하는 텍스트 ID가 있다. ID가 정해진 사이트도 있다. 아들의 학교에서는 모두 성, 마침표, 이름으로 된 ID를 사용하도록 하고 있다. 나는 'Bruckman.Amy'다. ID를 표준화하면 사람을 찾기가 쉬워서 학교나 기업 IT 부서에서 이를 강제하곤 한다.

1990년대에서 2000년대 초까지 Cartoonnetwork.com과 같은 아동 사이트에서 ID를 표준화한 적이 있다. 정해진 목록에서 형용사와 명사를 선택하고 숫자를 더하는 방식이었다. ID는 '용감한앵무새331' 같은 식이 된다. 사람들에게 어느 정도 선택권을 주면서도 절대 나쁜 단어가 포함되지 않게 하고, 따로 급여를 주면서 ID를 관리하는 고객 관리 팀 직원을 두지 않아도 되도록 고안된 방식이었다. 하지만 이런 스타일의 ID는 그다지 성공적이지 않았다. 선택권이 제한돼 있어 사람들은 ID가 '나'를 표현한다고 느끼지 못했던 것이다.

이러한 사례를 제외하면 사람들은 보통 자신의 ID를 자유롭게 선택한다. 이 선택은 놀랍게도 그 사람에 관해 굉장히 많은 것을 말해준다. 조지아 공대 전산학과의 세 ID를 살펴보자.

- jalisa
- jkh
- wedge

프라이버시 보호를 위해 지금은 학교를 떠난 사람들의 ID를 선택했지만 셋 다 한때 실제로 사용됐다. 하나는 교수, 하나는 학부생, 하나는 행정 직원이다. 누가 누구인지 맞힐 수 있겠는가?

강의에서 이 문제를 내면 학생들은 거의 대부분 답을 맞힌다. 'wedge'가 학부생이다. 'wedge'는 조지아 공대에서 석사 과정에 들어갔을 때 과거의 어리석은 선택을 후회하며 IT 서비스 부서에 사정해서 ID를 이름의 이니셜과 성으로 바꿨다. 당시 방침상 ID 변경은 허용되지 않았지만 'wedge'라는 ID를 안타깝게 여긴 관리자가 예외를 뒀다. 석사 과정 학생이 되면서 프로페셔널한 이미지를 쌓고 싶었던 학생의 감수성은 17세 신입생 시절과 달라진 것이다.

'jalisa'는 행정 직원이었다. 이름을 사용해 따뜻하고 친근하며 너무 딱딱하지 않은 느낌을 전달했다. 'jkh'는 교수였는데 프로페셔널한 이미지를 연출하기 위해 이니셜을 사용했다. 누군가가 온라인에서 스스로를 연출하는 선택은 그 사람이 자기 자신을 어떻게 인식하는지, 또 해당 온라인 환경을 어떻게 느끼는지 보여준다.

음란한 ID를 허용할 것인지도 운영자의 고민 중 하나다. 답은 어떤 사이트를 운영하는지에 따라 달라진다. 에코ECHO라는 게시판 시스템(웰의 뉴욕 버전)을 만든 스테이시 혼은 이용자가 원하는 대로 두기로 했다. "어떤 ID든 허용할 겁니다. '왕고추'라고 하고 싶으면 하세요. 상관없어요. '왕고추'라고 불리고 싶은 사람이 있다면 다른 사람들이 아는 편이 모르는 것보다 낫다고 생각해요. 최소한 어떤 사람인지 알 수 있잖아요."[14] 스테이시의 말에 따르면 무례한 ID를 선택하는 사람은 본인이 어떤 사람인지 모두에게 알림으로써 공익에 기여하고 있는 것이다. 에코에서는 무례한 ID를 허용하는 것이 좋은 전략이었지만, 아동용 사이트나 브랜드 제휴 사이트 등 다른 경우에는 적절하지 않을 수 있다.

많은 사이트에서는 같은 ID를 허용하지 않는다. 대형 사이트에서는 많은 ID가 이미 사용 중이라 끝에 번호를 더하지 않는 이상 내가 원하는 바를 표현하는 ID를 찾기란 쉽지 않다.

이메일의 경우, 어떤 사이트의 계정을 사용하는지도 그 사람이 어떤 사람인지에 관한 정보를 전달한다. 대학이나 기업 계정은 공식적 능력을 나타낸다. 1990년대에 대학 계정을 사용하는 사람들은 아메리카 온라인 같은 대형 상업 사이트의 계정을 쓰는 사람을 무시하곤 했다.[15] 오늘날은 구글 지메일 등 무료 이메일 서비스가 널리 사용되기에 그런 경향이 예전보다 약해졌다.

온라인 정체성의 요소

ID는 우리가 온라인 사이트에서 표현하는 정체성의 무수한 요소 중 하나일 뿐이다. 여러 가지 설계적 특징이 온라인 정체성 표현에 영향을 미친다. 온라인 프로필에 공식적으로 나타나는 정체성의 요소로는 다음과 같은 것들이 있다.

- 성별
- 주제 관련 정보(오토바이 사이트라면 오토바이 모델명, 의학 사이트라면 진단명)
- 실명
- 프로필 사진 및 이미지(본인 사진 또는 직접 선택한 이미지)
- 3D 아바타
- 과거에 사이트에 작성한 글 목록
- 타 사이트 활동 내역 링크
- 직접 작성한 프로필
- 선택한 캐릭터 분류(게임)
- 사이트에서 하위 집단에 가입한 내역(멀티플레이어 게임의 길드 등)
- 커뮤니티 활동 실적(게시글의 찬성과 반대 수 통계 등)

소개팅 사이트라면 종교, 정치 성향, 성적 지향, 인종, 나이 등 더 많은 개인 정보를 입력해야 할 수도 있다. 그런 경우가 아니라면 인종과 나이는 거의 공개하지 않는다.

설계자가 정체성의 요소 중 어떤 부분을 쉽게 사이트에 노출할지 선택할 때, 근본적으로는 **새로운 개인 앞무대를 만들어내는** 것이다. 태양 전지판을 설치하는 대면 사업을 시작한다고 해보자. 결정할 부분이 많다. 직원들은 유니폼을 입을 것인지, 정해진 유니폼이 없다면 복장에 관한 가이드라인을 줄 것인지, 명함은 만들 것인지, 서류철을 제공하는지, 회사 로고가 들어간 차량을 몰 것인지 등, 모든 결정은 직원이 고객에게 주는 인상을 결정한다. 즉, 앞무대를 설계하는 것이다. 이와 비슷하게 새로운 온라인 사이트를 만들 때는 사용자들이 어떻게 자신을 표현하게 할지 결정해야 한다. 프로필 사진을 넣을 것인지, 가명을 써도 되는지, 아니면 실명 인증을 할 것인지, 성별을 표시하도록 할 것인지 등이다. 여기서 강조하는 요소에 따라 이어지는 상호작용의 방식이 달라진다.

사이버 애인의 특별한 사례와 온라인 성별

1983년, 린지 반 겔더Lindsy Van Gelder는 초창기 전자 게시판 시스템bulletin board system, BBS인 컴퓨서브CompuServe에서 조안을 만나 친구가 됐다. 반 겔더는 1985년『미즈 매거진Ms. Magazine』에 기고한「사이버 애인의 특별한 사례」에서 조안에 관해 말한다.[16] 조안은 신경심리학자로 음주운전 사고에 휘말려 심하게 다치는 바람에 움직이거나 말하는 데 어려움이 있었다. 컴퓨서브에서의 대화가 주된 사회 활동이었다. 온라인에서 조안은 외향적이고 매력적이며 시간과 돈을 아낌없이 썼다. 성적으로도 활발했다. 스스로를 양성애자로 정의하고 게시판의 여성들과 끊임없이 성적인 대화를 시도했다.

조안은 온라인에서 만난 친구 제인을 맨해튼에 사는 정신건강의학과 의

사인 친구 알렉스에게 소개했다. 제인과 알렉스는 바로 마음이 통했고, 알렉스는 제인에게 항공권을 보내며 주말에 놀러오라고 제안했다. 둘은 사귀기 시작했다.

이쯤이면 기사의 핵심을 알았을 것이다. 조안이 사실은 알렉스였다. 알렉스는 여성으로 살면 어떨까 하는 직업적 호기심에서 조안 계정을 시작했지만 이 실험은 통제를 벗어나 훨씬 복잡해졌고 결국은 음침한 지점까지 가고 말았다.

반 겔더의 기사는 여러 가지 흥미로운 질문을 제기해 시간이 지나도 회자되고 있다. 먼저, 반 겔더는 "왜 남자가 친밀성, 신뢰, 공감을 경험하기 위해 온라인에서 여자인 척을 했는지" 궁금했다.[17] 알렉스는 실제로 조안일 때 사람들이 자신을 대하는 태도가 다르다고 느꼈다. 온라인과 오프라인에서 성별은 그 사람을 대하는 방식에 어떤 영향을 미칠까? 온라인에서 여성으로 표시된 계정이 데이트 제안부터 성희롱까지 달갑지 않은 이성적 관심을 받는다는 기록은 많다. 여성들 사이에는 남자가 겪을 수 없는 친밀성, 신뢰, 공감이 존재할까? 알렉스의 실험은 이 부분을 생각해볼 수 있는 독특한 방법이었다.

반 겔더는 온라인 상호작용이 "아찔하게 평등하다, 왜냐하면 어떤 사람의 가장 중요한 부분은 나이, 외모, 직업적 성공, 건강, 인종, 성별, 성적 지향, 말투, 그 외에도 우리가 서로를 평가하는 어떤 기준도 아니고 오로지 정신이기 때문"이라고 말했다.[18] 아름다운 시각이지만, 과연 어디까지 사실일까?

내가 관찰한 바로는 텍스트 기반 의사소통에서도 그 지표가 다를 뿐 우리는 여전히 서로를 평가한다. 특히 글쓰기 능력을 평가한다. 글쓰기 능력은 교육과 생활 수준을 드러낸다. 스냅챗이나 인스타그램 등 시각 정보가 많은 의사소통 플랫폼의 경우, 나이와 인종 등 전통적인 정체성의 지표가 다시 상호작용의 최전방으로 등장한다.

스테이시 혼은 반 겔더와 관점이 다르다. 혼은 온라인에서 성별을 바꾸는 사람에 관해 이렇게 말한다.

처음에는 구분하지 못할 수도 있다. 하지만 보통은 시간이 지나면서 알 수 있다. 자유롭고 편견 없는 의사소통의 환상은 자신을 숨길 수 있는 아주 짧은 시간만 유지된다. 일종의 속임수다. 결국 내 몸을 벗어날 수는 없으니, 나답게 행동하면 성별이 밝혀진다. 로그인을 하면서 갑자기 내가 여성이라는 사실을 잊어버릴 수는 없지 않은가. "오, 온라인에 접속했네! 이제 평생 해온 사회생활 방식을 잊을 수 있겠어."[19]

안드레 브록이 동의한다.

디지털은 신체와 자아의 매개체지 탈출구가 아니다.[20]

실제 성별이 온라인 행동 양식을 형성하는지에 관한 질문은 혼이 딜레마를 마주했을 때 특히 크게 다가왔다. 남성에서 여성으로 전환 중이던 에코 회원 '임브레이서블 유Embraceable Ewe'를 여성 전용 포럼인 WIT에 받아들일 것인가? 혼은 고민했다.

이 문제는 내 이해력 밖이다… 성별은 생물학적인 것일까, 사회적으로 구성되는 것일까? … 내가 이 사람을 WIT에 받아들이면 남자가 방에 들어온 느낌일까? 아니면 그냥 여자일까?[21]

혼이 에코를 시작할 때 성별의 본질 같은 문제의 결정권자가 될 줄은 몰랐던 것이다.

여성 전용 집단에 성전환 중인 사람을 초대할 것인가 하는 문제에 답하려면 애초에 왜 단일 성별 공간을 만드는지를 섬세하게 이해해야 한다. 올든버그는 제3의 장소(1장 참고)가 보통 단일 성별 공간이라고 언급한 바 있다.[22]

명시적으로 한쪽 성별만 들어올 수 있게 한 온라인 공간이 의도하는 바는 무엇일까? 오늘날, 한쪽 성별이 지배적인 공간은 많지만 성별 제한 규정을 둔 곳은 거의 없다. 결국, 혼은 몇 가지 기준을 충족한 후에야 임브레이서블 유를 WIT에 받아들였지만 나중에는 그 사람이 말하는 정체성을 그대로 수용하지 않은 것을 후회했다고 밝혔다. 1990년대 이후로 이 문제에 대한 우리의 감수성은 진화했다.

반 겔더와 혼 중 누가 옳을까? 온라인 세상은 "아찔하게 평등"할까, 아니면 "사실이 늘 밝혀지는" 것일까? 이 질문에 답하기 위해서, 나는 1999년 당시 조지아 공대 대학원생이었던 조슈아 버먼과 〈튜링 게임The Turing Game〉이라는 멀티플레이어 정체성 게임을 만들어 론칭했다.[23] 튜링 테스트Turing Test는 인공지능이 얼마나 발전했는지 알아보는 방법이다. 사람은 질문에 답하는 상대가 사람인지 컴퓨터인지 구분할 수 있을까? 앨런 튜링Alan Turing은 튜링 테스트에 관한 논문에서 성별 테스트의 예를 먼저 설명한다. 한 방에는 남자가, 한 방에는 여자가 있다고 하자. 둘이 의사소통할 방법은 문 아래로 타이핑한 종이를 주고받는 것뿐이다. 두 사람의 대답에 기반해 어느 쪽이 남자이고 여자인지 알 수 있을까? 튜링은 한쪽에는 사람이, 한쪽에는 컴퓨터가 있는 상황으로 논문을 이어간다. 하지만 버먼과 나는 첫 번째 예시처럼 성별을 맞히는 게임을 고안했다.

〈튜링 게임〉에서는 자원한 참가자 모두 성별을 골랐는데, 실제 성별을 선택할 수도 거짓말을 할 수도 있었다. 모두가 여성인 척한다고 하자. 참가자들은 각자 여성의 이름으로 가명을 정하고 여성인 것처럼 질문에 답한다. 이중에는 실제 여성과 남성이 섞여 있다. 평가단은 진짜 여성이 누구인지 투표한다. 진행자는 청중이 제시하는 질문 중에서 질문을 고른다. 진행자가 게임을 끝내면 모든 참가자의 실제 성별이 밝혀지고 청중은 어떻게 진실을 알아챘는지, 혹은 왜 속았는지 토론한다. 모두 여자인 척했던 게임의 사례를 살펴보자.

질문: 가장 최근에 머리를 망친 이야기를 해주세요.

페니: 층을 내고 펌을 했는데, 원래 곱슬이라 폭탄머리가 됐죠.

웬디: 대학교 2학년 때 머리를 진짜 짧게 잘랐더니 남자애가 됐지 뭐예요. 남자친구가 정말 싫어했어요.

페니는 진짜 여자, 웬디는 남자라고 대부분이 맞혔다. 그 이유가 흥미롭다. 가장 단순한 이유는 진짜 여성인 페니가 여성의 헤어스타일을 더 잘 알아서였다. 하지만 여자인 척하려고 한 남자는 스스로의 느낌보다 남자친구의 생각을 더 걱정했다는 점이 눈에 띄었다. 경험상 여자들에겐 자기 생각이 더 중요하다.

게임은 빠르게 인기를 얻어서 1년 만에 7개 대륙에서 1만 2,000명이 참가했다. 게임은 성별뿐 아니라 온갖 정체성 요소로 확장됐다. 누가 진짜 서른 살이 넘었는지, 누가 캐나다인인지 맞히는 식이었다. 성전환 중인 사람, 가택 연금 중인 사람, 남극 연구소 연구원(길고 어두운 겨울 밤에 할 일이 많지 않으니까) 사이에서 특히 인기가 있었다. 게임의 핵심은 정체성 문제를 논의하게 해서, 사람들이 온라인에서 어떻게 행동하며 개인의 정체성이 상호작용에 어떤 영향을 미치는지에 관해 깊이 있는 통찰을 얻는 것이었다. 우리는 목적을 달성했지만, 완벽하지는 않았다.

게임 데이터를 분석해보니, 사람들은 고정관념을 기반으로 판단을 내렸다. 예를 들어, 누군가는 이렇게 말한다. "2번 참가자가 여자라는 걸 알았어요. 문장이 더 길었거든요." 여자가 종속절이 많은, 길고 화려한 문장을 쓰는 반면 남자는 "금방 올게" 정도로 말한다는 생각을 바탕에 둔 말이다. 문제는 이것이 고정관념이라는 것이다. 남자와 여자가 한 번에 단어 몇 개를 말하는지 연구한 결과는 상대가 남자인지 여자인지, 대화 매체는 무엇인지 등에 따라 달랐다. 무조건 '여자는 말이 많다'는 고정관념은 사실이 아니다.[24] 이 게임은 (일부는 사실이고 일부는 사실이 아닌) 고정관념을 표면으로 드러내고 강화했지만 고정관념과 진실을 구분하는 데 도움이 되지는 않았다.

상호작용하는 철학적 경험으로써 〈튜링 게임〉의 두 번째 문제점은 누군가의 행동을 평가할 때 몇 번이나 이 게임을 했는지부터 알고 싶어 한다는 것이다. 예를 들어, 모두 여자인 척하는 게임에서 이런 질문이 있었다. "제일 좋아하는 술은?" 한 참가자의 대답은 "스카치 위스키, 온더락으로"였다. 사람들은 여자인 척하는 남자가 그런 대답을 하지는 않을 것이라고 합리적인 추론을 했고, 이때는 그 판단이 옳았다. 하지만 이제 이 기술을 알게 되면 사람들을 속이기 위해 이중 속임수를 쓸 수 있게 된다(여자가 여장남자인 척하는 영화 〈빅터 빅토리아〉처럼).

〈튜링 게임〉의 궁극적인 교훈은 고정관념과 경험적으로 입증 가능한 현실을 구별하려면 연구가 더 필요하다는 것이었다. 이것은 움직이는 표적이다. 고정관념도 현실도 언제나 진화하니까.

결국 반 겔더와 혼은 둘 다 어느 정도 옳았다. 인터넷이라는 새로운 상호작용 형태는 때로 놀라울 만큼 평등하지만 그렇지 않을 때도 있다. 사이트가 어떻게 설계되고 사람들은 어떻게 스스로를 드러내는가 하는 정확한 세부 사항이 중요하다.

정체성 실험하기

조안은 온라인에서 정체성으로 장난을 친 것이다. 온라인에서는 실제와 다른 사람이 될 수 있고, 그 과정에서 현실의 정체성과 자아감을 돌아볼 수 있다. 인터넷은 일종의 정체성 실험identity workshop을 할 수 있는 환경이다. '정체성 실험'은 1992년 기술의 사회학에 관한 셰리 터클의 강의를 듣던 나의 마지막 보고서 제목이었다. 터클의 강의를 듣고 그의 저서 『스크린 위의 삶Life on the Screen』 작업에서 연구 보조로 일한 것은 내게 매우 큰 변화를 가져온 경험이다.

터클은 인간과 컴퓨터의 상호작용에서 심리적 기반을 매우 중요하게 생각한다. 1984년 저서 『두 번째 자아The Second Self』에서 터클은 삶의 통제력에 관한 문제를 고민하던 소녀 데보라Deborah의 이야기를 다뤘다. 데보라는 로고Logo*로 프로그래밍을 배우면서 당시 고민하던 감정적, 심리적 문제의 핵심이었던 통제력 문제를 지적으로 탐구하게 됐다.[25] 인간과 컴퓨터에 관한 연구는 대부분 '사람들은 이것을 좋아하고 이렇게 행동한다'는 상대적으로 표면적인 결론으로 끝난다. 터클은 더 깊이 파고들어 **왜** 사람들이 특정 활동을 좋아하는지, 왜 소속감을 느끼는지 이해하려 했다. 이런 질문에 대한 답은 피상적이지 않았다. 우리가 누구이며 어떤 사람이 되고 싶은지를 가장 깊은 차원에서 다루는 질문이었다.

내가 이 강의에서 쓴 보고서는 당시 인기였던 텍스트 기반 가상 현실 환경인 머드MUD에서 정체성의 개념을 탐구했다(1장 참고). 머드는 세계 전체를 텍스트로 구현했다는 점을 빼면 다른 대형 멀티플레이어 게임과 같다. 예를 들어, 람다무LambdaMOO라는 머드에서 거실에 관한 묘사는 다음과 같이 시작한다.

* 옮긴이_ 주로 교육이나 인공지능 연구용으로 쓰이는 프로그래밍 언어

매우 밝고 개방감이 있으며 바람이 잘 통하는 공간. 남쪽으로 커다란 유리창이 있어 수영장과 그 너머의 정원이 보인다…

머드에서는 사물과 장소뿐 아니라 '나'를 설명할 수 있다. 스스로를 원하는 대로 묘사할 수 있으므로 간단하게 정체성을 실험할 수 있다. 이듬해 여름, 나는 터클의 『스크린 위의 삶』의 연구 보조로 일하며 머드에 관한 추가 연구를 도왔다.[26]

정신분석학자인 터클은 온라인 정체성 실험에 관해 근본적인 질문을 제시했다. 정체성 실험은 사람들에게 도움이 될까? 사람들이 정체성의 개념을 가지고 논다면, 그 결과 긍정적인 방향으로 성장할까? 우리는 여름 내내 이 질문을 두고 씨름했지만, 내가 미디어 랩의 정규 연구로 돌아간 9월까지도 결론을 내리지 못했다. 터클이 책에 기술한 최종 결론은 '그럴 때도 있다'는 것이다. 연구 대상자 중에는 어려움을 겪던 개인적인 문제를 일정 기간 탐구하고, 나중에는 삶의 변화를 이루고 성장한 모습을 보여준 사람들이 있었다. 하지만 어떤 사람들은 점점 더 어려움을 겪었다. 심리학 용어로, 일부는 훈습working through*했고 다른 사람들은 행동화acting out**에 그쳤다. 기술은 정체성에 관한 생각을 환기할 수 있지만, 그 결과는 다양하게 나타난다.

정체성 속이기

성별 바꾸기는 온라인에서 발생하는 다양한 정체성 속이기의 한 종류일 뿐이다. 정체성의 어떤 부분이든 실제 자아와 다르게 연출할 수 있다. 어떤 상황

* 옮긴이_ 무의식적 갈등이 어떻게 현실 생활에서 나타나고 있는지 통찰한 후의 깨달음을 토대로 실생활에서 자신의 사고와 행동을 수정하고 적응하며 변화하는 점진적 과정

** 옮긴이_ 무의식적 충동과 소망을 행동으로 표현함으로써 그와 연관된 감정을 회피하는 방어 기제

에서는 실제 정체성을 밝혀야 하며 여기서 벗어나면 사회 규범을 깨는 것이다. 하지만 정체성 놀이가 환영받는 상황도 있다.

속이기를 이해하면 정체성이 온라인 사회 집단에서 일반적으로 어떻게 기능하는지에 관한 통찰을 얻을 수 있다. 유디트 도나스는 동물 행동 연구에서 **평가 신호**assessment signal와 **관습 신호**conventional signal라는 개념을 빌려 속이는 행위를 설명한다.[27] 평가 신호는 어떤 특징을 보여주는 신뢰도 높은 신호다. 예를 들어, 근육이 큰 것은 힘에 관한 평가 신호다. 평가 신호를 보내려면 진짜 그 특징을 갖춰야 하므로 부담이 있다. 반면 관습 신호는 흉내내기 쉬운 신호다. 예를 들어, 프랜차이즈 헬스클럽 티셔츠를 입는 것은 힘에 관한 관습 신호다.

온라인 상호작용에서 어떤 신호는 속이기 쉬워진다. 대면 환경에서 다른 성별의 인물을 연출(의상과 행동 양식의 변화 등)하는 건 굉장히 힘들지만 온라인에서는 단 한 번의 클릭으로도 가능하다.

도나스는 기만과 진실의 신호가 뒤섞인 세상에 만들어지는 생태계에 주목한다. 왕나비는 화려한 색깔로 새들에게 맛이 없다는 신호를 보낸다. 그리고 왕나비의 모습을 따라 하는 나방도 있다. 나방은 사실 맛있지만 왕나비와 비슷하게 생겨 새들이 먹으려 하지 않는다. 하지만 왕나비를 따라 하는 나방이 많아질수록 새는 왕나비처럼 생긴 것을 잡아먹을 것이다. 맛있을 확률이 높아지기 때문이다. 생태계 내에서 속이는 쪽이 많아질수록 속이지 않는 쪽은 피해를 입는다.

온라인 상호작용에는 큰 이해관계가 걸려 있지 않은 경우가 대부분이다. 나와 채팅을 하고 있는 사람이 자신에 관해 거짓말을 해도 큰 문제가 되지 않는다(의료나 법무 자문을 받고 있는 것이 아니라면!). 소개팅 앱에는 이해관계가 있다고 볼 수 있다. 스스로에 관해 거짓말을 한 사람 때문에 더 잘 맞는 사람과 어울릴 수도 있었을 시간을 낭비하고 불편한 대면 만남을 하게 될 수 있다. 토마 등은 소개팅 앱에서 거짓말을 하는 사람이 얼마나 되는지 궁금했다. 연구진은 소개팅 앱 회원들을 연구실로 불러 온라인 프로필과 실제 인물을 비교했다. 운전면허증에서 나이를 확인하고, 키를 재고, 체중계로 정확한 체중을 쟀다. 그 결과, 연구진은 사람들이 보통 거짓말을 한다는 사실을 알게 됐다. 다만 그 폭은 아주 작다. 결국 누군가를 대면으로 만나려 한다면, 큰 거짓말은 전략적으로 좋지 않다. 그러나 사실을 조금 과장하고 싶은 유혹은 너무 커서 대부분이 넘어간다. 10명 중 8명이 최소 한 가지 영역에서 거짓말을 했다. 연구 결과는 다음과 같다. "체중에 관해 거짓말을 하는 경우가 가장 흔했고, 그다음이 키, 마지막이 나이였다. 거짓말로 파악된 경우 속이는 폭은 보통 크지 않았다. 키를 속이는 폭은 평균적으로 실제 키의 2.09%에 불과했고, 몸무게는 실제의 5.5%, 나이는 실제의 1.4% 정도에 그쳤다."[28] 소개팅 앱에서 대체로 솔직한 사람들의 생태계는 나비와 나방의 생태계와 비슷하다. 거짓 연출은 다른 사람에게 피해를 입힌다.

나이와 인종

성별은 온라인 정체성의 구성 요소 중 가장 많이 연구됐지만 반드시 가장 중요하다고 보기는 어렵다. 지금까지 연구자들이 왜 그렇게 성별에만 집중하고 정체성의 다른 측면에 주의를 기울이지 않았는지는 그 자체로 흥미로운 연구 주제다. 대면 상호작용에서는 나이 등 다른 요소가 타인과 관계를 맺는 방식에 더 큰 영향을 미친다.

나이는 연구에서 곧잘 등한시되곤 한다. 라이브저널LiveJournal* 에서의 해리포터 팬픽 온라인 역할극에 관한 석사 논문에서, 케이시 피슬러는 많은 사람이 상대가 미성년자라는 사실을 모른 채 성적인 장면을 연기한다는 사실을 알게 됐다. 청소년과 성관계 장면을 연기하는 것은 징그러울뿐더러 심각한 불법행위가 될 수도 있다. 라이브저널 연기자들이 상대의 나이를 확인하는 일은 없었다. 이 집단의 사회 규범은 현실의 정체성에 관해 묻지 않는 것이었기 때문이다.[29]

나이가 대인관계와 상호작용에 큰 영향을 미치는 나라에서 나이는 정체성의 핵심 측면이다. 한국에서는 대화 상대의 나이에 따라 언어 자체가 달라진다. 연상의 상대에게 말할 때와 또래와 대화할 때 사용하는 말이 다르다. 내 강의 '온라인 커뮤니티 설계'를 들은 한국인 학생은 이 때문에 한국에서 대규모 멀티플레이어 온라인 게임이 특히 인기를 끄는 것 같다고 말한 적이 있다. 한국인들도 온라인에서는 모두 서로 또래로 대하기 때문에 온라인 상호작용이 특히 만족스러운 부분이 있다는 것이다. 이 학생의 직관이 옳은지 연구해보는 것도 흥미로울 듯하다.

인종은 온라인 상호작용에서 드러나지 않는 경우가 많다. 안드레 브록은 백인 중산층 이성애자가 인터넷 사용자의 기본값으로 여겨지는 현실을 안타까워했다. 이후에 다루겠지만, 블랙 트위터Black Twitter와 같은 공간은 이러한 백인중심주의를 깨뜨리고 흑인들이 "자신의 문화적 특성을 숨기거나 바꿔야만 한다는 의무감을 느끼지 않도록" 하는 데 도움이 된다.[30]

* 옮긴이_ 미국의 소셜 네트워크 서비스

특정 인구 집단을 위한 커뮤니티

인터넷은 원래 1960년대에서 1980년대 초 대학 연구진의 백인 남성 엔지니어에 의해 개발됐다. 인터넷이 형성되던 시기에는 백인 인구 집단이 지배적이었다. 온라인에서 보통 개인의 신원은 표시되지 않았지만 다들 자연스럽게 상대를 백인(또는 아시안) 남성이라고 추정했다. 당시 컴퓨터 과학자와 컴퓨터 공학자에 관한 정형화된 이미지가 그랬다. 1990년대에 인터넷이 대중화되면서 변화가 일어났다. 초창기 인터넷 회사들이 번성하고 인터넷과 관련된 아이디어라면 무엇이든 창업 투자금을 모을 수 있던 1990년대 후반의 제1차 닷컴 붐 동안, 틈새시장을 노린 몇몇 온라인 사이트가 만들어져 다른 인구 집단을 끌어모았다. 예를 들어, 1995년 여성을 위한 아이빌리지iVillage가 출범했다. 비슷한 시기, 장년층을 위한 서드 에이지Third Age와 아프리카계 미국인을 위한 블랙 플래닛Black Planet이 생겼다.

아이빌리지 초창기에 개발자들은 자기들처럼 기술을 잘 알고 대학 교육을 받은 여성이 좋아할 만한 콘텐츠를 만들려 했다. 그런데 시간에 따라 인터넷 사용자층이 넓어지면서 사이트는 다이어트, 연애, 패션, 메이크업 등 마트 계산대 옆에 놓인 여성 잡지 같은 콘텐츠로 채워졌다. 많은 사이트에서 비슷한 패턴이 나타났다. 1997년 여름, 내가 장년층을 위한 온라인 사이트인 서드 에이지에서 인턴으로 일할 때였다. 서드 에이지는 큰돈을 들여 프리랜서 작가를 고용해서 길고 심도 있는 기사를 쓰고 있었다. 주제는 은퇴하면 세계관이 어떻게 바뀌는지, 고정된 수입으로 재무 관리를 어떻게 해나갈지 등이었다. 하지만 경영진은 웹 서버 기록을 보고 이런 기사를 사람들이 거의 읽지 않는다는 사실을 알게 됐다. 사용자들이 찾는 것은 퍼즐이나 공개 구혼 페이지였다. 크리스티안 샌드비그가 2004년 미국 원주민 보호 구역에서 인터넷망의 사용을 연구했을 때도 이와 같은 교훈을 얻었다. 샌드비그는 부족 구성원들이 방문자에게 인터넷망을 설명할 때는 교육적 가치를 강조하지만 실제 일상은 다른 집단과 크게 다르지 않다고 기록했다. 게임과 온라인 쇼핑이 많았다.[31] 매우 인간적인 결론이 아닐 수 없다. 사람은 사람이다. 사람들이 일반적으로 특정 종류의 콘텐츠에 관심이 있다면 하위 집단 사람들의 관심사도 비슷할 것이다.

나는 이런 사례에서 중요한 시사점 두 가지를 발견했다. 첫째, 성공적인 사이트를 만들기 위해서는 사용자 중심 설계가 중요하다. 온라인 커뮤니티 설계자는 잠재 사용자가 무엇을 원할지 넘겨짚지 말고 실제 데이터를 수집해야 한다. 둘째, 다양한 사람을 위해 여러 가지 관심사를 대표하는 온라인 사이트가 따로 존재해야 한다. 메이크업 팁이 올라오는 사이트도 필요하지만, 상호교차성 페미니즘의 미래에 관한 사설이 올라오는 곳도 있어야 한다. 그러나 사이트 설계자의 목적이 오직 페이지 방문 횟수를 최대화해 광고 수익을 올리는 것뿐이라면 연애 조언만 가득할 뿐 깊이 있는 사설은 없을 것이다. **이윤만이 동기가 되면서 인터넷은 망가지고 있다.** 물론 여성 사이트에서 회원을 많이 모으려면 전형적인 콘텐츠를 올려야 한다. 그러나 광고 수익을 극대화하는 것만이 유일한 관심사가 아니라면 다른 종류의 콘텐츠 업로드를 의도적으로 장려하는 것도 가능하다.

예를 들어, 15세 소녀가 만든 루키 매거진Rookie Magazine*이라는 사이트는 '의미 있는 변화, 내가 가장 좋아하는 변화에 관한 영화들'이나 '마지막 기차 여행, 빛바래가는 우정에 관한 이야기' 등 소녀와 젊은 여성이 쓴 기사를 게시했다. 이 사이트는 광고를 올리지 않는 길을 택했고 창시자의 가치

* https://www.rookiemag.com

와 맞는 콘텐츠에 집중했다. 루키 매거진은 7년간 발행되다가 사업상의 문제로 2018년에 폐간됐다. 이런 사이트가 재정적으로 유지 가능한지도 생각해볼 만한 문제다. 다만 한 가지는 분명하다. 투자에 대한 높은 수익률을 요구하는 창업 투자 회사에서 초기 자금을 댔다면 이런 식의 운영은 처음부터 불가능했을 것이다.

공개적인 대화 공간과 흑인들의 블랙 트위터

특정 인구 집단 위주의 커뮤니티는 대부분 그 집단을 위해 분리된 공간을 만든다. 회원 자격이 명시적으로 제한될 수도 있고, 기존 구성원들 때문에 기준에 맞지 않는 회원이 자연 도태되기도 한다. 예를 들어, 엄마들을 위한 페이스북 그룹 중에는 아빠의 가입을 허가하는 곳도 있고 아닌 곳도 있다.

한편 블랙 트위터는 이런 회원제 패턴의 예외라는 점에서 흥미롭다.[32] 안드레 브록은 이렇게 썼다.

> 블랙 트위터는 스스로를 흑인이라 밝힌 트위터 사용자들의 온라인 (커뮤니티라기보다는) 모임으로, 트위터가 제공하는 서비스를 이용해 흑인의 담론을 논하고, 흑인의 문화적 공간을 함께 누리고, 사회적 관계를 구축한다.[33]

레딧과 같은 사이트는 하위 커뮤니티로 나뉜 회원들이 각 하위 집단에서 서로 다른 사회 규범을 형성하지만, 트위터는 나뉘지 않은 하나의 거대한 콘텐츠의 흐름이다. 개인의 트위터 피드는 팔로우한 사람들의 콘텐츠만 보여준다. 또한 검색어나 해시태그를 검색할 수도 있고(#검색어), 같은 주제로 글을 올린 사람들과 대화할 수 있다. 흑인 트위터 회원들의 대화는 적절한 해시태그나 팔로우 관계를 통해 이뤄진다. 블랙 트위터는 아프리카계 미국인의 문화적 관습을 기본으로 한다. 예를 들어, 사라 플로리니는 "동시에 여러 층위의 의미를 의사소통할 수 있게 하는 언어적 표현의 장르, 보통 말장난이나 속임수를 포함"하는 '시그니파잉signifyin'의 문화를 이야기한다.[34] 플로리니에 따르면, "시그니파잉은 상호작용의 틀로 기능한다. 블랙 트위터 사용자들이 흑인 구전 전통에 동조하고, 흑인의 문화적 관습을 표현하고, 흑인의 주체성을 실현하고, 공유된 지식과 경험을 의사소통할 수 있다."[35] 마찬가지로 메기고 받는 형식call-and-response의 구전 전통도 이어진다.[36] 어떤 담론은 재기 넘치고 유머러스하며, 같은 생각을 가진 타인들에게 지지받고 있다는 느낌을 준다. 블랙 트위터는 또한 경찰의 폭력 등 사회 문제에 관심을 불러일으키기 위해 트위터 플랫폼을 사용하며 사회운동에 집중하기도 한다.[37]

서브레딧이나 페이스북 그룹 등의 사이트는 특정 주제가 있고 구성원이 전용으로 사용하는 공간이 있지만, 트위터 대화는 모두 공개된다. 승인된 사람만 볼 수 있는 비공개 계정을 운영하는 사용자도 있지만 흔하지는 않다. 결국 다양한 관객이 지켜보는 가운데 특정 집단의 대화가 이뤄지는 셈이다. 때로 서로 다른 집단이 상호 이해하는 기회가 되기도 하지만, 집단 간 불화를 일으키는 촉매가 되기도 한다.

프라이버시

우리는 온라인에서 항상 모든 것을 드러내고 싶어 하지는 않는다. 온라인의 익명성과 가명성을 논하기 전에 프라이버시의 기본 개념을 잠시 소개하려 한다. 프라이버시는 무엇이며 왜 중요할까?

프라이버시는 나의 '접근 가능 영역zone of accessibility'을 통제할 권리다. 침범당하지 않을 권리, 나에 관한 정보를 통제할 권리, 감시받지 않을 권리를 포함한다.[38] 프라이버시는 내가 나 자신일 수 있게 하며, 공적인 페르소나를 벗을 수 있게 하고, 개성과 자유에도 중요하다.[39] 심슨 가핑클은 다음과 같은 글을 남겼다.

> '프라이버시'라는 단어의 문제는 큰 그림을 전달하기에 부족하다는 것이다. 프라이버시는 비단 무언가를 숨기는 것이 아니다. 개인의 평정심, 자율성, 온전성과 관련돼 있다. 21세기에 세상이 점점 전산화됨에 따라, 프라이버시는 인간에게 매우 중요한 시민권이 될 것이다. 프라이버시는 비단 사회 통념에 어긋나거나 불법적인 행동을 하고 싶어서 문을 닫고 창문에 커튼을 칠 권리만이 아니다. 개인의 삶에서 어떤 부분이 집 안에 머물고 어떤 부분이 밖으로 새어나가도 좋은지 통제할 권리다.[40]

나는 매년 '컴퓨팅, 사회, 프로페셔널리즘' 강의(윤리와 기술의 사회적 영향을 다루는 조지아 공대 학부 필수 과정)에서 프라이버시를 가르친다. 시간이 지나면서 나는 **자유시장적 접근**과 **소비자 보호적 접근** 사이의 균형이 가장 중요한 개념임을 알게 됐다.[41]

자유시장적 접근에 따르면 회사들은 사용자의 프라이버시를 마음대로 취급할 수 있다. 소비자는 회사가 프라이버시를 취급하는 방식에 만족하지 않으면 얼마든지 목소리를 내거나 탈퇴할 수 있다(6장 참고). 다시 말해, 어떤 사이트의 프라이버시 보호가 마음에 들지 않으면 의견을 내거나 다른 사이트를 이용하면 되는 것이다.

반면 **소비자 보호적 접근**에서는 사람들이 자신의 프라이버시에 관해 충분히 알고 결정을 내릴 수 없을 때가 많다고 주장한다. 먼저, 자신의 정보가 수집되고 있다는 사실조차 모를 수 있다. RFID 태그나 GPS 좌표를 추적하는 등 보이지 않는 형태로 데이터를 수집하는 경우 특히 그렇다. 둘째로, 자신이 이용하는 사이트의 프라이버시 정책을 읽지 않는 사람이 대부분이다. 읽지도 않지만 읽고 싶어도 읽기 어려울 것이다. 프라이버시 정책을 이해하려면 평균 인터넷 사용자 수준보다 훨씬 높은 문해력이 요구되며[42] 이용 중인 모든 사이트의 방침을 읽으려면 시간이 너무 오래 걸릴 것이다.[43] 소비자는 자신의 프라이버시에 관해 현명한 선택을 할 수 있는 위치에 있지 않다.

MIT 교수 제리 살처Jerry Saltzer는 "프라이버시는 데이터베이스 상관관계의 문제"라고 말한 적이 있다. 어떤 사이트 하나의 데이터가 아니라 여러 가지 사이트의 데이터를 상호 참조할 때 가장 심각한 침해가 일어난다는 것이다. 또한 2차 목적, 즉 애초에 데이터를 수집한 목적 외의 목적으로 데이터를 사용하는 것도 문제다. 데이터의 2차 사용을 내다볼 합당한 방법이 없다면 얼마나 많은 데이터를 공유해야 할지 제대로 판단해 결정 내릴 수 없다.

사람들이 개인정보를 얼마나 공유할지 잘 알고 결정 내릴 수 없다면, 개인의 프라이버시를 보호하는 방향의 법안을 통과시켜야 한다는 주장이 합당해 보인다. 하지만 기업이 사용자 데이터를 취급하는 방식에 제약을 걸수록 생산성이 줄어들고 혁신이 느려진다고 주장하는 목소리도 있다. 결국 각 접근에 장단점이 있고, 균형이 필요한 문제다. 상황에 따라 신중하게 평가해야 할 부분이다.

수영장에 싼 소변 치우기

2010년 1월에 블로그를 처음 시작했을 때, 두 번째 게시글 제목은 '에이미의 예언: 20년 후면 대통령 자격이 있는 사람은 아무도 없을 것이다'였다.

오늘날의 십 대들은 아주 개인적인 생각을 인터넷에 마구 올리고 있다. 이성을 희롱하고 뒷담화하고 분노하고 비행을 자랑한다. 우리가 십 대에 그랬던 것처럼. 문제는, 인터넷은 놀랄 만큼 지속성이 높은 매체라는 것이다.

인터넷에서 정보를 지우는 일은 수영장에 싼 소변을 치우는 일이라는 오래된 농담이 있다. 확실히 삭제했다고 치자. 서버에 백업은 없는가? 브루스터 케일Brewster Kahle이 만든 인터넷 아카이브 https://archive.org에는 백업이 있을 가능성이 높다. 삭제하기 전에 친구가 사본을 저장하지는 않았을까? 온라인에 정보를 올리고 나면 올린 사람조차 통제력을 잃는다.

십 대는 충격적인 발언을 한다. 나 역시 친구들과 그러면서 놀았다. 지금은 모두 잊혀서, 최소한 내가 한 말이 그대로 기록되거나 사진으로 남아 있지 않아서 다행이다(친구 앤 미니Anne Mini의 소설 신작에서 내가 꼴사납게 등장해도 잡아떼면 그만이다!). 성년이 되는 시기의 불안한 모습이 후대에 박제된다고 생각하면 간담이 서늘해진다. 십 대와 청년기를 돌아보면 다들 비슷한 감정을 느낄 것이다. 적어도 나는 그렇길 바란다.

청년기의 바보스러운 짓이 기록으로 남으면 어떻게 될까? 진지하게 생각하게 된다. 신부의 기록이 결혼 직전에 신랑을 괴롭힐 것인가(아니면 반대이거나)? 내게 앙심을 품은 동료가 내 과거를 파헤쳐 무기로 쓸 것인가? 우리는 과거로 협박하는 새로운 세대, 공갈협박의 황금기에 들어선 것인가?

대부분 사람들은 십 대와 청년기의 멍청한 짓이 드러나지 않을 것이고 밝혀진다 해도 그저 추억하며 웃어넘길 것이다. 하지만 그렇게 쉽게 넘길 수 없는 특별한 사람들이 있다. 바로 공인들이다. 배우, 가수, 운동 선수는 철저한 조사까지는 받지 않을지도 모른다. 하지만 정치인은 어떨까? 빌 클린턴이 대통령으로 당선된 것은 그가 대마초를 "흡입하지는 않았다"라고 말했기 때문이다.* 정치인 후보가 대마초를 흡입한 모습이 사진으로 남아 있다면 어떻게 될까?

몇 가지 결과가 예상된다. 첫째로, 시간이 지나면서 십 대들이 개인정보를 신중히 다루게 될 것이다. 반드시 일어날 일이라고 본다. 그렇다면 한 세대, 즉 온라

* 편집자_ 1992년 대선 캠프 중 빌 클린턴은 이전에 대마초를 하긴 했지만 "흡입하지는 않았다"라고 말했다.

> 인에서 개인정보를 조심하는 법을 미처 배우지 못한 세대의 정치인 후보가 사라질 것이다. 의료보험의 빈 구멍처럼, 인터넷 없이 자란 나이 많은 세대와 조심하는 법을 아는 젊은 세대 사이의 잃어버린 세대가 생길 것이다.
>
> 또 다른 가능성은 우리 문화 전체가 개인적인 일, 특히 젊을 때 한 일에 보다 너그러워지는 것이다. 유럽인들은 이미 이 문제에 다소 너그러운 경향이 있다. 사생활과 공적 활동 사이의 선이 분명하다. 미국인들은 '성격'이라는 친숙한 개념에 물들어 있어서 사적으로 한 일이 직업적인 업무에 관한 적합성을 보여준다고 생각한다. 우리의 삶에서 기록으로 남는 범위가 점점 늘어나고 있다. 우리는 이상을 조금 내려놓고 리더들이 인간일 수 있게 해줘야 한다.[44]

11년이 지난 지금, 그때의 예상이 맞아들고 있는 듯하다. 우리는 온라인에서 상호작용하면서 스스로에 관한 자세한 정보를 계속 흘린다. 보통은 한 가지 정보가 아니라 사소한 정보를 종합한 전체 그림이 문제가 된다.

수년 전(2001년쯤) 석사 과정에 있던 알리사 밴들로Alisa Bandlow는 내 강의 '온라인 커뮤니티'에서 라이브저널 사이트에서의 역할극을 연구했다. 성인물 콘텐츠도 있었다. 밴들로는 어떤 인터뷰 대상자에게 이 콘텐츠가 실명으로 만든 계정과 연계돼 온라인에서 공개되면 어떨 것 같냐고 물었다. 이 사람은 인터뷰 후에 **계정과 업로드 내용을 모두 삭제했다.** 한 번도 고려해보지 않은 문제였던 것이다. 시간이 지나면서 사람들은 온라인 프라이버시에 관해 더 신중해야 한다는 사실을 점점 느끼고 있다. 프라이버시를 보호하는 방법 중 하나는 온라인 활동에서 실명을 사용하지 않는 것이다.

익명에서 실명 인증까지

앞에서 이메일 계정 ID에 관해 이야기하며 ID를 선택하거나 설정하는 방식은 내가 어떤 사람인지 표현한다고 설명했다. 이는 이메일 주소뿐 아니라 온라인 플랫폼에 가입하는 ID에도 해당한다.

온라인 ID나 사용자명은 기표signifier다. 현실 세계에 있는 사람, 즉 기의signified를 가리키는 상징이다. 기호학은 기표와 기의의 관계를 탐구하며, 언어가 어떻게 의미를 만들어내는지 연구한다.[45] 기표는 보통 임의적이다. '에이미'라는 이름에서 나의 특수성을 나타내는 부분은 전혀 없다. 그저 소리의 배열일 뿐이다.

온라인 ID는 실명 인증을 요구하는 경우가 많다. 기호학적으로 말하면, 온라인 ID(기표)와 현실 세계의 주체(사람) 사이에 공식적으로 식별 가능한 관계가 있다는 것이다. 익명이나 가명을 사용하는 사이트도 있다. 비슷해 보이지만 그 구분이 중요하다. 가명을 사용하는 사이트에서는 사용자가 자신을 가리키는 가명 하나를 계속 사용한다. 예를 들어, 내가 아는 레딧 게시판 관리자의 가명은 '시루켄shiruken'이다. 나는 이 사람이 남성이며 생체의학 엔지니어고 매달 관리자들의 활동에 관한 통계를 내고 다양한 과학적 문제에 관심이 있다는 사실을 알지만 실명이나 주소는 모른다. 기호학적 용어로는, 이 경우에도 기표와 기의 사이에는 여전히 관계가 있다. 레딧 ID가 진짜 이름은 아니지만 실제 인물을 기의로 하는 기표인 것이다.

가명은 실명과 비슷한 방식으로 사용된다. 내가 태어날 때 받은 이름은 나라는 사람과 법적 관계가 있는 기표다. 가명과 마찬가지로 실명이라는 기표와 기의의 관계도 그렇게 견고하지 않다. 법적으로 이름을 바꿀 수도 있고, 예명을 쓸 수도 있고, 누군가 내 신원을 오인할 수도 있다. 실명이나 가명이나 기의와 복잡한 관계에 있는 기표라는 점은 같다. 내 실명에 법적 지위가 있다는 점 말고는 실명과 가명이 비슷한 방식으로 사용된다.

실명이 무엇인지에 관해서는 의외로 논쟁의 여지가 있다. 페이스북은 사용자에게 실명을 요구하며, 사용자는 실명 정책을 위반한 계정을 신고할 수 있다. 페이스북은 이와 관련해 매년 수백만 건의 신고를 검토한다. 이 정책이 시행되면서 다양한 집단에 문제가 생겼다. 성전환 중인 사람, 예명을 쓰고 싶어 하는 드랙퀸, 부족 이름을 쓰려는 원주민, 가정폭력이나 학교폭력, 스토킹 피해를 입었던 사람 등이 그 예다.* 이런 경우, 법적인 실명 개념을 강요하는 것은 일종의 억압이다.[46] 2015년, 페이스북은 이런 예외적인 경우에 이름을 바꿀 수 있는 공식적인 지원책을 도입했으나[47] 이 문제를 둘러싼 갈등은 여전하다.

실명 인증, 가명, 익명은 분리된 카테고리가 아니라 연속선상에 있다고 볼 수 있다. 실명 인증에 가까운 쪽에서 익명 쪽으로 이동하면 기표와 기의의 관계는 느슨해지지만 끊어지지는 않는다.

오랫동안 하나의 가명을 쓰면 (그러지 않으려고 특별히 주의하지 않는 이상) 계속해서 스스로에 관해 자세한 정보를 유출하게 된다. 대화하다가 좋아하는 것과 싫어하는 것, 가본 곳, 다니던 학교 등을 언급할지도 모른다. 오래 사용할수록 가명은 사실상 실제 인물을 나타내게 된다. 새어나간 정보 하나하나가 기표와 기의를 더 단단히 묶어준다.

이런 이유 때문에 레딧 사용자들은 정말 프라이버시를 원할 때는 임시(일회용throwaway) 계정을 만드는데, '일회용' 자체를 계정명으로 쓸 때도 많다. (보통 어렵거나 부끄러운 주제에 관한) 대화를 할 때 한 번만 그 계정을 쓴다면 스스로에 관한 정보 유출이 누적된 계정을 쓸 때보다 현실 자아와의 연결이 약할 것이다.[48] 아마리 등은 레딧에서 일회용 계정을 쓰는 육아 게시판 사용자들은 유산, 이혼, 양육권 등 편견이 있는 주제에 관해 이야기할 확률이 더 높다는 사실을 발견했다. 일회용 계정의 게시글에는 댓글이 달릴

* https:// en.wikipedia.org/wiki/Facebook_real-name_policy_controversy

확률도 더 높고 그 길이도 더 길었다.[49]

레딧 같은 사이트는 가명을 사용하지만 4chan*의 경우는 진짜 익명에 가깝다. 계정이나 로그인 없이 게시글을 쓸 수 있는 데다가 대부분의 게시글은 몇 분 안에 사라지며 기록이 남지 않는다.[50] 한 게시글에 관심사에 관한 정보를 흘려도 다른 게시글과는 연결되지 않는다.

가장 실명 인증이 확실한 스펙트럼의 끝과 가장 익명에 가까운 쪽에서도 어느 정도 불확정성은 존재한다. 스파이가 마음먹고 실명 인증된 계정을 조작해 실제와 다른 인물을 연기하는 모습을 충분히 상상할 수 있다. 게다가 익명 사이트에서도 정부가 누군가를 반드시 찾아내야 한다면 정부 기관에서 인터넷 접속 기록을 추적해 실제 인물의 위치를 알아낼 수 있을 것이다. 그렇다면 실명 인증을 할지 익명을 유지할지는 문제가 아니다. 온라인의 존재와 실제 인물의 연결성을 추적하는 것이 얼마나 어려운지가 중요하다. 이는 쉬울 수도 있고 매우 어려울 수도 있다.

익명과 실명 인증 사이, 가명이 필요한 이유

사이트를 설계할 때, 익명과 실명 인증 사이 스펙트럼의 어디쯤에 사이트를 놓을지는 핵심적인 설계적 결정이다. 익명성 및 가명성은 집단상담 등 사람들이 매우 개인적인 정보를 공개해야 하는 상황에 특히 중요하다. 억압적인 정권 아래 사는 사람들에게도 필수다.

이런 극단적인 사례도 중요하지만, 보통 사람이 일상에서 가명으로 스스로를 표현하고 싶어할 이유도 충분하다. 먼저 '상황의 충돌context collapse'

* 옮긴이_ 영어권의 이미지보드 온라인 사이트로, 가입이 필요 없다.

문제다.[51] 우리는 모두 다른 상황에서 자아의 다른 측면을 드러낸다. 예를 들어, 인터넷에서 정치를 논하고 싶은 사람도 직장 동료에게 정치 성향을 드러내고 싶지는 않다. 민주주의가 제대로 기능하려면 일상의 문제를 토론할 수 있는 장소가 필요하지만 직장은 그런 논의에 적합한 장소가 아니다. 마찬가지로 관심사나 취미를 직장까지 끌어오고 싶지는 않을 것이다. 반대로 대규모 멀티플레이어 비디오 게임을 하고 있다면 원래 직업이 교수라는 사실은 밝히고 싶지 않을 것이다. 가명성은 내가 진지한 학자인 동시에 〈그레이 아나토미〉 팬일 수 있게 하고 두 자아를 분리된 채로 유지해준다.

두 번째 문제는 지속성이다. 나는 십 대에 인터넷이 없었다는 사실에 영원토록 감사할 것이다. 틀림없이 현재의 나에게 굴욕을 줄 만한 말들을 했을 테니 말이다. 내 말이 모두 영구적인 기록으로 남아야 하는가? 유디트 도나스는 인터넷에 관해 이런 글을 남겼다.

> 겨드랑이 탈취제나 폭식 또는 야뇨증에 대처하는 법에 관한 책의 상품 리뷰를 실명으로 남긴다면 온라인 초상화의 한 조각이 될 수 있다. 자녀, 이웃, 심지어 모르는 사람까지 나에 관해 알 수 있다는 뜻이다. 광대한 온라인의 검색 가능한 데이터베이스에서 글은 영원히 남아 있다. 실명으로 말하거나 행한 일은 모두 영구적으로 나와 연관된다.[52]

우리 문화는 정보의 지속성 문제를 어떻게 처리할지 결론내지 못했다. 누군가가 수십 년 전에 문화적 감수성이 떨어지거나 인종차별적인 행동을 했다면(흑인 분장blackface을 하는 등) 지금 공직을 맡을 수 없을까? 사과하고 넘어갈 문제와 그렇지 않은 문제는 어떻게 구분할까? 점점 많은 사람들이 지속성의 위험을 깨달으면서 스냅챗Snapchat처럼 단기간 의사소통을 하는 사이트가 인기를 얻고 있다. 스냅챗에 올린 사진은 하루 뒤에 사라지고, 다른 사람이 사본을 저장하는 것을 막기 위해 시스템에서 최선의 노력을 하고 있다(안타깝게도 다른 카메라로 화면을 찍는 것까지 막을 수는 없다). 스냅챗은 십대의 놀이 공간인 반면, 인스타그램처럼 지속성이 있는 사이트는 본인을 표현하고 연출할 때 쓰인다.

익명성과 책임성

가명성이 항상 적절한 것은 아니다. 1995년, 나는 미디어 연구자들의 전문 커뮤니티인 미디어무MediaMOO라는 사이트를 시작했다.[53] 무MOO는 최종 사용자가 프로그래밍할 수 있는 텍스트 기반 가상 세계다. 파벨 커티스Pavel Curtis가 만든 무 소프트웨어는 나중에 제록스 파크Zerox PARC에 넘어갔다. 미디어무는 미디어와 인간-컴퓨터 상호작용에 관한 끝없는 콘퍼런스의 장이었다. 나는 처음 사이트를 만들면서 계정을 인당 두 개 허용했다. 하나는 익명 계정, 하나는 실명 인증 계정이었다. 커티스는 바보 같은 짓이라고 했다. 전문 콘퍼런스에 간 사람이 왜 이름표를 숨기거나 얼굴을 가리겠는가? 다른 사람을 만나 관계를 형성하는 것이 가장 큰 목적인데 말이다. 미디어무는 몇 년간 이중 계정 정책을 시도했지만 결국 커티스가 옳았고, 나는 실명 인증으로만 계정을 만들 수 있게 정책을 바꿨다. 이전에 만든 익명 계정을 없애지는 않았지만 사용하는 사람은 거의 없었다. 미디어무는 신원을 드러내는 것이 더 적합한 상황의 사례다.

익명성과 가명성은 중요한 단점이 있다. 책임성이 없기 때문에 나쁜 행동으로 이어질 수 있다는 것이다. 다음 장에서는 온라인에서의 나쁜 행동과 그 대처 방법을 자세히 논의한다.

한 가지 사례로, 4chan과 8chan의 사진 게시판은 거의 완벽한 익명성을 보장하는 사이트다. 그래서 노골적인 사진, 인종차별, 반유대주의, 극우

사상 등 많은 사람이 극도로 불쾌하게 느끼는 콘텐츠가 넘쳐나게 됐다. 이 사이트들은 다른 사이트 회원을 공격하기 위해 대규모로 몰려가자고 종용하는 '좌표 찍기brigading' 등 타인에 대한 공격을 촉발한다. 2019년, 총기난사 사건 가해자들이 8chan에 범행 계획을 세 차례에 걸쳐 게시한 적이 있다. 그 결과 8chan의 도메인이 폐쇄됐지만 ikipe 웹에서는 접속할 수 있다.

4chan이 '롤캣LOLcats'* 등을 시작한 일종의 '인터넷 밈 공장'이며 고양이 학대범을 찾아내기도 했다는 사실은 주목할 만하다.[54] 가브리엘라 콜먼은 4chan에서 어떻게 '익명Anonymous' 그룹이 생겨났고, 시간이 지나며 해커 그룹의 일부가 '핵티비스트hacktivist' 그룹으로 발전해 사회 정의를 구현하려 했는지 자세한 이야기를 풀어낸다.[55]

익명 사이트에서 예의 바르게 행동하는 사람이 있는 반면 실명 인증 사이트에서 큰 피해를 초래하는 사람도 있다. 차이가 있다면 실명 인증 사이트에서 사고를 쳤다간 현실에서 대가를 치러야 할 확률이 높다는 것이다. 온라인에서의 존재와 현실 자아 사이의 연결이 더 강하기 때문이다. 대가를 치러야 한다는 인식은 나쁜 행동을 제지하는 요소로 작용한다.

온라인 정체성의 미래

오늘날 온라인에서 정체성을 표현하는 메커니즘은 통탄할 만큼 부적절하다. 지난주에 몇몇 가계정이 내 트위터를 팔로우했다. 그들의 관심사가 내 관심사와 전혀 겹치지 않았고 트윗도 몇 개 올라와 있지 않아서 가계정이라고 판단했다. 간단히 사진 검색을 해보니 계정의 프로필 사진도 다른 온라인 소스

* 옮긴이_ 웃음을 나타내는 lol과 고양이의 합성어로, 인터넷상 고양이의 사진에 영어 문단을 넣는 유머스러운 영상과 그 문화 요소

를 갖다 쓴 것이었다. 이런 계정의 목적은 정치적 조작인 경우가 많다. 일반인으로 보이도록 온라인 히스토리를 만든 다음 그 계정을 정치 프로파간다를 퍼뜨리는 데 사용한다. '실제 사람이 아니니 나를 팔로우할 수 없다'고 막을 방법이 있어야 한다. 비슷하게, '실제 회사가 아니니 이메일을 보낼 수 없다'거나 '어린아이니까 노골적인 성적 콘텐츠가 있는 이 사이트를 이용하면 안 된다'고 막을 방법도 있어야 한다. 선거철의 정치 조작, 스팸, 아이들이 노골적 콘텐츠에 노출되는 사태 등은 온라인 정체성 메커니즘이 근본적으로 실패했다는 사실을 보여준다.

인터넷에서 새롭게 **자아의 층위**identity layer를 설계하는 것이 가능할까? 모르는 사람이 접촉해올 때, 자신이 다닌다고 주장하는 회사나 학교와 실제로 관련이 있는지, 진짜 내 친구의 친구인지 알 수 있다면 더 현명하게 의사소통 여부를 결정할 수 있을 것이다. 누가 누구인지 구별할 수 있다면 스팸을 멈추고, 해외 세력이 우리의 공공 담론을 고의로 조작하는 것을 막고, 아이들이 부적절한 콘텐츠에 접속하는 것을 방지하고, 피싱 공격을 막는 등 다양한 일을 할 수 있을 것이다.

정체성은 **평판**과 밀접하게 관련된다. 나는 **평판 서버**reputation server 시스템을 상상한다. 평판 서버는 누군가가 나쁜 행위를 하지 않았음을 인증하고, 특정 주제와 관련해 전문성을 측정한다. 평판은 다차원적일 필요가 있다. 예를 들어, 나는 인간-컴퓨터 상호작용 전문가로는 평판이 높지만 열대어 관리자로는 낮을 것이다(작은 담수 어항에 돌보기 쉬운 열대어를 기르고 있을 뿐이니까). 또한 특정 문제에 대한 사용자의 입장에 따라 평판이 상대적일 필요도 있다. 다시 말해, 어떤 셰프가 무엇이든 먹는 사람에게는 훌륭한 평판을 자랑할지라도 채식주의자에게는 그렇지 않을 수 있다. 여러 평판 서비스가 경쟁하면 사람들은 신뢰할 만한 서비스를 선택할 수 있다. 이런 시스템을 설계하려면 사람들의 프라이버시를 보호하기 위한 암호 기술 cryptography도 신중하게 사용해야 할 것이다.

안타깝게도, 시민에 관한 데이터를 모으는 데 악용될 수 없는 정체성과 평판 데이터를 상상하기는 어렵다. 게다가 실명 인증이 필요하다면 소수자 집단이나 억압적 정권 아래에 있는 사람에게 심각한 위협이 될 수 있다. 이런 집단을 더 큰 위험에 처하게 하지 않으면서 온라인 정체성 관리를 개선하는 일은 불가능할 정도로 어려운 설계적 문제인지도 모른다. 하지만 그렇다고 현재 시스템이 최선이라는 의미는 아니다. 우리의 과제는 이것이다. 프라이버시를 보호하면서도 누가 누구인지 구별할 수 있도록 발전된 정체성 및 평판 관리 시스템을 설계할 수 있을까? 이것은 잠재적인 위험도 이익도 큰 문제다.

정리하기

어빙 고프먼이 『자아 연출의 사회학』에서 설명했듯, 우리는 타인 앞에서 언제나 연기한다. 상대에게 특정한 인상을 남기려고 노력하며, 사회적 맥락이 달라지면 연기도 달라진다. 진정한 자아란 없으며, 내가 연출하는 자아의 여러 측면을 모두 합친 것이 곧 나다.

이를 위해서 우리는 앞무대를 사용한다. 앞무대는 우리의 외관과 태도를 모두 포함한다. 관찰자는 상대의 자아 연출을 쉽게 통제할 수 있는 측면과 통제할 수 없는 측면으로 나누고, 통제하기 어려운 부분을 통해 행동을 판단한다. 행위자가 주고 싶은 인상은 표현한 인상이고, 관찰자가 실제로 받는 인상은 드러난 인상이다. 행위는 진심일 수도 거짓일 수도 있다.

온라인에서도 우리는 어떤 인상을 주려고 노력한다. 정체성을 표현할 수 있는 모든 요소를 사이트 설계자가 선택한다는 점이 대면 환경과의 핵심적인 차이다.

사용자명을 익명에 가깝게 할 것인지, 가명으로 할 것인지, 실명 인증을 할 것인지는 사이트 설계에서 중대한 선택이다. 이름(현실에서의 법적 이름이든 온라인 계정명이든)은 기의와 관련된 기표다. 익명에서 실명 인증까지 이어진 스펙트럼에서, 실명 인증에 가까워질수록 기표와 기의의 관계는 더 긴밀해진다. 사이트가 이 연속선상에서 어디에 위치하는지는 사이트의 목적에 따라 다르다.

익명 의사소통이 적절한 경우도 있다. 집단 심리 치료나 억압적인 정권 아래의 의사소통 등이 그렇다. 하지만 익명에 가까워지면 책임성이 줄어드는 문제가 발생할 수 있다.

응용하기

정체성은 소셜 미디어와 인터넷의 설계에서 근본적인 문제다. 우리는 대면 환경에서 각기 다른 사회적 상황에 다른 옷을 입고 다르게 행동한다. 온라인에서도 동일한 메커니즘이 작동한다. 그러나 온라인 사이트 설계자는 정체성의 어떤 요소를 표현하고 어떤 부분을 강조할지 선택할 권한이 있다. 이러한 선택이 온라인 상호작용에 깊은 영향을 미친다.

06
온라인에서 나쁜 행동은 무엇이며 어떻게 대처할까?

줄리안 디벨이 쓴 기사「사이버 공간에서의 강간」은 다음과 같이 시작한다.

> 그날 밤 강간당했다는 사람들이 있다. 자신들의 사진으로 만든 정교한 아바타가 범인이 시키는 대로 움직였다고 한다. 범인은 아바타를 조작해서 성관계를 하게 만들고, 몸에 끔찍하고 잔인한 짓을 했다고 한다. 그날 밤 함께 있지 않았지만 그들의 말이 사실이라고 확신할 수 있다. 그 일은 모두 거실에서 일어났으니까. 내가 제2의 집으로 생각하게 된 집의 거실, 책이 줄지어 꽂힌 책장과 소파와 벽난로 옆에서 말이다.[1]

문제의 사건은 1990년대 초 파벨 커티스가 제록스 파크에서 만든 텍스트 기반 가상 세계(또는 머드)인 람다무에서 일어났다. 람다무에서는 모든 상호작용이 텍스트로 이뤄진다. '파벨이 방을 둘러본다'나 '파벨이 머리를 쓰다듬는다' 같은 글을 출력할 수 있다. 다만 이 사건의 가해자, ID 미스터 벙글Mr. Bungle은 사람들이 스스로 폭력적, 성적 행위를 하는 것처럼 보이게 만들었다.

이 기사의 제목에는 '강간'이라는 단어가 있지만, 이는 진짜 강간의 심각성을 약화할 수 있기에 텍스트를 강간이라고 칭하는 것은 부적절한 듯하다. 아무튼 피해자들은 어떻게 불러야 할지 모를 이 사건을 매우 불쾌하게 생각했다. 온라인 성희롱의 한 형태였다.

이 사건으로 사이트의 자발적인 관리자들(위저드wizards)에게 문제가 생겼다. 사이트 규정상 이런 행동이 명확히 금지되지는 않았다. 회원들은 대부분 가해자의 계정을 차단하자는 의견을 옹호했지만, 근거가 되는 규정이 없으니 그럴 수는 없다는 사람들도 있었다. 논쟁에 불이 붙으면서 심지어 어떤 사람들은 이 사건이 "단지 게임"이었으며 피해자들이 가해자를 차단하거나 로그아웃하면 됐을 일이라고 주장했다. 그러면서 근본적인 질문이 제기됐다. 이 가상 세계는 정중한 태도가 기대되는 곳일까, 아니면 분노를 표출하고 실제 세계에서 할 수 없는 행동을 하는 놀이터일까? 사건의 대응에 관한 논의는 곧 철학적인 차원으로 확장됐다.

위저드 한 명이 미스터 벙글을 차단하기로 결정하면서 엄청난 논란이 일었다. 위저드에게 그런 권한이 있는가? 갑론을박이 벌어지는 가운데, 커티스는 위저드가 임의로 정책적 결정을 할 수 없다고 선언했다. 이후 아무것도 결정할 수 없는 관리의 공백이 생겼다. 커티스는 기술적 의사결정과 사회적 의사결정을 분리하고자 했지만 곧 둘이 불가분의 관계라는 사실을 깨달았다. 몇 년 뒤, 그는 사용자가 직접 커뮤니티 이슈와 관련된 청원과 투표를 할 수 있는 직접민주주의 시스템을 만들었다. 누구든 청원을 쓸 수 있었고, 일정 인원 이상이 동의 서명을 하면 전체 커뮤니티가 투표할 수 있는 표결이 열렸다.

결국 가해 행위를 한 람다무 캐릭터는 한 사람이 아니라 대학생 여럿이 모여 조종한 것으로 밝혀졌다. 학생들은 돌아가며 키보드를 붙잡고 서로를 부추기며 저마다 더 충격적인 짓을 하려고 애썼다고 한다. 이 사실은 늘 나를 깊은 생각에 빠지게 한다. 사람은 모이면 혼자일 때보다 훨씬 극단적으로 행동할 수 있다.

오늘날의 인터넷에도 미스터 벙글이 많고, 심지어 점점 늘어나는 듯하다. 이에 어떻게 대처해야 할까? 이 문제는 크게 세 가지 측면으로 나뉜다. 먼저, 어느 사이트에서 어떤 종류의 행위가 용인되는지 어떻게 결정할까? 사회 규범은 보편적이지 않다. 하위 집단마다 해당 공간에서는 어떤 행동이 허용되는지 결정해야 한다. 극단적으로 다른 콘텐츠가 서로 다른 공간에서 존재할 수 있다는 것이 인터넷의 핵심 특징이기 때문이다. 둘째, 이 사이트의 사회 규범이 무엇인지 사용자에게 어떻게 알릴까? 규칙만 있으면 끝나는 문제가 아니다. 규칙을 전부 읽어보는 사람은 아무도 없다. 말하지 않고도 어떤 행동이 기대되는지 구성원에게 전달하려면 어떻게 해야 할까? 셋째, 누군가가 실수나 고의로 규칙을 위반했을 때 어떻게 대응할까? 어떻게 **효과적으로** 대응할까? 예산만 충분하다면 직원을 고용하고 잘 훈련해서 모든 것을 완벽하게 관리할 수 있다. 하지만 현실적인 고객 지원 예산으로는 타협을 할 수밖에 없다.

어떤 행동을 허용할지 판단하는 것과 나쁜 행동을 관리할 도구와 전략을 선택하는 것은 떼어놓고 생각할 수 없는 질문이다. 행위를 통제하기 위한 도구는 어떤 행동이 권장되고 금지되는지 좌우한다. 사회 규범(명시적이든 암묵적이든) 역시 행동에 영향을 미친다. 이후에 나타나는 행동은 다시 행동 관리를 위한 새로운 도구를 개발하고 용인되는 행동에 관한 새로운 사회 규범 및 명시적 규칙을 발생시키는 동력이 된다. 복잡한 사회기술적 시스템(사람, 기술, 사회적 관습의 조합)이 계속해서 진화하고 있는 셈이다.

이 장에서는 성희롱, 혐오 발언, 불쾌감을 주는 콘텐츠 등 나쁜 행동을 집중적으로 다룬다. 고의로 거짓 정보를 게시하는 **허위 정보**disinformation 확산 역시 나쁜 행동의 한 형태다. 거짓 정보라는 사실을 모르고 게시하면 **오정보**misinformation에 해당한다. 오정보와 '거짓'의 의미에 관해서는 3장에서 다뤘다.

행동을 규제하는 요소

법학 교수 래리 레식에 따르면, 행동을 규제하는 요소는 법률, 사회 규범, 기술 및 공간 구성, 시장 등 네 가지다.[2] 앞과 마찬가지로 오프라인 환경의 예를 든 다음 온라인 행동으로 비유해 설명하려 한다. 레식은 흡연을 예로 들었다. **법률**은 흡연 허가 장소를 규정하며, **사회 규범**에 따르면 타인의 차에서 허락을 구하지 않고 담배를 피우는 행동은 무례하다. 흡연의 **기술**, 즉 니코틴의 중독성은 사람들이 담배를 피우는 빈도에 영향을 미친다. 마지막으로, **시장** 역시 흡연 행위에 영향을 미친다. 정부가 담배에 매기는 세금을 올릴 때마다 해당 지역의 흡연률은 줄어든다. 온라인 행동에 영향을 미치는 요소 역시 법률, 사회 규범, 기술 및 공간 구성, 시장이다.[3] 이 요소들 사이에 명확한 선을 그을 수는 없으며 모두 서로 영향을 미친다. 이 장에서는 시장을 제외한 세 가지 요소를 논한다. 시장은 7장에서 다룬다.

법률 그리고 혐오 발언의 딜레마

무엇을 말할 수 있는지(온라인이든, 다른 매체든)에 관한 법률은 복잡하다. 신성 모독이 법률에 저촉되는 나라가 있고,[4] 심지어 사형으로 처벌하는 곳도 있다. 법률이나 관습법으로 정부 비판이 불법인 나라도 많다.* 태국 등 일부 국가에서는 불경죄에 따라 왕족을 비판하는 행위가 법으로 금지된다.

표현의 자유를 중요시하는 미국에서도 놀랄 만큼 많은 발언이 법으로 금지된다. 다니엘 시트론의 글을 살펴보자.

> 모든 표현이 헌법으로 보호받지는 않는다. 어떤 종류의 표현은 공공 담론에 심각한 피해를 끼치는 반면 공헌하는 바는 거의 없어 규제 대상이 된다. 협박의 경우 언어 표현으로 전달된다 해도 규제의 예외가 아니다. 명예 훼손 역시 표현의 자유를 보호하면서도 규제될 수 있다. 음란은 이미지가 포함됐더라도 헌법으로 보호되지 않는다.[5]

이는 몇 가지 예에 불과하다. 나는 '컴퓨팅, 사회, 프로페셔널리즘' 강의에서 이 내용을 다루는데 학생들은 종종 놀라워한다. 보통 명예 훼손과 비방, 허위 광고가 불법이라는 사실은 알았지만 표현의 제약이라고 생각해본 적은 없기 때문이다. 일반적으로 수용되는 표현의 규제는 당연하게 표준으로 여겨진다. 미국에도 다양한 표현의 규제가 존재한다. 시트론은 온라인에서의 표현이 오프라인만큼이나 중요하다고 언급한다. "인터넷은 사람들의 일터, 직업적 네트워크, 이력서, 사교 모임, 공공 담론의 영역으로 기능하므로 오프라인과 동일하게 표현의 자유가 보호돼야 한다"라는 것이다.[6]

혐오 발언은 미국에서 합법이지만, 불법인 국가도 많다. 혐오 발언이란 정확히 무엇일까? UN은 "개인이나 집단을 그들이 누구인지를 기반으로,

* https://en.wikipedia.org/wiki/Freedom_of_speech_by_country

즉, 종교, 민족, 국적, 인종, 피부색, 혈통, 성별 또는 기타 정체성의 요소를 기반으로 공격하거나 경멸하는 언어를 사용해 발화, 기록, 행동하는 모든 종류의 의사소통"으로 정의한다.[7] 이 문구의 세부적인 해석이 중요하며, 법적인 정의는 지역마다 다르다.

표현을 규제하는 법률 중에는 국가적인 것도 있고 지역에 따라 다른 것도 있다. 미국에서 법을 어기지 않고 할 수 있는 말이 호주와 다를 뿐 아니라,* 호주 내에서도 뉴사우스웨일스주에서 할 수 있는 말이 퀸즐랜드주와 다르다.** 온라인에서 한 발언은 보통 전 세계에 도달하므로 문제가 더 복잡하다. 한 국가에 위치한 회사는 다른 국가의 규칙을 준수하기 위해 콘텐츠 검열 메커니즘을 개발하거나 다른 나라에서의 사이트 접속을 차단한다.

미국식 접근법은 표현의 검열이 미끄러운 비탈길***이라는 생각을 기본으로 한다. 어떤 말을 법적으로 할 수 없다면, 그 선을 어디에 그을 것인가? 미국인들은 표현의 제약이 정치적 목적으로 악용될 것을 우려한다. 그래서 혐오 발언도 적법하다. 동의할 수 없는 말이 있다면 금지가 아닌 반박이 권장된다.

내가 처음으로 혐오 발언의 딜레마를 마주한 것은 1977년, 11살 때의 일이다. 당시 미국 대법원은 홀로코스트 생존자를 포함해 유대인 주민이 많은 일리노이주 스코키에서 열릴 신나치주의자 집단의 시위를 허용한다고 판결했다(**미국 국가사회당**National Socialist Party of America 대 **스코키**Village of Skokie, 1977****). 나치주의자는 원하는 대로 시위할 수 있고, 이를 반대

* https://en.wikipedia.org/wiki/Hate_speech

** https://en.wikipedia.org/wiki/Hate_speech_laws_in_Australia

*** 편집자_ 미끄러운 비탈길 논증은 상대적으로 작은 일이 일련의 사건으로 이어져 엄청난 결과(주로 부정적)를 가져올 것이라고 주장할 때 사용한다(출처: 위키피디아).

**** www.oyez.org/cases/1976/76-1786

하는 사람 또한 반대 시위를 할 수 있다는 것이 미국 법원의 입장이었다. 이 문제를 변호사인 새아버지와 심도 있게 토론했던 기억이 난다. 당장 이해할 수 있는 논리는 아니었다. 말 그대로 딜레마였다. 정부가 나치주의자의 시위를 막는다고 하자. 또 어떤 집단의 시위를 막을까? 어떤 집단을 허용할지 누가 결정하며, 이 결정권이 정치적으로 반대 의견을 잠재우는 데 남용되지 않으리라고 어떻게 장담할까? 그래서 미국 법률은 표현의 자유를 최대한으로 보장한다. 이런 수준까지 표현의 자유를 보호하는 것은 철저하게 미국적인 개념이다.

다른 국가에서는 혐오 발언이 불법인 경우가 많다. EU 국가들과 캐나다를 비롯한 많은 나라가 그렇다. 위키피디아에서 여러 국가의 혐오 발언 관련 법률에 관한 문서를 찾아보면 매우 흥미롭다.* 소셜 미디어 플랫폼과 인터넷 서비스를 제공하는 기업은 현지 법률을 준수하기 위해 상당한 자원을 투자한다. 독일을 포함한 일부 국가에서는 불법 콘텐츠를 삭제하지 못한 플랫폼에 벌금을 부과한다. 중국 등 기준에 맞지 않는 사이트를 차단해버리는 국가도 있다. '이 콘텐츠가 적법한가'라는 질문에 답하려면 콘텐츠 게시자와 독자가 어디에 있는지 알아야 한다.

어떤 콘텐츠가 적법한지에 관한 이해는 어떤 콘텐츠가 허용되는지 논의하기 위한 첫 단계일 뿐이다. 표현의 자유를 보호하는 법률은 정부가 표현을 막지 못하도록 통제하지만 민간 플랫폼에는 적용되지 않는다. 예를 들어, 미국에서 정부는 개인이 정치인을 모욕하는 행위를 제재할 수 없지만 레딧이나 트위터는 같은 행위를 제재해도 위법이 아니다. 공공 공원과 개인의 집이 다른 것과 마찬가지다. 공원에는 누구든 갈 수 있지만, 내 집에 누구를 들이고

* https://en.wikipedia.org/wiki/Hate_speech

내보낼지는 내가 정한다. 마찬가지로 사기업의 온라인 사이트는 어떤 표현을 배제할지 결정할 수 있다. 특히 보호되는 영역에 속한 사람을 시스템적으로 차별할 수는 없지만, 그 외에는 결정을 정당화할 필요가 없다. 온라인 사이트는 광장보다는 사적인 모임에 가깝다.

표현을 규제하는 법률 개선하기

표현의 자유에 관한 법률은 대부분 인터넷 기술이 생기기 전에 만들어졌다. 새로운 기술로 인해 근본적으로 새로운 상황이 펼쳐지면 기존 법률이 잘 적용되지 않을 때가 많다. 예를 들어, 전화가 발명됐을 때 미국 법률에 따른 사생활 보호가 전화상의 대화에도 적용되는지에 관해 혼란이 있었다. 전화상 대화가 공개 정보에 해당한다면 사법 당국이 들을 수 있다. 그렇지 않다면, 사법 당국이 자료 공개 허가를 요청할 수는 있을까? 어떻게 요청하며, 이를 허용할 혹은 허용하지 않을 근거는 무엇일까?

전화가 발명된 것은 1849년이다. 이로부터 100년도 더 지난 시점에 사법 당국은 전화를 도청해 얻은 증거를 이용해 찰스 카츠Charles Katz를 불법 도박으로 기소하려 했다. 법원은 당국이 녹음을 취득할 때 물리적으로 무단 침입하지는 않았지만, 자신의 통화가 사적이라는 카츠의 기대가 합당하다고 판단했다.[8] 1년 후, 1968년 각종 범죄 및 길거리 치안법Omnibus Crime and Safe Streets Act에 따라 합당한 근거를 명시한 영장이 있다면 사법 당국이 합법적으로 통화 내용을 들을 수 있게 됐다. 이로써 정부 부처 간의 견제와 균형이 생기며 도청을 허용할지에 관한 딜레마의 답을 찾았다. 간결하고 효과적인 해결책이었다. 다만 법률이 기술을 따라잡는 데 무려 120년이 걸렸다.

그렇다면 아직 법률이 인터넷 기술에 완전히 적응하지 못한 것도 놀랄 일이 아니다. 최초의 인터넷은 1960년대에 시작됐다. 전화와 마찬가지로 법률이 적응하는 데 120년이 걸린다면 2080년쯤이 돼서야 법률이 명료하게 정리될 것이다. 보다 효과적인 규제의 틀이 생기면 적법하게 온라인에 게시할 수 있는 내용은 무엇인지, 나쁜 콘텐츠를 제거할 책임은 누구에게 있는지, 서로 다른 기준이 있는 인터넷 환경에서 플랫폼을 어떻게 운영할지와 관련해 확실한 지침이 제시될 것이다.

현재 복잡하게 이뤄지는 인터넷 규제는 소기업보다 대기업에 유리하다. 대형 인터넷 기업들은 법무 팀을 고용해 서로 다른 국가의 법률에 따라 어떻게 사이트 운영에 차별성을 둘지 판단할 여력이 있고, 필요에 따라 소프트웨어 개발자를 구해 지역화를 도입할 수 있다. 작은 기업에는 그럴 자원이 없다. 반면에 주목받지 않는다는 점이 이점으로 작용하기도 한다. 예를 들어, 미국의 작은 온라인 사이트는 독일에서 혐오 발언을 차단하지 못해도 독일 규제 기관의 관심을 끌 확률이 낮다.

미국에서 표현과 관련된 규제의 틀은 개선돼야 한다. 핵심 문제는 두 가지다. 먼저, 기업들은 혐오로 이익을 남기고 있다. 미국의 대규모 기술 기업들은 많은 국가에서 혐오 발언으로 분류될 콘텐츠를 공유하고 홍보하면서 광고료를 벌고 있다. 이윤이 생기다 보니 기업이 이러한 콘텐츠를 공유할 동기는 충분하다. 둘째로, 기업은 법적 책임이나 절차 없이 임의로 콘텐츠를 삭제할 수 있다.

소셜 미디어 플랫폼뿐 아니라 도메인명 서비스 등록 기업이나 클라우드 플랫폼 등, 다른 플랫폼이 의존하는 인프라 기업 역시 표현에 관해 일방적인 결정을 내릴 수 있는 기업의 힘을 가지고 있다. 인프라 차원의 규제는 피하기 어렵다. 한 예로 애플과 구글은 2021년 1월 온라인 스토어에서 논란이 많은 애플리케이션인 팔러Parler를 삭제했고, 아마존 웹 서비스AWS는 팔러 온라인 사이트 호스팅을 중지했다. 팔러에서의 대화를 통해 2021년 1월 6일 미국 국회의사당 공격이 조직된 바 있었고, 팔러의 폐쇄를 반기는 사람이 많았다. 사이트는 한 달 후 다시 열렸지만, 폐쇄는 여러 의문을 낳았다. 요크 등은 전자 프런티어 재단Electronic Frontier Foundation 블로그에 의견을 남겼다.

이번 결정에는 동의할 수도 있다. 그러나 큰 그림을 볼 때 투명성과 적절한 절차의 요건을 준수한 민주적인 과정은 없었고 앞으로도 그럴 것이다. 인터넷 사용자 대부분과 거리가 먼 몇몇 회사의 몇몇 개인이 은밀하게 결정을 내리기 때문이다.

그 결정에 동의하든 그렇지 않든 우리는 참여할 수 없으며, 그들의 고려 사항에 관해 아는 바도 없을 것이다. 글로벌 디지털 인프라에서 점점 더 집중되는 지점들을 해체하지 않는 이상, 기술 대기업의 힘을 손에 쥐기 위한 각 정당과 국가 사이의 정치적 전쟁은 점점 확대될 것으로 보인다.[9]

표현의 자유와 관련된 미국의 법률은 검열이 미끄러운 비탈길이라는 생각 아래 만들어졌다. 동의할 수 없는 발언을 검열할 것이 아니라 다른 발언으로 대응해야 한다는 취지지만, 실제로는 '정부는 검열할 수 없지만, 사기업은 할 수 있다'로 발전했다. 미국은 **검열을 방지하고 있는 것이 아니라 권한을 위임하고 있을 뿐**이다. 차라리 미국도 표현의 자유와 관련된 법률을 유럽과 유사하게 바꿔야 할지 생각해봐야 한다. 유럽에서는 민주적으로 선출된 대표들이 어떤 표현이 허용돼야 할지 논의한다. 장단점이 있는 복잡한 문제다.

표현의 자유와 관련해 어떤 규칙을 두든 경계선에 있는 말도, 해석하기 어려운 전례 없는 사례도 있을 것이다. 2020년, 페이스북은 어려운 사례를 판단하기 위한 감독위원회Oversight Board를 만들었고 위원회를 페이스북과 독립적으로 운영하려고 노력했다. 비슷한 공공 위원회에서 본보기로 삼을 만한 사례다. 콘텐츠의 허용 범위에 관한 방침을 수립하기 위해, 또한 경계에 위치하고 있어 기존 방침으로 명확한 판단을 내릴 수 없는 사례를 관리하기 위해 민주적이고 투명한 메커니즘이 필요하다.

규칙과 사회 규범

법적으로 문제가 없는 콘텐츠라고 해서 모두 허용되는 것은 아니다. 플랫폼마다 어떤 콘텐츠가 허용되는지에 관한 규정이 있고, 보통은 법률보다 훨씬 제한이 많다. 게다가 사람들은 어떤 장소에서 어떤 콘텐츠를 환영하는지에 관한 사회적 약속에 반응한다.

대부분의 사이트는 어떤 종류의 콘텐츠가 허용되는지에 관해 문서화된 규정을 둔다. 이러한 규정을 포함한 상업 사이트의 서비스 조건terms of service, TOS은 법적 효력이 있는 문서다. 사람들은 보통 TOS를 읽지 않는다. 가입 사이트마다 TOS를 읽으려면 시간이 너무 많이 걸리는 데다 글의 수준도 평균 독해력을 훨씬 뛰어넘는다.[10] TOS는 문제가 생겼을 때 해결 기준이 되지만 아무도 읽지 않기 때문에 신규 사용자가 사이트의 규범을 이해하는 데는 도움이 되지 않는다.

여러 사이트의 TOS가 비슷할 것이라 짐작할 수도 있겠지만, 사실은 차이가 크다. 회원들이 창작한 콘텐츠를 공유할 수 있는 30개 사이트의 TOS 중 지적재산권 부분에 관한 연구에서 케이시 피슬러, 클리프 램프와 나는 놀랄 만한 차이를 확인했다. 어느 사이트의 TOS에 따르면 창작자에게는 어떠한 권한도 없으며 사이트는 업로드된 모든 콘텐츠로 무엇이든 할 수 있는, 취소 불가능하고 세계적인 라이선스를 갖는다. 다른 사이트들은 보다 합리

적이었다. 법적인 조항은 사용자들이 기대하는 공평함과 거리가 멀 때가 많다.[11]

레딧을 예로 들면 TOS와 기타 공개된 정책에서 사이트 전체에 적용되는 규정을 정의하고 있지만, 하위 집단(서브레딧)에서도 집단의 규정을 추가할 수 있다. 각 서브레딧에는 관리자들이 정리한 규정이 있다. 주제가 같은 그룹이라고 해도 허용되는 게시글 내용에는 차이가 있다. 예를 들어, 서브레딧 '과학'에서 허용되는 콘텐츠는 '과학 질문'이나 '일상 과학'에 올라오는 콘텐츠와 다르다. '과학' 그룹에 게시되는 모든 글은 최근 6개월 안에 출간된, 동료 평가를 거친 글이어야 한다. 나머지 두 곳은 과학 관련 주제의 콘텐츠를 더 폭넓게 허용한다.

네이슨 마티어스는 대문에 규정을 걸어놓는 서브레딧의 경우 사람들이 규칙을 준수할 확률이 높아진다는 사실을 확인했다.[12] 기존 그룹의 운영 방식이 마음에 들지 않을 때 직접 그룹을 열 수 있는 것은 레딧의 장점이다. 그룹을 만드는 사람이 규칙도 만든다. 이는 윤리적인 부분에 결정적 영향을 미친다. 세상에 어떤 문제를 논의할 수 있는 장소가 하나뿐이라면, 거기서 할 수 있는 말이 제한돼서는 안 될 것이다. 반면 서로 경쟁하는 공간이 많이 있다면 그룹마다 규칙을 두고 특정한 종류의 표현을 금지해도 정당하다고 볼 수 있다.

물론 규정도 온라인 행동을 규제하는 데 중요한 역할을 하지만, 사람들은 보다 미묘한 방식으로 어떤 공간에서 어떻게 행동해야 할지 배운다. 오프라인을 예로 들면 오페라 극장에서는 자기 좌석에 조용히 앉아 있다가 공연이 끝났을 때만 박수를 친다는 사실을 배운다. 반면 스포츠 경기에서는 언제든 박수를 치고 소리를 지를 수 있으며, 좌석에서 벌떡 일어나도 좋다. 사람들은 오페라에서 조용히 앉아 있고 농구 경기에서는 큰 소리로 응원하는 법을 어떻게 배울까? 5장에서 본 어빙 고프먼의 자아의 연출에 관한 글을 떠올려 보면, 환경의 세부적인 요소가 어떻게 행동해야 할지에 관한 신호를 전달한다. 공간이 어떻게 생겼고, 다른 사람은 누가 있으며, 옷을 어떻게 입고, 어떻게 행동하는지가 모두 신호다. 장소는 미묘한 방식으로, 또는 직접적으로 특정 행위를 장려한다(스포츠 경기의 대형 스크린에 '소리 질러!'라고 글자를 띄우는 것처럼). 사람들은 의식적, 무의식적으로, 때로는 노골적이고 때로는 미묘한 여러 가지 신호를 읽는다.

환경의 신호를 관찰해 오페라에서 어떻게 행동할지 배우듯 페이스북에서도 마찬가지다. 뉴스피드에 올라오는 친구들의 게시글이 어떤 내용인지, 페이스북 그룹의 다른 회원들이 어떤 글을 올리는지 보면서 의식하지 않고도 어울리는 글을 게시하게 되는 것이다. 사람들은 관찰을 통해 어떤 콘텐츠가 허용되고 어떤 콘텐츠가 높이 평가받는지 배운다. 사회 규범은 집단의 행위를 통해 생겨난다.

예의 바른 사이트와 혐오적 사이트

온라인 집단의 행동에서 사회 규범이 발생하므로 집단 차원에서 예의 혹은 무례를 촉진할 수 있다. '온라인 커뮤니티 설계' 강의를 듣는 학생 두 팀은 **스카이림**Skyrim이라는 게임 영상을 게시하는 할머니인 셜리 커리Shirley Curry의 유튜브 채널을 연구했다. 커리의 유튜브 채널에 달리는 댓글을 보면 모든 사람이 놀랍도록 정중했다. 신입이 무례하게 굴면 고인물이 즉시 개입해서 행동을 지적했다("여기서는 그렇게 행동하면 안 된다고!"). 커리는 무례한 사람을 지적하는 과정조차 정중한 형태로 이뤄져야 한다고 주장한다. 이 집단은 예의를 사회 규범으로 발전시켰고 집단의 리더와 다른 구성원들에 의해 규범이 강화됐다.

집단 구성원들이 좋은 행동을 할 때 강화 효과가 있는 것처럼 나쁜 행동도 마찬가지다. 오프라인에서는 개인적으로 혐오 발언을 듣는 경우는 종종 있지만, 집단이 함께 혐오 발언에 참여하는 경우는 감사하게도 많지 않다. 하지만 온라인에서는 상황이 다르다. 뚱뚱한 사람들을 향한 혐오 발언*이 그 사례다. 뚱뚱한 사람을 폄하하는 사람은 너무 많다. 이런 사건에는 주로 가해자와 피해자 양측이 존재한다. 한 무리가 모여 뚱뚱한 사람을 불쾌한 별명으로 부르고 있는데 지나가던 사람이 끼어드는 상황을 생각해보자. 현실 세계에서는 흔치 않은 일이지만 온라인에서는 자주 일어난다. 서브레딧 '뚱땡이 혐오r/fatpeoplehate'가 그 현장이었다. 이 온라인 집단의 관찰자들은 뚱뚱한 사람에 대한 모욕이 집단에서 허용될 뿐 아니라 보상을 받는다는 사실을 빠르게 배운다. 한동안 지켜본다면 이 태도를 내면화할 수도 있다. 비만 문제를 전에 생각해본 적 없는 사람도 혐오의 관점을 갖게 될 수 있으며, 이를 다른 상황(온라인과 오프라인 모두)에서 드러낼 수도 있다. 집단의 행동은 말 그대로 사람들의 신념을 바꿀 수 있다. 중요한 문제에 관한 핵심적인 신념도 예외는 아니다.

이런 집단을 폐쇄하면 어떤 일이 일어날까? 레딧은 2015년 서브레딧 '뚱땡이 혐오'를 폐쇄했고, 이쉬와르 찬드라세카란, 에릭 길버트와 동료들은 그 결과 레딧 전체에 혐오 발언이 줄어들었다는 사실을 발견했다. '뚱땡이 혐오'나 '쿤타운coontown'(인종차별주의자 집단) 등 혐오 집단 구성원들은 다른 서브레딧을 찾아가 이전에 하던 대화를 이어가지 않았다. 그래서 결국 혐오 발언의 총량은 줄어들었다.[13]

* 뚱뚱함을 수용하자는 운동은 '비만'과 '과체중' 등 의료 용어 대신 '뚱뚱하다fat'는 단어 사용을 권장한다.

「사이버 공간에서 개인의 공간 찾기」라는 1996년 논문에서, 나는 소속 집단이 마음에 들지 않으면 다른 집단을 찾거나 집단을 직접 형성하라는 단순한 해결책을 제시했다.[14] 어떻게 보면 이는 여전히 틀린 말이 아니다. 모든 집단이 내 마음에 들 수는 없다. 하지만 25년 이상 지난 지금, 이 문제는 좀더 복잡하다는 생각이 든다. 악한 온라인 집단은 혐오적 관점을 가진 사람들이 뭉치도록 하며, 이들의 관점을 표준으로 만드는 데 기여한다. '뚱땡이 혐오'나 '쿤타운'의 폐쇄는 레딧과 이 세상에 옳은 일이었다. 이런 집단에 속했던 사람들이 보트Voat(2014년부터 2020년까지 운영), 팔러, 갭Gab 등 혐오 발언이 기대되고 허용되는 다른 사이트로 이동했을 수도 있다. 사실 사용자의 플랫폼 간 이동을 추적하는 것은 해결되지 않은 어려운 연구 과제다. 사람들이 실제로 갭이나 비슷한 사이트로 이동했다 해도 이런 플랫폼은 레딧과 비교도 안 되게 작고, 혐오적인 관점을 갖고 있지 않은 사람이 여기에 합류할 확률은 훨씬 낮다.

이는 표현의 자유를 둘러싼 근본적인 긴장으로 이어진다. 무엇이 '악한'지 누가 판단할까? 문화상대주의 관점을 채택하고 싶은 유혹은 강력하다. 그 집단에서 무엇이 허용되는지 집단 구성원이 직접 정하자는 것이다. 하지만 문화상대주의에는 한계가 있다. 가능하다면 관용의 편에 서는 것이 낫겠지만, 나는 위험을 무릅쓰고 '뚱땡이 혐오'나 '쿤타운'에서 표현된 관점이 **틀렸다**고 확언하고 싶다. 표현의 자유와 관련된 미국 법률에 따르면 플랫폼이 이러한 관점의 표현을 제한할 의무는 없고, 플랫폼이 이를 허용하기로 선택한다면 혐오적 관점 역시 용인된다. 즉, **플랫폼은 가치를 표현할 의무가 있으며** 이러한 가치는 일상적인 설계적 판단의 기준으로 작용한다. 플랫폼이 그 가치를 보다 명확히 표현하면 온라인 플랫폼의 규칙과 사회 규범은 개선될 수 있을 것이다. 게다가 플랫폼의 결정은 해당 플랫폼뿐 아니라 사회 전반에 중요하다는 증거가 발견되고 있다. 일부 온라인 집단이 혐오적인 생각을 부추기기 때문에 사회 전체가 혐오의 방향으로 향한다는 것이다.

기술 그리고 소프트웨어

레식의 네 가지 규제 형태 중 다음으로 살펴볼 것은 기술이다.[15] 콘텐츠 관리는 보통 소프트웨어나 인력, 또는 인력과 기계의 '혼합 팀'의 협업을 통해 이뤄진다.

여기서 핵심은 코드(소프트웨어)가 가치를 담고 있다는 것이다. 현실 세계에서는 법률이 규제 수단이지만 온라인에서 실제적인 규제 수단은 코드인 경우가 많다.[16] 레식은 하버드 대학교와 시카고 대학교의 초기 캠퍼스 네트워크를 대조한다. 하버드의 네트워크 설계는 처음부터 보안을 우선시했고 철저하게 통제됐으며 등록된 컴퓨터에서만 접속이 가능했다. 시카고 대학교 캠퍼스 네트워크는 보다 유연했고 표현의 자유를 우선시했으며 누구나 접속이 가능했다. 각 네트워크의 도입 시 구체적인 선택은 우선순위와 가치를 담고 있다. 목표가 서로 다르기에 두 네트워크는 사용자에게 매우 다른 경험을 선사한다. 이와 비슷하게, 온라인 콘텐츠를 어떻게 관리할지 결정하는 모든 선택은 매우 가치판단적이다. 그러한 선택은 종종 코드에 표현돼 있을 뿐 아니라 **코드에 의해 창조**되기도 한다. 소프트웨어의 행동유도성, 즉 사용자의 어떤 행동을 쉽고 어렵게 만드는지는 어떤 종류의 표현을 허용할지에 관한 플랫폼 소유자의 결정과 불가분의 관계에 있다.

콘텐츠 규제를 위한 자동화 시스템 중에는 단순한 것들이 있다. 샤군 자베르, 에릭 길버트와 함께 레딧의 오토모드 도구를 연구한 결과 여러 가지 강점과 약점을 찾아냈다.[17] 오토모드는 게시글 제거 여부를 판단할 때 인간 관리자가 만든 규칙에 따른 단순한 단어 매칭을 사용한다. 오토모드에 비속어 목록을 입력하면 해당 단어가 포함된 게시글이 제거된다. 고정된 단순 코드 패턴이라 어이없는 일이 자주 일어난다. 예를 들어, 나는 최근 '코로나 바이러스r/coronavirus' 서브레딧의 댓글을 관리하면서 "알렉산드리아 오카시오-코르테스Alexandria Ocasio-Cortez는 보스턴 대학교에서 우등cum laude으로 졸업했다"라는 댓글을 재승인해야 했다. 'cum('사정하다'의 속어)'이 외설적인 단어 목록에 있어서 오토모드가 댓글을 삭제한 것이다.

시스템의 구체적인 작동 방식은 사용자에게 공개되지 않는데, 투명하게 공개하면 시스템을 속일 수 있기 때문이다. 욕설 단어를 금지해도 사용자가 철자를 다르게 쓰기만 하면 필터를 통과할 수 있다. 그리고 이 철자를 금지하면 다시 철자를 바꾸면 된다. 스티비 챈슬러는 인스타그램이 거식증을 조장하는 게시글과 관련된 단어를 금지하면서 일어난 단어의 변화 과정을 기록했다.[18] 관리자는 차단 키워드 목록에 변형된 단어를 추가하고 사용자들은 다시 단어를 변형하는 끝없는 경쟁이 일어나면서 금지어 목록을 공개하지 않는 사이트가 많아졌다. 사용자는 자신의 게시글이 부적절해서 삭제됐다는 사실만 알 수 있을 뿐 어떤 금지어 때문에 삭제됐는지는 알 수 없다. 결국 투명성의 역설이 존재한다. 사용자는 투명성을 원한다. 콘텐츠를 만드는 데 시간을 투자하기 전에 무엇이 허용되는지 알고 싶어 한다. 마찬가지로, 사이트 관리자는 허용 범위를 사용자에게 정확히 전달해 콘텐츠 삭제에 필요한 업무량을 줄이고 싶다. 그러나 규칙을 너무 명확히 전달하면 시스템을 피해갈 수 있기에 그렇게 할 수 없다.

현재의 컴퓨터는 패턴 매칭에 매우 뛰어나지만 미묘한 차이를 판단할 수는 없다. 컴퓨터 시각 장치는 현재 대규모 이미지 데이터베이스에 이미지를 매칭하는 데까지 발전했다. 컴퓨터에 개 사진 수백만 장이 있으면, 사진 한

장을 보고 다른 수백만 장과 비슷한지 확인해 개인지 아닌지 판단할 수 있다. 이 접근법을 머신러닝machine learning, ML이라 하며, 특히 강력한 형태가 딥러닝deep learning이다.

컴퓨터 시각 장치는 나쁜 이미지를 온라인 사이트에서 제거하는 데 특히 효과적이다. 예를 들어, 신뢰도 높은 나체 탐지 프로그램을 만들어 자동으로 나체 이미지를 삭제할 수 있다. 인상적인 성취가 아닐 수 없다. 가린 듯 만 듯한 비키니를 입은 사람의 사진과 나체라고 정의되는 사진이 미묘한 차이로 구별된다는 점을 고려한다면 특히 그렇다.

이미지에 사용되는 기술을 텍스트에도 적용할 수 있다. 혐오 발언을 수집한 데이터와 특정 발언이 일치하는지 비교해 혐오 발언을 감지하는 방식이다. 하지만 이 문제는 근본적으로 더 어렵다. '이 말은 모욕적인가'라는 질문은 '이 사진은 개인가'라는 질문보다 모호하다. 사실 특정한 발언을 놓고 이것이 혐오 발언인지, 특정한 온라인 장소에 적절한 콘텐츠인지 합의에 이르기는 인간 두 명에게도 어려운 일이다.

ML 접근법의 문제 중 하나는 입력되는 데이터의 질이다. 동료 주디 호프먼은 사람들이 온라인에 공유하는 사진을 많이 모으는 것만으로는 개 사진 탐지 프로그램을 만들 수 없다고 지적한다. 그런 자료로는 앞을 보고 있는 개를 매우 잘 구별하는 프로그램 정도를 만들 수 있을 것이다. 사람들은 보통 뒤에서(또는 다른 각도에서) 찍은 개 사진을 올리지 않으며, 따라서 견주들이 올린 사진으로 만든 인식 소프트웨어는 정면을 보고 있는 개밖에 알아보지 못한다. 머신러닝은 처음 보는 사례를 일반화할 수 없다. 매칭을 위한 데이터가 너무 적거나 시스템적으로 편향된 경우 문제가 된다.[19]

혐오 발언을 파악하는 데이터도 마찬가지다. 매칭을 시작하려면 나쁜 말이 많이 필요하고, 무엇이 '나쁜'지는 맥락에 따라 복잡한 차이가 있다. 이쉬와르 찬드라세카란 등은 사회 규범에는 레딧 사이트 전체(거시적macro)나 사이트의 상당한 부분(전반적meso)에 적용되는 것이 있고, 그보다는 순전히 지엽적인(미시적micro) 것이 있다는 사실을 밝혔다.[20] 이러한 세 단계는 다른 사이트에도 비슷하게 존재하며, 자동으로 거시적, 전반적, 미시적 수준에서 콘텐츠 위반을 탐지하는 효율적인 도구는 아직 개발되지 않았다.

ML 기술의 필수 과제는 설명 가능성이다. ML 접근법은 '이 콘텐츠는 나쁜 콘텐츠로 보인다'고 광범위한 판단은 할 수 있지만 **왜** 특정 콘텐츠가 수용될 수 없는지 인간이 이해할 수 있는 설명을 내놓지는 못한다. 이는 ML 시스템을 신뢰할지 여부를 판단하는 사람에게 문제가 되며, 효율적인 인간-기계 혼합형 판단 시스템을 설계하는 데 장애물로 작용한다.

관리 제도 도입하기

대부분의 콘텐츠 관리 시스템에서는 소프트웨어가 온라인 콘텐츠 검토의 제1차 관문으로 쉬운 사례에 관한 판단을 내리고, 판단이 어려운 사례를 검토하는 일은 인간에게 넘긴다. 인간과 기계의 협업이다. 이 절차의 각 단계에는 개선의 여지가 있다. 먼저, 플랫폼은 정책을 더 명료하게 표현하고, 그 시행을 책임지는 소프트웨어 및 인력 시스템을 만들어야 한다. 그러면 소프트웨어는 콘텐츠에 관해 더 나은 판단을 내리고 무엇을 인간 검토 단계로 보낼지 선택할 수 있으며, 정책 시행을 책임지는 인간은 일관되고 공정하게 일할 수 있다.

인간의 역할을 보자면, 각 사이트에서는 자원봉사자와 유급 노동자를 다른 비율로 사용한다. 자원봉사자들이 왜 기업을 위해 기꺼이 무급 노동을 하는지는 흥미로운 질문이다. 2장에서 사람들이 시민 과학과 오픈 소스 소프트웨어 등 온라인에서 협업해 콘텐츠를 창조하는 데 기여하는 동기를 탐구했다. 자원봉사자들은 뭔가 의미 있는 일에 함께하고 있다는 기분을 즐기며, 집단 내에서 공동체 의식을 느낀다. 마찬가지로, 자원한 관리자는 보통 자신이 이끄는 집단에 마음을 쓰고, 관리자 역할을 맡으며 높아진 지위를 즐긴다. 자원봉사자 사이에 강력한 동료 의식이 있어서 집단을 위하는 마음으로 시간을 투자하는 경우도 있다. 2장에서 봤듯 사람들은 종종 사회적, 심리적 보상을 위해 온라인 집단에 시간을 투자한다.

1990년대, 아메리카 온라인America Online*의 초기 자원봉사 관리자들은 무료 계정을 제공받았다. 아메리카 온라인은 대중적으로 채택된 최초의 온라인 서비스 중 하나였다. 초기 서비스는 다이얼 접속dial-up(모뎀과 전화선으로 하는 인터넷 접속)이었고 사용자들은 시간당 요금을 냈다. 당시에는 너무 오랜 시간 접속하면 어마어마한 금액의 청구서가 쌓이곤 했다. 그래서 자원 관리자에게 제공되는 완전 무료 무제한 계정은 엄청난 특전이었다. 1995년, 아메리카 온라인은 모든 회원이 월 15.95달러로 무제한 접속할 수 있는 정액권을 출시했다. 하지만 자원 관리자는 전과 다름없이 무료 계정을 유지하기 위해 특정 시간을 일해야 했다.[21] 이전에는 월 수백 달러 이상의 가치가 있었던 특전이 갑자기 15.95달러에 지나지 않게 된 것이다. 1999년, 관리자들은 아메리카 온라인을 대상으로 소송을 냈다. 직원 취급을 받으면서 최저임금보다 적은 돈을 받고 있다는 것이었다. 10년 후 아메리카 온라인이 1,500만 달러를 보상하라는 판결이 났다.[22] 흥미로운 역사적 순간이었다. 자원봉사 관리자는 어떤 사람들이며, 이들과 기업의 관계는 어떠하며, 왜 시간을 투자하는지에 관한 초기의 갈등을 보여주기 때문이다.

* 옮긴이_ 미국에서 가장 많은 사용자를 확보하고 있는 PC 통신망의 하나. 이메일, 공개 자료실, 뉴스, 금융, 동호회, 온라인 게임, 백과사전 등 다양한 서비스를 제공한다.

콘텐츠 관리 분야의 유급 노동자는 크게 두 분류로 나뉜다. 정책을 결정하고 어렵고 핵심적인 결정을 내리는 고임금 노동자와, 불쾌한 콘텐츠를 대량으로 검토하고 빠른 결정을 내리는 저임금 노동자다. 저임금 노동자는 보통 임금이 극히 낮은 남반구 저개발국에 위치한다. 새라 T. 로버츠는 이들 노동자의 근로 조건을 연구했고, 충격적인 콘텐츠를 장시간 보면서 일하기 때문에 심각한 심리적 피해를 입을 수 있다는 결론을 밝혔다.[23] 이와 같은 상업적인 콘텐츠 관리를 하는 노동자들이 받는 훈련 수준은 저마다 다르고 가이드라인 역시 명확하지 않을 때가 있다. 게다가 이들의 작업이 가이드라인을 준수하는지 확인하는 과정이 없기 때문에 일부 노동자는 전달된 가이드라인을 따르지 않고 개인적인 가치를 적용하기도 한다.[24]

이를 종합해보면, 콘텐츠 관리에는 사람, 정책, 사회적 실천, 도구의 복잡한 조합이 필요하다. 이들 요소는 모든 면에서 상호의존적이다. 예를 들어, 도구의 본질에 따라 도입되는 기본 정책이 달라질 수 있다. 하기 쉽거나 할 수 있는 일을 하게 되기 때문이다. 도구의 본질은 또한 사람들의 행동을 좌우한다. 이러한 상호의존적 연결망에서 복잡하고 때로 예상할 수 없는 방식으로 중요한 결정 사항이 발생한다.

나쁜 콘텐츠 예방하기

부적절한 콘텐츠가 게시된 다음에 삭제할 수도 있지만, 애초에 사람들이 나쁜 콘텐츠를 올리지 않게 유도하는 편이 더 나은 방법이다. 고의로 사회 규범을 위반하는 사람들의 목적은 보통 즐거움이다. 휘트니 필립스는 "재미lulz를 위해" 일부러 남들을 자극하는 트롤의 심리를 기록한다.[25] 2장에서 일부 참여자가 의도적으로 방해하면 온라인 협업이 훨씬 어려워진다는 사실을 확인했다. 하지만 이런 경우와는 달리 사회 규범을 위반하는 콘텐츠의 상당수는 단지 게시자가 규칙을 이해하지 못했기 때문에 공유된다. 설계 단계에서 사용자 간의 기대치가 공유되도록 노력하면 나쁜 행동과 나쁜 콘텐츠의 양을 큰 폭으로 줄일 수 있다. 의도적이든 아니든, 이미 만들어진 나쁜 콘텐츠에 대처하는 것은 매우 어려운 과제다.

집단마다 콘텐츠와 행동 문제가 나타나는 정도는 다르다. 먼저, 요란한 홍보를 하지 않는 소규모 집단은 해당 집단의 목표에 동의하지 않는 사람들의 이목을 끌지 않는다. 하지만 같은 주제라고 해도 가장 규모가 크거나 중요한 곳이라면 많은 사람이 찾을 것이다. 작은 집단에는 파괴적인 사람이 찾아올 확률이 낮다. 집단을 거창하게 포장하지 않으면 스스로의 중요성을 강조하는 집단에 비해 파괴적인 사람이 찾아올 확률이 낮다. 1장에서 다룬 레이 올든버그의 관찰을 떠올려보자. 일부 제3의 장소가 검소함을 '보호색'으로 사용하는 경우와 유사하다.[26]

둘째로, 토론 포럼의 경우 주제의 민감도에 따라 문제적 행동의 빈도가 결정된다. 정치나 낙태 등 논란이 많은 주제를 다루면 뜨개질이나 하이킹 같은 취미를 이야기하는 공간보다 과열될 소지가 많다.

시간이 지나면서 어떤 공간은 친밀해지고(셜리 커리의 유튜브 채널처럼) 어떤 공간은 불량한 분위기(온라인 게임 〈오버워치〉나 〈리그 오브 레전드〉처럼)를 띠게 된다. 설계자에게는 흥미로운 질문이 생긴다. 불량한 문화는 어떤 요소 때문에 발생할까?

온라인 조리돌림

나쁜 행동은 개인의 행동만이 아니라 집단적으로 나타나기도 한다. 앞에서는 집단의 구성원들이 서로 나쁜 행동을 부추기는 사례를 다뤘다. 또한 나쁜 행동을 목적으로 하지 않았는데 결과가 나쁜 경우도 있다. 행동의 규모가 문제가 되는 경우다. 한 명, 심지어 열 명이 말했더라면 적절했을 말을 백 명, 천 명이 한다면 어떨까? 이들의 발언 하나하나는 문제가 없지만 쏟아지는 말의 규모 때문에 공격이 될 수 있다.

온라인 조리돌림 사례를 생각해보자. 가끔은 비판적인 피드백이 필요하다. 사람들은 인터넷을 통해서 착취적인 기업의 행태에, 또는 개인의 나쁜 행동에 목소리를 내곤 한다. 하지만 이 과정이 도를 넘을 때가 있다. 한 사람의 행동이 인터넷에서 일파만파 퍼지며 정당한 수준을 훌쩍 넘어선 대응을 유발하는 것이다. 예를 들어, 2005년 6월 한국에서 한 젊은 여성의 개가 지하철에서 대변을 봤다. 주인이 개똥을 치우지 않자 목격자가 사진을 찍어 인터넷에 올렸다. 사진은 널리 공유됐고 곧 주인공의 신원이 밝혀졌다.*

이 여성은 어떤 벌을 받아야 마땅할까? 벌금을 내는 정도일 것이다. 지하철을 청소하는 공공 봉사 등 더 강력한 처벌을 생각할 수도 있다. 하지만 실제로 이 여성은 불특정 다수가 퍼붓는 온라인 공격을 견디지 못해 대학을 자퇴하고 말았다. 지나친 대가를 치른 셈이다. 무례했다고 말할 수 있는 행동이었지만 **모두**가 입을 모으는 것이 문제다. 시간이 지나면서 인터넷 여론은 통제 불능 상태로 빠져들었다.

이 사건을 촉발한 행동(반려견의 똥을 치우지 않은 여자)은 인터넷과 전혀 관련이 없지만, 그 다음으로 이어진 온라인 조리돌림은 컴퓨터가 매개하는 의사소통이 있었기에 일어난 일이다. 온라인에서 일어난 사건이 기폭제가 되는 경우도 있다. 저널리스트 존 론슨의 강렬한 기사 「멍청한 트윗 하나

* https://en.wikipedia.org/wiki/Dog_poop_girl

는 어떻게 저스틴 사코의 삶을 망쳤는가」를 읽어보면 자세한 사례를 알 수 있다.[27] 온라인 조리돌림이 엄청난 비극을 낳는 사례는 점점 늘고 있다.

인공지능과 딥페이크

'온라인 커뮤니티 설계' 강의의 최종 과제는 온라인 커뮤니티, 소셜 미디어, 인터넷이 앞으로 10년 후 어떻게 달라져 있을 것이라고 생각하는지 두 장짜리 보고서를 쓰는 것이다. 2020년 봄, 박사 과정 학생 대니얼 응케멜루는 다음 글을 제출했다(허락을 받고 이 책에 싣는다).

지금으로부터 10년 후, 소셜 미디어는 여전히 정보를 검색하고, 창조하고, 공유하는 주요 수단일 것이다. 진정한 저널리스트가 되려면 고도로 전문화된 기술은 물론 더 많은 요소가 필요하다. 즉, 이번 세기에는 저널리즘의 기술에 특히 다른 접근이 요구될 것이다. 이러한 지점과 최근 인터넷의 발전을 염두에 두고, 『보스턴 글로브The Boston Globe』의 짐 야들리Jim Yardley는 2008년 12월 20일 다음과 같이 간결한 선전포고를 발표했다(테크더트Techdirt의 허가로): 우리는 곧 소셜 미디어의 세계로 들어서게 될 것이다 – 이 세계에서, 의사소통 혁명의 선두에 설 기업은 이미 수십억 달러를 벌어들이고 있다. 바로 페이스북이다. **또한 인터넷은 우리에게 흥미로운 과제와 기회를 안겨준다.** 먼저, 지적인 아이디어 추구는 오늘날의 주된 철학적 사업이며 이 과정은 온라인에서 이뤄질 것이다. 도서관을 방문해서 백과사전을 읽거나 학구적 대화에 참여할 여력이 있는 사람이 줄어들기 때문이다. 하지만 위키피디아와 같은 새로운 자원은 모두가 이러한 대화에 참여해 자신의 생각을 더하고 새로운 콘텐츠를 창출하도록 도울 것이다. 마지막으로, 인터넷의 여러 네트워크가 연결되며 지식 전파에 기여할 것이다. 바깥 세계가 의사소통 채널이 되며 매우 성공적일 경우 더 중대한 사회적 의사소통을 위한 교점으로 작용하리라는 일반 원칙을 확인할 수 있을 것이다.

아직 눈치채지 못했다면, 위 글은 모두 인공지능의 작품이다. 일부 예시 문장을 기반으로 텍스트 샘플을 합성하는 오픈AIOpenAI의 GPT-2 트랜스포머 기반 모델을 통해 작성된 글이며, 굵은 글씨로 된 부분만 내가 쓴 문장이다. 사실 조금만 다듬었더라면 합성된 문장을 알아채기는 더 어려웠을 것이다. 소셜 미디어와 인터넷이 10년 안에 어떻게 바뀔지 상상하며, 오늘날의 플랫폼이 GPT-2와 같은 모델의 힘으로 운영되는 새로운 자동화 참여자의 대량 유입에 얼마나 대비되지 않은 상태인지 다시 한번 생각해본다.

응케멜루가 옳다. 우리 사회는 자동으로 생성되는 콘텐츠의 유입에 우려스러울 정도로 무방비 상태다. 자동 생성 콘텐츠는 어떤 미디어에도 존재할 수 있다. 최근 연구는 가짜 영상이나 딥페이크deep fake를 탐지하는 데 집중돼 있다. 2018년, 공인들이 말한 적 없는 내용을 말하는 영상이 인터넷에 퍼지기 시작했다.[28] 대중을 조종하는 데 쓰일 수 있는 무서운 방법이다. 체스니와 시트론의 다음 글을 보자.

아이디어 시장에서는 이미 네트워크화된 정보 환경과 인간의 인지편향이 해로운 방식으로 상호작용하며 진실이 사라져가고 있다. 딥페이크는 이 문제를 심각하게 악화시킬 것이다. 개인과 기업은 새로운 형태의 착취, 위협, 고의적인 방해 행위를 마주할 것이다. 민주주의와 국가 안보에 대한 위협 역시 심각하다.[29]

영상을 조작하면 데이터에 추적 가능한 증거가 남기 때문에 영상이 원본이 아님을 파악하는 프로그램을 만들 수 있다. 앞으로 생성 프로그램과 탐지 프로그램은 서로 경쟁하며 점점 정교해질 가능성이 크다. 하지만 영상 조작을 완벽히 탐지할 수 있다고 해도 사람들이 그 사실에 관심을 기울일지, 영상이 진짜 또는 가짜라는 사실을 믿을 것인지에 관한 문제가 남는다. 응케멜루의 과제와 같은 자동 생성 텍스트는 영상보다 영향력은 적을 수 있지만 감지하기는 더 힘들 것이다.

합성 미디어가 긍정적으로 사용될 여지도 많다. 예를 들어, 현실적인 상호작용을 할 수 있는 트레이닝 시뮬레이션이나 게임 서사를 위해 진짜 같은 대화를 생성할 수 있다. 배우가 촬영 중 사망했을 때 영화를 완성하기 위해 합성 영상을 적용하는 흥미로운 사례도 있었다(다만 실제 인간과 유사한 합성 영상의 향후 사용과 남용에 관련된 복잡한 법적 문제를 일으켰다). 인간 형태의 디지털 비서나 로봇에도 물론 합성 대화가 필요하다. 점점 발전하는 합성 미디어는 다양한 용도로 쓰일 엄청난 잠재력이 있지만, 영향력이 큰 만큼 엄청난 규모의 연구 시간(과 자금)을 투자해 더 정교한 탐지 프로그램을 만들어야 할 것이다. 대니얼 응케멜루가 지적하듯 아직은 준비가 되지 않았다.

떠날 것인가, 남을 것인가

온라인 플랫폼에 성희롱과 부적절한 콘텐츠가 난무한다면 플랫폼 질이 하락했다는 의미다. 앨버트 허시먼은 고전 저서 『떠날 것인가, 남을 것인가Exit, Voice, and Loyalty』*에서 상품이나 서비스에 불만족한 고객은 두 가지로 대응할 수 있다고 주장한다.[30] 먼저, 떠나는 것, 즉 이탈exit이다. 이탈은 경제적 전략이다. 고객은 떠남으로써 조직에 품질을 개선하라는 압박을 가한다.

떠나는 대신 경영진에 불만을 표현할 수도 있다. 이것은 항의voice로, 정치적 전략이다. 항의에는 (대부분 상황에서) 이탈보다 더 많은 노력이 필요하며, 더 불확실하다. 목소리를 내기 위해 노력을 투자했는데 이득이 없을 수도 있다. (인터넷이 아직 몇 개 대학의 소규모 연구 네트워크였을 시절인) 1970년 저서에서 허시먼은 "고객이 불만을 의사소통할 수 있는 효과적인 새로운 채널의 창조"[31]로 인해 대응책으로써 항의의 가치가 높아지리라고 내

* 편집자_『떠날 것인가, 남을 것인가』(나무연필, 2016)

다봤다. 인터넷은 허시먼이 상상한 것 이상으로 효과적인 채널을 열었다. 트위터와 같은 소셜 네트워크는 대중이 의견을 낼 수 있는 완전히 새로운 방식을 창조했다.

이탈과 항의는 서로 영향을 미친다. 허시먼은 이탈하는 고객이 가장 품질에 관심이 많으며 이 고객들의 선택이 항의를 저해한다고 지적한다. 예를 들어, 교육에 관심이 많은 사람들이 모두 아이를 사립 학교로 전학보내면 공립 학교는 가장 목소리 높여 교육의 질을 개선하라고 주장할 지지자를 잃는 셈이다.

허시먼의 세 번째 개념은 충성심loyalty이다. 충성심은 "이탈을 막고 항의를 유발한다."[32] 이탈, 항의, 충성심이라는 세 개념은 모두 일종의 생태계에서 서로 영향을 미친다.

이 모델은 '품질'의 본질에 관한 의견이 사람마다 다르기 때문에 더욱 복잡하다. 두 집단이 한 제품에 관해 상충되는 비전을 갖고 있다고 하자. 기업은 두 비전이 합의를 이루길 바라겠지만, 한 집단이 이탈할 가능성이 더 높다면 이들을 먼저 챙길 것이다. 흥미로운 역학 관계가 펼쳐진다. 이 모델을 온라인 플랫폼에 적용해보자. 한 집단은 표현의 자유를 더 엄격히 보호하길 바라고, 다른 집단은 성희롱과 오정보를 막으라고 요구한다. 이해관계의 균형을 위해 기업은 다양한 부분을 고려한다. 각 집단의 규모는 어떠한지, 어느 쪽이 좌절해 떠날 확률이 더 높은지, 각 집단은 얼마나 적극적으로 목소리를 내는지, 자기 주장을 펼치는 구성원들은 조용한 구성원들의 관점을 정확히 대변하고 있는지, 아니면 평범하지 않은 요구를 하고 있는지 등이다. 허시먼의 모델은 이 딜레마를 해결할 수 있는 도구를 제공한다. 플랫폼이 사이트 사용자 수와 이윤을 극대화하려는 목표로만 움직인다면 두 집단을 얼마나 만족시킬 수 있을지에 관해 복잡한 계산을 해야 한다. 반면 어떤 담론을 지지할지에 관한 가치에 따라 움직인다면 판단은 보다 단순하다.

레딧은 이탈과 항의가 조화를 이루며 기능하는 사례다. 레딧은 수백만 개 서브레딧으로 이뤄져 있고 누구나 서브레딧을 새로 만들 수 있다. u/sirt6이라는 사용자는 서브레딧 '과학'의 엄격한 방침이 마음에 들지 않아서 '일상 과학'이라는 새로운 서브레딧을 만들었고, 이 서브레딧은 빠르게 성장해서 구독자 10만을 넘겼다. 레딧이라는 플랫폼 전체를 이탈하지 않고도 쉽게 레딧의 하위 집단을 이탈할 수 있다는 점은 관리의 전략적 이점이다. 레딧은 효과적인 항의 절차를 두고 있다. 사용자의 항의에는 서브레딧의 자원봉사 관리자들이 대응한다. 사용자는 자동 생성 답변이 아닌 사람이 직접 쓴 답변을 받을 가능성이 크고, 서브레딧의 규모와 관리 여부에 따라 토론으로 이어지기도 한다. 트위터나 페이스북 중앙 관리 팀에 항의 메일을 보내고, 한참 후 정해진 양식처럼 보이는 답변을 받았을 때의 기분과는 대조된다. 항의해도 소용없다고 느껴지면 이탈을 택할 확률이 높다. 허시먼의 저서는 여러 면에서 인터넷을 이해하는 데 도움을 주기 위해 쓰인 책처럼 느껴진다.

가치가 중요하다

결국 온라인 콘텐츠 관리에서는 가치가 중요하다. 어떤 사이트를 만들고 싶으며, 그 사이트를 통해 어떤 세상을 만드는 데 기여하고 싶은가? 이러한 가치 중 하나는 표현의 자유다. 그러나 이는 성희롱으로부터 자유로울 권리 등 다른 가치들과 팽팽히 맞닿아 있다. 이와 같은 다양한 요구 사이에서 균형을 맞추기는 쉽지 않다. 온라인 공간이 하나가 아니라는 점은 다행이다. 여러 공간을 만들어 서로 다른 방식으로 균형을 찾을 수 있기 때문이다.

정리하기

어떤 콘텐츠가 허용되는지에 관한 정책과 이 정책을 시행하는 사회적, 기술적 메커니즘은 필연적으로 뒤얽혀 있다. 행동을 규제하는 요소로는 법률, 사회 규범, 기술이 있다.[33] 각 요소는 이해하기 복잡하며, 사용하는 방식을 개선할 여지가 충분히 남아 있다.

정부는 인터넷 같은 신기술에 발맞춰 법률을 바꾸지 못하고 뒤처지는 경우가 많다. 어떤 콘텐츠가 허용되는지에 관한 법률은 국가마다, 또 지역마다 다르다. 혐오 발언의 공식 정의와 혐오 발언의 허용 여부가 가장 민감한 논란거리다. 대부분 국가에서 혐오 발언은 불법이지만, 미국에서는 검열의 부작용에 관한 우려로 혐오 발언이 용인된다. 미국 수정헌법 제1조는 정부가 표현의 자유를 제한할 수 없다고 선언하지만, 사기업 플랫폼에는 이 조항이 적용되지 않으며 원하는 규제를 부과할 수 있다.

행동 규칙은 명시적인 규칙(서비스 조건 등)으로 정의되기도 하지만 집단의 행동에서 사회 규범이 생성되는 경우가 더 많다. 사람들은 다른 사람의 행동을 관찰하며 배운다. 온라인 사이트의 설계자들은 사용자가 특정 행동을 보이기를 기대하면서 사용자 행동에 미묘하게 영향을 미치는 상황을 만든다.

부적절한 콘텐츠가 나타난다는 것은 온라인 서비스 품질 하락으로 볼 수 있다. 이러한 콘텐츠에 불만족하는 고객은 두 가지 핵심 전략으로 대응할 수 있다. 이탈(플랫폼 떠나기, 경제적 전략)과 항의(불만 표시하기, 정치적 전략)다. 사람들이 플랫폼에 충성한다면 항의할 확률이 더 높고 이탈할 확률은 낮다. 이탈, 항의, 충성심의 역학 관계는 온라인 플랫폼과 콘텐츠를 관리하기 위한 기업의 노력을 이해하는 데 도움이 된다.

응용하기

법률, 사회 규범, 기술은 함께 온라인 행동을 규제한다. 또 하나의 요소인 시장은 7장에서 따로 다룬다. 온라인 행동을 규제하기란 내가 이 책을 쓸 당시에는 불가능에 가까운 과제로 보였고, 인터넷의 본질적인 문제로 여겨졌다. 앞선 네 요소 각각과 그 상호 관계에 집중하면 상황을 개선할 수 있다.

플랫폼은 표현의 자유나 성희롱과 오정보 차단 등의 문제와 관련해 서로 다른 하위 집단의 욕구를 반영하고 신중하게 균형을 맞춰야 한다. 하지만 양쪽을 다 만족시키려고 하면 누구도 행복하지 않은 상황이 만들어질 수 있다. 그보다는 플랫폼이 가치의 가이드라인을 작성하는 편이 낫다. 다시 말하면 어떤 사이트는 '어떤 말이라도 할 수 있는 곳'을 표방하고, 또 어떤 사이트는 '여기서 정의하는 정중함에 따라 정중하게 행동해야 하는 곳'을 지향할 수 있다. 그러나 이는 여러 플랫폼이 상충하는 가치를 대변하며 존재해야만 공평하다.

우리는 천 송이의 꽃을 피울 수 있다. 즉, 각자 다른 가치 기준을 가진 사이트를 열고 개인이 가장 적절한 곳을 찾아가게 할 수 있다. 너무 극단적인 발언은 어떤 곳에서도 허용되지 않아야 할지는 여전히 어려운 문제다. 어떤 발언이 '너무 극단적'인지는 누가 판단할 수 있을까? 예를 들어, 오늘날까지도 무신론 옹호가 중범죄인 나라가 존재한다. 그래서 나는 아무리 극단적인 발언도 어디선가 허용돼야 한다고 믿는다. 다만 이러한 발언을 그 나름의 구역에 가둬놓으면 부정적 영향을 줄이고 전염되는 본질을 제한하는 데 도움이 될 것이다.

07

비즈니스 모델은 온라인 커뮤니티에 어떤 영향을 미칠까?

기술을 그 자체로만 이해할 수는 없다. 기술을 창조하고, 기술이 사용되는 사회 체계와 분리할 수 없기 때문이다. 인간-컴퓨터 상호작용 연구자들은 사회기술적 시스템을 고려해 세계에서 구현되는 기술을 연구한다. 딕스 등에 따르면 "사회기술적 모델은 설계의 기술적, 사회적, 조직적, 인간적 측면을 고려한다. 기술은 고립돼 개발된 것이 아니라 보다 넓은 조직적 환경의 일부이므로 사회적, 기술적 문제를 함께 고려하는 것이 중요하다."[1] 경제적 측면 역시 사회기술적 시스템의 구성 요소지만 주목받지 못하는 경우가 많은데, 이 장에서는 시장이 광범위한 사회 환경의 결정적인 부분임을 주장한다. **재원 조달 방식에 따라 기술의 향방이 달라진다.**

현 인터넷의 전신인 최초의 컴퓨터 네트워크 아파넷ARPANET은 미 국방부가 후원하는 연구 프로젝트에서 개발됐다.[2] 오늘날 인터넷(물리적 차원부터 적용의 차원까지)에 들어가는 자금은 일부는 정부에서, 일부는 기업에서 지원한다. 소규모 온라인 플랫폼은 비영리인 경우도 있지만(매터모스트Mattermost와 마스토돈Mastodon 등) 대부분은 기업이 운영하며 광고료나 사용료로 수입을 올린다. 온라인 사이트가 수익을 얻는 방식은 사이트에 강력한 영향을 미친다.

이 장에서는 경제적 요인이 콘텐츠 관리와 온라인 상호작용에 영향을 미치는 세 가지 근본적인 방식에 집중한다. 먼저, 사이트 가입이나 참여가 유료라면 누가 그 비용을 감당할 수 있는지, 또 지불하기로 선택하는지에 영향을 미친다. 둘째로, 고객 서비스에는 많은 비용이 들며, 이에 따라 나쁜 행동의 관리 방식과 수준이 근본적으로 좌우된다. 셋째로, 사이트가 어떻게 이윤을 남기는지에 따라 우선순위, 설계적 선택, 정책이 달라진다.

사이트 사용료와 콘텐츠 품질의 관계

앞 장에서 래리 레식이 말한 행동을 규제하는 네 가지 요소를 설명했다. 법률, 사회 규범, 기술, 시장이다. 시장이 행동에 미치는 영향을 설명할 때 레식은 흡연을 예로 든다. 담배세를 올리면 흡연자가 줄어든다. 시장은 행동을 규제하는 고전적인 방식이며, 현실에서와 마찬가지로 온라인 행동에도 영향을 미친다.

오늘날, 사람들은 사이트가 무료인 데 익숙하다. 소위 무료 사이트에서 사용자들은 보통 개인정보 제공을 동의하거나 타깃 광고를 보는 방식으로 사용 대가를 지불하고 있다. 하지만 사이트 접속에 비용이 들면 심지어 명목상의 소액 요금도 사용자 행동을 극적으로 바꿔놓는다. 초창기 커뮤니티 네트워크인 버클리 커뮤니티 메모리Berkeley Community Memory는 이 방식으로 훌륭한 성과를 거뒀다. 저질 게시글이 범람하자 게시글 하나당 소정의 금액(단 25센트)을 청구하기 시작했고, 그 결과 사이트 콘텐츠의 품질이 개선된 것이다.[3] 앞에서 동료 평가가 콘텐츠 품질을 보장하는 강력한 힘이라는 점을 다뤘다. 소액의 참가비가 자기 심사를 유도했고 이 역시 강력한 효과가 있었다.

소액의 요금이라 해도 그 영향력은 크다. 거침없는 토론이 벌어지는 사이트 썸씽 어풀 포럼Something Awful Forums, SAF*은 양질의 토론을 자랑한다. 신규 사용자는 일회성 요금(이전에는 5달러, 지금은 9.95달러)을 내고 유료 계정으로 전환할 수 있으며, 그렇지 않으면 '멍청한 신입stupid newbie'이라는 아이콘을 달고 다녀야 한다. 단순한 필터지만 대화 수준을 높이는 데 굉장한 효과가 있다.[4]

SAF에 합류하기 위해 요금을 내는 제도에는 사람들이 나쁜 행동을 하려다가도 멈칫한다는 훌륭한 부수 효과가 있다. 온라인 사이트에서 계정이 차단되면 보통은 그냥 새 계정을 만들면 된다. 일부 서브레딧은 이를 막기 위해 너무 최근에 만들어졌거나 카르마(게시글과 댓글에 찬성표를 받았을 때 받는 점수)가 낮은 계정의 접근을 막는다. SAF의 경우 가입비가 우아한 장애물 역할을 한다. 계정이 차단되면 다시 9.95달러를 내야 하기 때문이다.

물론 금액이 높으면 효과는 더 크다. 현실 세계에서는 고액이나 초고액의 요금을 부과해서 잠재 회원을 거르는 사교 클럽이 많다. 이런 곳에서는 상류층이 사교 활동을 하고, 자연히 불평등을 재생산하는 장소가 된다. 엘리트

* www.somethingawful.com

회원끼리 친해지며 자연히 서로 돕게 돼 서로의 특권을 강화하는 것이다. 이런 엘리트 클럽은 온라인에서도 자연스럽게 형성되고 있다. 예를 들어, 리치 키즈Rich Kids*라는 사이트는 월 1,000유로의 회비를 청구하면서 유명인의 삶을 약속한다. 위스퍼스Whispers라는 사이트에는 롤스로이스 신차 차주만 가입할 수 있다.[5] 이 외에도 대중적으로 알려지지는 않았지만 값비싼 장벽이 있는 사이트가 많을 것이다. 엘리트 컨트리클럽이라면 출입하는 회원의 모습을 지나가는 사람들이 볼 수 있지만, 디지털 클럽은 외부인에게 보이지 않는다.

사용료와 같은 시장의 힘은 향후 인터넷의 나쁜 콘텐츠를 관리하는 데 핵심 역할을 하게 될 것이다. 지난 몇 년간 인터넷에 공유된 콘텐츠의 많은 부분에 문제가 있다는 인식이 커졌다. 작가 닐 스티븐슨은 SF 저서 『추락 또는 지옥으로의 도피Fall; or, Dodge in Hell』[6]에서 개인이 볼 콘텐츠를 관리할 편집자를 고용하는 세상을 상상한다. 가난한 사람들은 콘텐츠를 필터링하는 자동 프로그램을 사용하고, 수천 명이 같은 필터를 쓴다. 반면 부자들은 자신의 기호와 관심 분야를 파악해 맞춤형 정보를 제공하는 인간 편집자를 고용한다. 결국 경제력을 가진 사람이 더 나은 정보에 접근한다. 스티븐슨이 그린 디스토피아적 미래에서, 믿을 만한 정보는 부자의 특권이다. 특권이 없을수록 신뢰도 낮은 정보를 계속 받아들여 이상한 음모론이나 광신에 빠진다. 오늘날 큐어난QAnon,** 켐트레일, 지구평면설 등 잘못된 음모론을 믿는 사람들이 늘어가는 상황이 스티븐슨의 예측에 신빙성을 더한다.

중세와 르네상스 상당 기간 동안, 정보는 실제로 부유층의 특권이었다.

* https://richkids.life

** 옮긴이_ 미국 민주당 중심 세력이 산업과 언론을 장악해 미국을 멸망시키려 한다는 음모론을 지지하는 사람들

부자 상인들은 궁중에 가서 상황을 살피고 보고하는 사람을 고용하는 데 큰 돈을 투자했다. 17세기에 최초의 신문이 등장하면서 더 많은 구성원이 정보를 얻을 수 있는 사회로 나아가기 시작했다.[7] 위키피디아는 이런 추세의 가장 흥미로운 부분이다. 지식의 접근성이 그 어느 때보다 높아졌다.

최초의 신문 중에는 선정적인 타블로이드가 있었다. 가장 중요한 목적은 이윤을 남기는 것이었고 정보 전달이나 계몽은 부수적 목표였다. 상업적으로 제공되는 정보는 오랫동안 질이 널뛰었다.[8] 그래서 어떻게 좋은 콘텐츠를 전파하고 나쁜 콘텐츠 확산을 막을까 하는 문제 역시 오래된 골칫거리다. 이 책을 쓰는 시점에는 문제가 더 극심해지는 듯하다.

시장 기반의 규제 메커니즘은 나쁜 콘텐츠의 확산을 막는 데 중요한 역할을 할 가능성이 크다. 질 좋은 정보를 경제적으로 여유가 있는 사람들의 특권으로만 남기지 않는 한편 나쁜 콘텐츠를 막는 것은 어렵고도 중요한 과제다.

고객 서비스 비용

경제적 요소가 온라인 행동을 좌우하는 두 번째 방식은 고객 서비스 비용이다. 많은 사이트에서 고객 서비스 비용은 (대역폭 비용에 이어) 두 번째로 큰 변동비다. 콘텐츠 규제에 투자할 수 있는 비용에 따라 사이트의 모습은 근본적으로 달라진다.

이는 1998년 어린이 온라인 사생활 보호법Children's Online Privacy Protection Act, COPPA이 통과된 후 미국의 상황에서 특히 극명히 드러난다.[9] COPPA 입법 이전에는 기업이 아이들에게 온라인 게임의 대가로 개인정보를 요구했지만 COPPA 이후에는 부모의 동의가 있어야 아이들의 개인정보를 요구할 수 있게 됐다. 부모의 동의를 받으려면 고객 지원 직원을 고용해서 절차를 밟아야 하기 때문에 비용이 든다. 법이 발효된 뒤 비즈니스 모델을 유지할 수 없었던 아동 사이트가 여럿 폐쇄됐다. 이후 몇 년에 걸쳐 새로운 사이트가 생겨나기 시작했다. 결국 아동용 사이트는 아이들의 개인정보를 수집하지 않고 광고료로 수익을 내는 단순한 사이트와 사용료를 받는 좀 더 복잡한 사이트의 두 부류로 진화했다. 사용료를 받으면 부모 동의를 인증하는 비용을 상쇄할 수 있다. 고객 지원 및 콘텐츠 규제 수준과 관련된 의무가 변화하면서 아동용 사이트가 존재하는 형태의 큰 그림이 근본적으로 달라졌다. 성인용 사이트에도 같은 원리가 적용된다.

기업들이 고객 서비스에 지출하는 비용에 관한 데이터는 보통 회사가 소유한 비공개 정보에 해당한다. 하지만 야후! 지식검색Yahoo! Answers의 사례는 시사하는 바가 크다. 2000년대 후반, 지식검색을 담당하는 개발자들은 불쾌감을 주는 콘텐츠가 점점 늘어 고민이었다. 매년 100만 달러를 지출해 콘텐츠 관리를 위한 고객 서비스 대행사를 고용했는데도 고객 불만에 대응하는 데 평균 18시간이 걸렸다.

랜디 파머와 동료들은 영리한 해결책을 생각해냈다. 사이트 회원이 나쁜 콘텐츠를 직접 신고할 수 있도록 평판 시스템을 만든 것이다. 과거에 나쁜 콘텐츠를 정확히 신고했던 지식검색 회원은 신뢰도가 높았고, 이들이 콘텐츠를 신고하면 즉시 게시가 중단됐다. 콘텐츠 게시자는 이 결정에 반박해 항의를 제기할 수 있었다. 고객 서비스 대행사에서 항의 내용을 검토하고, 항의가 받아들여지면 신고자의 평판이 내려갔다. 야후는 신고자의 평판 점수를 보고 신고 건의 신뢰도를 구별했다.

이 시스템이 도입된 이후 게시글 제거에 항의하는 사람은 거의 없었다. 공격적인 콘텐츠의 게시자는 항의해도 소용없다는 사실을 알고 있었다. 고객 불만에 대응하는 시간은 평균 18시간에서 30초로 줄었고, 야후의 지출은 연간 100만 달러에서 1만 달러 미만으로 감소했다. 파머와 브라이스 글라스는 이 엄청난 성과가 일종의 깨진 유리창 효과라고 해석했다. 나쁜 콘텐츠가 너무 빨리 제거되자 트롤들은 야후! 지식검색이 규범을 위반하며 즐기기에 적당한 곳이 아니라는 사실을 곧 깨달았다.[10] 야후! 지식검색은 인공지능보다는 인간의 지능을 활용한 사례다. 사이트를 위한 자원봉사의 새로운 방식을 창조하고 사용자에게 힘을 부여하는 한편 고객 서비스 비용을 낮춘 영리한 방식이었다.

1994년, 나는 '가상 공동체에서 일탈 행위를 관리하는 방법'에 관한 ACM 컴퓨터-인간 상호작용CHI 콘퍼런스에서 공개 토론회를 열었다. 그리고 나쁜 행동을 관리하려면 심리적인 접근을 해야 한다는 제언에 매우 정성을 들였다. 관리자가 불쾌감을 조성하는 회원과 진지하고 숨김 없이 대화한다면 단순한 제재보다 한 단계 깊은 차원에서 문제를 해결할 수 있다는 것이었다.[11] 한편으로 틀린 말은 아니었다. 근본적인 문제를 해결하는 더 지속적인 방식이긴 하다. 하지만 오늘날 인터넷의 규모를 생각하면 말이 안 되는 제안이다. 자원봉사하는 관리자들은 사건당 몇 시간은 고사하고 몇 분을 들이기도 힘들다. 관리자를 고용하면 지출이 발생한다. 소프트웨어 프로그램은 인력보다 저렴하다.

예산에 제한이 없다면 훨씬 효율적인 콘텐츠 관리를 할 수 있다. 유급 직원을 충분히 고용해서 훈련하면 어려운 콘텐츠를 신속하고 철저하게 처리할 수 있을 것이다. 하지만 예산은 현실적인 문제다. 나는 12년 후인 2006년(그리고 2018년에도) CHI에서 같은 주제로 토론회를 조직했다. 1994년에는 몰랐으나 2006년에 알게 된 사실들을 검토하니, 이 문제의 본질이 경제적이라는 사실이 핵심으로 떠올랐다.[12]

어떤 행동이 허용되는지는 근본적인 차원에서 사이트의 모습을 좌우한다. 소프트웨어 시스템과 이를 관리하는 (유급 또는 봉사) 인력이 사용자 행동을 관리한다. 소프트웨어와 인간의 노동력 모두 비용이 든다. 자원봉사 인력을 쓴다고 해도 봉사자를 관리하는 관리자를 고용하는 비용이 필요하며, 봉사자들이 쓰는 도구도 개발해야 한다. 온라인 행동 관리를 이해하기 위해서는 사회적, 기술적, 경제적 측면의 연결성을 먼저 파악해야 한다.

비즈니스 모델의 진화

시장이 온라인 콘텐츠를 규제하는 세 번째 방법은 플랫폼을 떠받치는 비즈니스 모델을 통해서다. 1998년부터 지금까지 진행한 '온라인 커뮤니티 설계' 강의 커리큘럼은 모두 온라인에 공개돼 있다. 나는 지난 커리큘럼을 통해 내 지식과 이 분야의 지식이 어떻게 진화했는지 돌아보곤 한다. 비즈니스 모델은 시간이 흐르면서 매우 많이 변했다. 1998년 강의에서 커뮤니티나 정체성 등에 관해 가르친 내용은 큰 틀에서 보면 지금도 유효하지만, 인터넷이 미래에 어떻게 유지될지와 관련된 비즈니스 모델에 관한 이야기는 그다지 할 수 없었다. 비즈니스 모델은 사이트 설계의 동력이므로 매우 중요하다.

애니메이션 제작사인 카툰 네트워크Cartoon Network Studios의 비즈니스 모델이 진화하는 과정은 좋은 사례다. 조지아 공대 근처에 케이블 전용 방송국인 터너 브로드캐스팅Turner Broadcasting이 있다. 터너 브로드캐스팅의 계열사인 카툰 네트워크의 크리스 월드론Chris Waldron은 '온라인 커뮤니티 설계'에 몇 년간 초청 강의를 하러 왔다. 1990년대 후반 첫 초청 당시만 해도 온라인 광고가 카툰 네트워크에 가져오는 수익은 무시할 수 있을 정도로 적었고, TV 광고와 머천다이징이 주요 수입원이었다. 원래는 TV 광고 비용을 지불하면 온라인 사이트 광고가 무료였고, 타깃 광고의 개념은 아직 일반적으로 퍼져 있지 않았다. 반면에 오늘날 온라인 광고는 카툰 네트워크의 중요한 수입원이며 기술 분야 전체의 경제 규모에서도 상당한 비중을 차지한다.

시장 기반 경제의 근본적인 가정은 고객이 이성적인 판단으로 상품과 서비스를 선택한다는 것이다. 공정한 가격에 양질의 상품을 제공하는 기업은 살아남고 그렇지 않으면 실패한다. 이 모델에 따르면 모두가 자신의 이익을 위해 움직이면 시장의 힘으로 마법처럼 좋은 일이 일어난다. 다만 실제 시장은 이상 속의 시장과 상당히 다르고, 현재 인터넷의 상태만 봐도 알 수 있듯 늘 결과가 좋지는 않다.

규제로서의 비즈니스 모델

상업적 인터넷 사이트는 주로 이윤을 목적으로 움직인다. 1970년대 이래, 재계에서는 상장 기업이 '주주 가치 극대화'를 위해 노력할 의무가 있다고 주장하는 것이 유행이었다.[13] "시장 논리에 변함없이 충성하는 이상"인 신자유주의 사상에 따른 것이다.[14] 회사 주식은 누군가의 은퇴 자금일 테니 회사가 경제적인 성과를 거두는 것은 좋은 일이다. 하지만 그것이 **유일한** 목표라면 문제가 생긴다.

신자유주의적 이상은 경제적 이익을 최우선시하면 시스템에서 객관적으로 편견을 제거할 수 있다고 가정한다. 다시 말해, 이윤을 최대화하는 선택이 경제와 사회를 위해 가장 옳은 선택이라는 것이다. 실제로 그렇다는 증거는 없다.

유튜브 추천 알고리즘의 사례를 보자. 유튜브는 이윤을 최대화하기 위해 사용자 개인이 사이트에서 보내는 시간을 최대화하도록 알고리즘을 설계했다. 그래야 광고를 가장 많이 볼 테니까. 그러면서 점점 더 특이하고 민감한 콘텐츠를 제시하면 유튜브에서 보내는 시간이 늘어나고, 따라서 광고 수익이 늘어난다는 사실을 알게 됐다. 이는 합당한 설계적 선택으로 보인다. 특이한 콘텐츠가 주류 과학으로 증명할 수 없는 음모론과 개념을 지지한다는 사실을 알기 전까지는 그렇다. 제이넵 투페키는 단순히 유명 정치인 이름을 검색했을 뿐인데 911 테러가 정부의 소행이라는 음모론 영상으로 이어졌다고 지적한다. 알고리즘은 순식간에 사람들을 사실이 아닌 음모론을 홍보하는 영상이나 혐오 집단의 영상 등 저질 콘텐츠로 이끈다. 사용자에게 극단주의 콘텐츠를 보여주면서 주주 가치를 극대화한다. 생각해볼 만한 문제다. 투페키는 이런 결론을 내린다. "유튜브는 시청자들을 극단주의의 늪으로 몰아가고, 그 사이 구글은 광고료를 쓸어담는다."[15] 유튜브는 이윤을 극대화하는 과정에서 사람들이 말도 안 되는 음모론을 믿게 만드는 사이트가 됐다.

유튜브를 비롯한 유사 플랫폼의 핵심 목표는 광고를 더 보여주는 것이다. 사용자 개인에 관한 정보가 많을수록 사이트에 더 오래 붙잡아놓고 그 사람을 대상으로 한 광고를 더 보여줄 수 있다. 쇼샤나 주보프는 타깃 마케팅을 목적으로 개인의 온라인 행동 데이터를 수집하는 비즈니스 모델을 감시 자본주의surveillance capitalism라고 부른다. 저서 『감시 자본주의 시대The Age of Surveillance Capitalism』*에서 주보프는 많은 사이트가 마케팅 목적으로 사용자가 스스로를 더 드러내도록 유도한다고 지적한다. 따라서 유튜브 같은 기업은 사람을 그 자체가 목적이 아니라 목적을 위한 수단으로 취급한다는 것이다. 철학자 임마누엘 칸트가 말하는 **비윤리의 정의**(정언명령의 제2

* 편집자_『감시 자본주의 시대』(문학사상, 2021)

법칙)에 해당한다.[16] 유튜브는 사실이 아닌 콘텐츠가 개인이나 사회에 미치는 영향을 생각하지 않고 광고 시청을 최대화하려고만 하고 있다.[17]

감시 자본주의 체제에서 기업들은 개인에 관한 지식을 점점 많이 얻는다. 주보프는 "사용자의 정보가 불균형하게 공개되면서 기업은 불공평한 권력을 갖게 되며, 사용자가 할 수 있는 일과 당할 수 있는 일의 격차를 비롯해서 지식의 불평등이 심화된다"라고 지적한다.[18]

유용한 타깃 광고도 있지만, 광고 실적에 대한 욕구가 **전체 시스템 설계의 중심이 된다면** 고객이자 시민인 사람들에게 나쁜 결과를 가져온다. 이러한 딜레마의 해결책 중 하나는 기업이 **기업의 가치를 문장으로 표현하고 우선순위를 매기는 것**이다. 유듀브의 강령에 따르면 유튜브의 목표는 "모든 사람에게 발언권을 주고 세계를 보여주는 것"이다. 지식을 확산하기 위해 세계를 **있는 그대로** 보여주는 것이 목표라면 더 좋을 것이다. 3장에서 본 것처럼 지식은 진실이며 정당화되는 믿음이다. 유튜브는 음모론 관련 콘텐츠를 추천하지 않고[19] 공공 보건과 관련된 오정보를 차단함으로써[20] 플랫폼에 건설적인 변화를 가져오기 시작했다.

플랫폼이 가치를 더 잘 표현한다면 사용자들은 여러 대안을 비교하고 관심이 가는 사이트를 선택할 수 있다. 유튜브가 '좋은' 콘텐츠를 우선시하기로 한다면 좋은 콘텐츠가 무엇인지 판단해야 하는 불편한 위치에 놓이게 된다. 플랫폼이 하나밖에 없다면 모든 종류의 콘텐츠를 허용해야 옳을지도 모른다. 하지만 저마다 콘텐츠 정책이 다른 플랫폼이 경쟁하는 시장이 있고, 고객은 각자 자신에게 적합한 사이트를 선택하는 세상을 상상해보자. 이미 어느 정도는 이런 형태가 갖춰졌지만 아직 선택권이 충분하다고 볼 수는 없다. 대형 사이트가 시장을 지배하고 있다면 선택권은 없는 것이나 다름없다.

기존 플랫폼의 가치가 회원에게 명확히 설명되지 않은 경우가 많다는 것 역시 중대한 문제다. 정치적 입장이 극단적인 몇몇 사이트는 가치를 명확히 설명해 사용자가 사이트에서 기대할 바를 확실히 알 수 있다는 장점이 있다. 극보수주의 혐오 사이트인 갭에서 진보적 생각(대학 등록금 무료화나 정부 지원 건강 보험 등)을 지지하는 게시글을 올리면 반대표를 받고 계정이 차단될지도 모른다. 내 학생들이 실제로 겪은 일이다. 문제는 사이트에서 무엇이 허용되는지 사용자들이 확실히 이해하지 못한 경우다. 갑작스러운 콘텐츠 삭제에 놀라게 될 것이다("여기서 그런 말을 하면 안 된다니, 무슨 뜻이죠?").

플랫폼이 구체적으로 가치를 명시하지 않아도 결국은 어려운 결정을 해야 하는 상황이 온다. 예를 들어, 페이스북은 2016년 아홉 살 소녀의 나체 사진을 삭제하고 게시자의 계정을 차단했다. 여기까지 들으면 합당할 뿐 아니라 당연한 결정 같다. 그러나 해당 사진은 1972년 퓰리처상을 수상한 작품으로, 네이팜탄 폭격을 맞은 베트남 소녀의 모습을 담은 것이다. 미국에서 전쟁에 대한 여론을 바꿔놓은 역사적인 사진이다. 삭제에 대해 항의가 잇따랐고 사진은 복구됐다.[21] 이미 역사적인 중요성을 널리 인정받는 사진의 게시 허가 여부를 결정하기 어렵다면, 충격적이지만 중요한 사진이 새로이 나타났을 때 판단이 얼마나 어려울지 상상해보자. 탈레톤 길레스피가 저서 『인터넷의 관리인Custodians of the Internet』에서 말하듯, 오늘날 플랫폼이 어려운 결정을 피할 방법은 없다.[22] 기업들이 주주 이익의 극대화만 외치기보다 세상에 미치는 영향에 관한 비전을 상세히 표현한다면 이를 기준으로 보다 쉬운 판단을 내릴 수 있을 것이다.

2020년, 페이스북은 이런 어려운 결정에 대비해 감독위원회를 출범했고, 위원회가 독립적으로 기능하는 것을 목표로 하고 있다.[23] 일리 있는 접근 방식이다. 위원회가 바람대로 기능할지, 다른 기업들이 이 선례를 따를지 흥미롭게 지켜보려 한다.

광고 비즈니스 모델을 채택한 플랫폼은 플랫폼에 머무르는 시간을 최대화함으로써 광고 조회수를 높여야 한다는 압박을 느낀다. 반면 정액제, 즉 사용료 기반 비즈니스 모델이라면 사용자가 플랫폼을 좋아하고 가치를 얻는다고 느끼기만 하면 플랫폼에 이익이 발생하며 사용 시간을 늘릴 필요는 없다(오히려 사용 시간이 늘수록 대역폭과 고객 지원에 필요한 비용이 늘어난다). 또 어떤 식의 비즈니스 모델이 가능할지, 이것이 플랫폼과 사용자에게 어떤 이익을 제공할지는 좋은 연구 과제다.

앞에서 봤듯 사이트의 비즈니스 모델은 콘텐츠 정책에 영향을 미친다. 또한 소프트웨어 엔지니어의 귀한 시간을 어디에 투자할지도 결정한다. 리더들의 가치에 따라 사이트의 향방이 달라지며, 수익이 임원들의 사고를 지배할 수도 있다. 이 사이트가 어떤 세상을 만들지에 조금 더 주의를 기울이면 좋을 듯하다. 낙관적으로 희망해보자면 가치에 더 집중하는 사이트는 장기적으로 보면 수익성도 더 좋을 것이다. 프라이버시와 보안을 중시하는 이메일 제공 사이트 프로톤메일ProtonMail을 찾는 사용자가 늘고 있다. 프로톤메일처럼 가치를 기반으로 움직이는 기업이 늘어나야 한다.

어떤 형태의 새로운 비즈니스 모델이 가능할까?

우리는 아직 모든 형태의 온라인 커뮤니티를 발명하지 못했다. 앞으로 다른 형태가 우연히 생겨나기도 할 것이다. 협업 플랫폼 슬랙Slack은 원래 게임을 만드는 팀의 내부 개발 도구였다. 엔지니어들은 이 협업 도구가 게임 자체보다 상품성이 좋다는 사실을 깨달았다.[24] 물론 신중하게 계획된 혁신 역시 이어질 것이다. 커뮤니티의 본질, 커뮤니티 구성원이 누릴 가치, 커뮤니티의 성장을 뒷받침할 방법을 고민하면서 지금까지와 다른 형태의 차세대 비즈니스 모델을 만들 수도 있을 것이다.

우리는 개인과 집단의 행복한 삶*에 도움이 되는 플랫폼 개발을 장려하는 비즈니스 모델을 택할 수 있다. 유튜브와 비슷하면서도 주류 과학과 일치하는 콘텐츠만 게시하는 플랫폼이 생기면 나는 그 사이트로 옮길 것이다. 소비자가 내리는 선택이 플랫폼의 미래를 바꾼다. 나는 양질의 인터넷 플랫폼에 대한 드러나지 않은 수요가 있다고 믿는다. 옳은 길을 택함으로써 더 큰 이익을 낼 수 있을 것이다. 유튜브는 하나의 사례일 뿐, 이런 분석은 대부분의 인터넷 사이트와 플랫폼에 적용된다. 이윤이라는 동기만으로는 마법처럼 옳은 일이 일어나지 않는다. 경쟁이 필요하다. 표현의 자유와 진실이 둘 다 진보하는 최고의 결과를 위해서는 서로 기준이 다른 사이트들이 경쟁하는 가운데 고객이 플랫폼을 선택해야 한다.

신자유주의 이론에 따르면 건강한 경쟁이 모든 문제를 해결한다. 진짜 강력한 경쟁이 있다면 그렇게 될지는 미지수지만, 사실상 경쟁이 없는 상태가 문제라는 것은 명백하다. 현 경제 체계에서는 생산적인 경쟁이 자연스럽게 일어나지 않는다. 현재의 정보 공간은 일부 거대 기업의 지배를 받고 있다. 건강한 경쟁이 일어날 수 있도록 공공의 노력이 필요하다. 만약 경쟁이 실패하면 정책적으로 해결해야 할 문제도 있을 것이다. 제대로 작동하지 않는 부분을 규제하는 법률을 통과시켜야 한다.

새로운 비즈니스 모델이 **발명**돼야 한다. 사람들은 무엇에 가치를 두며, 무엇에 돈을 지불할까? 타깃 마케팅은 프라이버시 문제와 긴밀하게 연결돼 있다. 사람들은 프라이버시를 중요하게 여길까? 프라이버시를 보호

* 옮긴이_ 에우다이모니아eudaimonia, 아리스토텔레스가 말하는 행복.

하는 서비스에 비용을 지불할 의사가 있을까? 그렇다면 미래의 창업자들은 프라이버시를 의식하는 소비자를 위한 새로운 비즈니스 모델을 발명할 수 있다. 2023년 4월 기준으로 프라이버시를 보호하는 검색 엔진 덕덕고 DuckDuckGo는 인터넷 검색의 0.52%를 점유하고 있다.* 덕덕고의 시장점유율이 시간에 따라 어떻게 변하는지, 프라이버시 보호 옵션이 있는 다른 종류의 소프트웨어가 더 개발될지 지켜볼 문제다.

다양한 비즈니스 모델은 기업과 사용자에게 서로 다른 이점을 제공한다. 어떤 비즈니스 모델이든 책임감 있는 형태로도, 착취적인 형태로도 운용될 수 있다. 일부 플랫폼 사용자는 시간이나 돈을 너무 많이 들이는데, 그러면서 삶의 질이 떨어질 수 있다. 비디오 게임의 결제 시스템을 분석한 킹 등은 "일부 게임 현금 결제 시스템은 게임에 지나치게 몰입하는 사용자에게 재정적 위기를 가져오고 경제적, 심리적으로 부정적인 결과를 초래할 위험을 높인다"라고 지적했다.[25] 플랫폼은 최대한 많은 현금 결제를 유도할 수도 있지만 합당한 수준을 장려할 수도 있다. 설계자들이 다양한 결과의 가능성을 인지하고 시간과 돈을 균형 있게 소비하도록 장려하는 시스템을 설계했으면 한다.

이상적인 세계라면 선을 추구하는 인터넷 기업가들의 실적도 자연스레 좋아질 것이다. 즉, 사용자의 삶을 윤택하게 하는, 덜 유해한 사이트를 만들면 이윤을 더 낼 수 있을 것이다. 지금은 사실 그렇지 않을 때가 많다. 모든 목표를 힘들이지 않고 실현할 수 있는 새로운 비즈니스 모델을 발명할 수 있을지는 흥미로운 과제다.

비즈니스 모델은 설계적 결정을 불건전한 방향으로 이끌고 있는 듯하다.

* https://gs.statcounter.com/search-engine-market-share

이를 바로잡을 방법이 두 가지 있다. 하나는 우리를 더 나은 방향으로 이끌 새로운 비즈니스 모델을 발명하는 것이다. 다른 하나는 과감하게 수익을 무시하고 비영리 관점을 취해, 가치를 재무제표보다 우선시하는 것이다. 인터넷을 더 나은 곳으로 만들 마법 같은 비즈니스 모델이 진짜 있을지는 모르겠다. 순진한 희망이겠지만, 한 가지는 분명하다. **미래의 인터넷은 비영리의 방향으로 움직여야 한다.** 비영리 비즈니스 모델과 세계관을 바탕으로 한 플랫폼은 개인과 커뮤니티의 필요를 우선시할 수 있다.

비영리 수단을 통해 인터넷을 개선하려는 시도는 여러 차례 있었다. 가장 뚜렷한 성공 사례는 모질라Mozilla다. "인터넷은 모두에게 열려 있는 글로벌 공공 자원이다. 사람이 가장 먼저인 인터넷, 개인이 경험을 쌓고 자율권을 가지는 안전하고 독립적인 공간"[26]이라는 비전으로 오픈 소스 도구를 만들었다. 이러한 비전을 가지고 (다른 브라우저에 비해 프라이버시를 강력하게 보호하는) 파이어폭스Firefox 브라우저, 오픈 소스 오디오 도구, 가상 현실 툴킷을 비롯한 여러 가지를 만들었다. 모질라가 성공한 것은 영리 모델에 편승하는 비즈니스 모델 덕분이기도 하다. 파이어폭스 브라우저에서 검색할 때마다 사용된 검색 엔진은 모질라에 소액의 요금을 냈다. 광고에서 간접 수익을 내면서도 기본 가치와 소명은 유지하는 방식이었다.

비영리 민간 공간을 창조하기 위해 저예산으로 접근한 시도도 있다. 예를 들어, 무료 오픈 소스 소프트웨어OSS인 마스토돈은 트위터 대신 쓸 수 있으며, OSS 프로젝트 매터모스트는 슬랙의 대안이다. 이런 도구가 대중적으로 이용되기는 매우 어렵다. 외관이나 기능 면에서 수천 명의 상근 설계자와 엔지니어가 만든 상업 사이트를 따라갈 수는 없기 때문이다. 대부분은 들어본 적도 없고, 써본다고 해도 쓸모나 매력을 느끼지는 못할 것이다. 하지만 이런 비영리 소셜 미디어에 공공 기금이 투자되면 가치를 강화하고 사용자를 모으고 영향력을 발휘할 가능성이 높아질 것이다. 시민 사회에 공헌하는 사회적 공간을 중요하게 여긴다면, (고속도로, 철도, 지방 전화와 브로드밴드 접속처럼) 인터넷 공간과 관련된 민간 프로젝트에 공공 투자할 필요가 있다.

오픈 소스 도구가 긍정적 영향력을 발휘하리라 믿지만 그래도 오용의 가능성은 있다. 예를 들어, 혐오 사이트인 갭도 마스트돈 소프트웨어를 채택했다. 도구는 도구일 뿐이다. 망치로 집을 지을 수도 있지만 유리창을 깰 수도 있다. 도구를 오용하는 사람이 사회적, 법적 대가를 치르게 해야 한다.

정리하기

사회기술적 시스템을 지원하는 비즈니스 모델은 시스템의 향방을 좌우한다. 경제적 힘의 영향력을 이해한다면, 시스템 설계가 불건전한 결과를 향하지 않도록 재정적 지원을 통해 **더 큰 목표를 지원**할 수 있다.

응용하기

시장은 세 가지 뚜렷한 방식으로 온라인 행동을 형성한다. 첫째, 사이트 사용료 등을 통해 참여자를 걸러낸다. 이 방식은 나쁜 콘텐츠를 줄이고 콘텐츠의 질을 개선할 수 있지만, 경제적으로 배제되는 사람들이 있기에 평등을 저해할 수 있다.

둘째, 온라인 행동 관리에 책정된 예산에 따라 무엇을 허용할지, 정해진 기준을 이행하기 위해 어떤 자원(인력과 기술)을 활용할지가 달라진다. 경제적 자원이 무한하다면 이론상으로는 완벽한 관리가 가능하다. 하지만 자원이 한정된 현실에서 플랫폼은 어려운 결정을 내려야 한다. 행동을 관리하는 비용이 온라인 사이트의 생존 가능성에 미치는 영향은 놀랍도록 크다.

셋째, 사이트의 재원에 따라 우선순위가 달라진다. 다른 요인들보다 경제적 성과를 우선시하면 결국 사용자나 이 세상에 도움이 되지 않는 콘텐츠를 장려하는 방향으로 나아가게 된다. 사이트들은 이윤만 추구하는 대신 어떤 세상을 만들고 싶은지에 관한 가치를 표현해야 한다.

08

인터넷은 어떻게 인간의 최선을 끌어낼 수 있을까?

2004년부터 조지아 공대 학부생들에게 필수 윤리 강의 '컴퓨팅, 사회, 프로페셔널리즘'을 가르치고 있다. 다양한 윤리 이론을 다루고 기술과 사회 문제를 논의하며, 인간이 만들어내는 기술의 윤리적 함의를 생각해보도록 권한다.

내가 가장 좋아하는 윤리 이론은 덕 윤리학virtue ethics이다. 덕 윤리학은 아리스토텔레스에 뿌리를 두고 있으며, 선을 행하는 이유는 선한 사람이 되기 위해서라고 주장한다. 가치 있게 여기는 덕을 품고 있다면 '에우다이모니아'의 상태로 나아갈 수 있다. 에우다이모니아라는 그리스어를 번역하기는 어렵지만, 개략적으로 '가질 가치가 있는 종류의 행복'을 의미한다. 덕 윤리학에 따르면 우리는 '도덕적이다, 아니다'의 이분법적 상태에 있는 것이 아니라 늘 덕이라는 목표를 향해 나아가려고 노력해야 한다. 다른 윤리 이론은 딜레마를 마주했을 때 '이 상황에서 어떻게 해야 할지'에 관한 해답에 도달하기 위해 사용되는 경우가 많다. 덕 윤리학은 정직함을 가치 있게 여긴다면 스스로 일생 동안 정직의 자질을 계발해야 한다고 주장한다.[1]

인터넷 설계자와 사용자에게는 덕 윤리학이 필요하다. 의사소통 기술은 사회와 세계를 완전히 바꿔놓았다. 우리는 기술의 창조와 함께 자문해야 한다. 과연 우리는 어떤 세계를 만들고자 할까? **사회를 위한 목표(덕)는 무엇이며, 이 목표를 위해서 어떤 의사소통 방식이 필요할까?**

결론을 내리는 8장에서는 앞에서 논의한 주제를 다음과 같은 각도에서 다시 생각해본다. 인터넷의 설계적 특징을 어떻게 활용해서 인간의 최선을 끌어낼 수 있을까?

공동체

1장에서는 인터넷이 어떻게 공동체의 형성에 도움을 주는지 탐구했다. 일부 공동체 형태(교회 집단이나 학부모회 등)는 역사가 길지만, 인터넷 기술의 발달에 따라 최근에 탄생한 공동체도 있다. 어떤 집단이든 다음과 같은 질문을 해볼 수 있다. 이 공동체는 구성원에게 어떠한 가치를 제공할까? 구성원은 어떻게 서로를 지지하며, 어떻게 이를 강화할 수 있을까? 기존 공동체를 개선하거나 새로운 형태를 상상해 더 나은 공동체로 나아갈 수 있다.

나는 커뮤니티의 모든 종류가 이미 발명됐다고 생각하지 않는다. 인생을 살면서 나에게 잠시 제3의 장소가 돼준 다양한 온라인 집단을 만들었다. 1990년대에는 〈스타트렉Star Trek〉 테마의 텍스트 기반 롤플레잉 게임에서 시간을 보냈다. 나는 스타플릿Starfleet 외교관 역할이었고 페렌기Ferengi

함장(현실에서는 디트로이트에 사는 포드 자동차 엔지니어)과 친해졌다.

2000년대 중반에는 음식 알레르기가 있는 아이를 키우는 부모들의 게시판에서 음식 알레르기에 관해 논의했다. 안전과 관련된 중요한 조언을 해주고, 달걀과 유제품이 들어가지 않는 조리법을 알려주고, 내가 문제를 겪거나 스트레스를 받을 때마다 들어주는 따뜻한 친구들이 거기 있었다. 이 사이트에서 만난 이들은 현실적, 감정적 수준에서 내 어려움을 이해했다.

오늘날, 나는 서브레딧 관리자 팀의 슬랙에서 사람들과 어울린다. 서브레딧의 콘텐츠 관리와 관련된 판단을 위해 논의할 때도 있지만, 정치 소식을 공유하고 최신 영화와 TV 프로그램에 관해 수다를 떨고 요리 사진을 공유하기도 한다. 슬랙의 설계 덕분에 함께하는 자원봉사 작업에 관한 진지한 대화 채널도 있고, 밈 채널, 육아 채널, 정치 채널 등 다른 주제와 관련된 채널도 무수히 많다. 서브레딧은 관심사가 같은 사람들을 하나로 모아주며, 이는 사용자들이 가치와 세계관을 공유함을 의미한다. 여행할 때도 제일 먼저 이 생각을 한다. '근처에 만나서 커피 한잔 마실 수 있는 관리 팀 팀원이 있을까?'

세 커뮤니티를 비교하면, 시간에 따라 상호작용의 질이 개선됐다는 점이 눈에 띈다. 게임 친구들과는 스타트렉 팬이라는 점 외에 공통점이 거의 없지만, 같은 프로그램을 좋아한다는 사실 때문에 공동체 의식이 생겼다. 알레르기 환아 부모들과는 공통점이 많았다. 음식 성분표를 면밀히 살피고 항상 알레르기 응급 약을 챙기는 스트레스의 시간을 함께 보내고 있었으니까. 이들과 의사소통한 덕분에 음식 알레르기와 함께 살아가는 기술이 점점 늘었다. 서브레딧 슬랙의 현 친구들과는 가장 공통점이 많다. 같은 가치를 공유하는, 현명하고 재미있는 사람들이다. 온갖 주제에 관해 링크를 공유하며 세계관을 넓힐 수 있고, 세계에서 벌어지는 일에 관해 깊이 있는 토론을 할 수 있다. 결국은 구성원이 계속 찾는 곳이 성공적인 온라인 집단이라고 볼 수 있다. 1장에서 한밤중에 마음 찢어지는 소식을 듣고 위로가 필요했던 슬픈 할머니가 미니쿠퍼 브랜드 사이트를 찾은 것처럼 말이다.

이러한 집단에서 경험한 상호작용의 수준은 1990년대부터 지금까지 점점 개선됐다. 이는 물론 내가 성숙해졌기 때문이기도 하지만, 기술 또한 무르익었다. 스타트렉 롤플레잉 게임을 운영했던 텔넷Telnet의 ASCII 연결과는 다른 슬랙의 설계적 특징 덕분에 보다 복잡하고 섬세한 상호작용이 가능한 것이다. 또한 온라인에서의 집단 상호작용에 관한 우리의 이해도가 높아지기도 했다.

온라인 커뮤니티의 구성원이라면 다른 사람에게 본보기가 되면서 영향력을 갖게 된다. 집단의 '고인물'이라면 더욱 그렇다. 1장에서 본 것처럼, 고인물은 집단의 분위기를 결정한다. 스스로에게 물어보자. 어떻게 이 집단이 구성원에게 더 큰 힘이 돼주며, 각자의 잠재력을 펼치게 할 것인가? 온라인 집단은 함께하는 세계를 만들어낸다. 우리는 서로 얼마나 친절하고, 이해심이 깊고, 관용이 있는지, 나 자신과 타인에게 어떤 기준을 세우는지를 통해 함께 세계를 창조한다.

온라인 소셜 플랫폼의 설계자라면, 이 사이트를 통해 어떤 세계를 만들고 싶은지 자문해보자. 어떻게 사람들의 삶을 개인 차원에서, 또 집단 차원에서 개선할지가 주요 고려 사항이 돼야 한다. 이 사이트는 어떻게 지식(3장에서 본 대로 진실이며 정당화된 믿음)을 창출하는 데 도움을 줄까? 어떻게 제3의 장소가 돼 힘을 줄 수 있을까? 안타깝게도, 오늘날 실제로는 '어떻게 가장 큰 이윤을 남길 것인지'가 설계의 기준이 된다. 뒤에서 다시 말하겠지만, 인터넷이 가져다주는 가치를 강화하려면 이를 떠받치는 비즈니스 모델을 다시 생각해야 한다. 재무제표의 이윤이 아니라 구성원들의 목표가 끌어가는 비영리 인터넷과 관련된 공간이 더 필요하다.

협업

2장에서 여러 사람이 콘텐츠에 함께 기여하며 성취할 수 있는 놀라운 일들을 다뤘다. 인터넷을 사용하면서 독자 여러분을 필요로 하는 곳을 찾아보기를 권한다. 내가 만든 것을 다른 사람이 유용하게 쓰면 매우 만족감이 높다. 이는 위키피디아 페이지를 수정하는 일일 수도, 기기 사용법을 담은 영상이나 귀여운 고양이 사진을 공유하는 일일 수도 있다. 정보를 알리거나 기쁨을 주거나 다른 사람의 성취를 돕는 콘텐츠 창조에 참여하면 보람을 느낄 수 있고 다른 사람에게도 도움이 된다.

이 책을 읽는 온라인 사이트 설계자가 있다면 사람들이 건설적으로 콘텐츠에 기여할 수 있는 힘을 부여할 새로운 방식을 생각해보기를 권한다. 인간은 아직 무한한 잠재력을 지니고 있다. 모두가 하루 중 가장 보람 없이 흘러가는 30분을 투자해서 공유 자원을 건설한다면 우리는 과연 무엇을 이뤄낼 수 있을까? 서로 다른 사람들이 서로 다른 기회로 기여할 수 있어야 한다. 우수한 도구가 개발되고 사회적으로 활발히 사용되면 새로운 종류의 협업 콘텐츠 창조가 가능해질 것이다.

진실과 지식

3장과 4장에서는 진실과 지식의 본질을 탐구했고, 인터넷 사용자들이 어떻게 지식의 사회적 구성에 참여하는지 살펴봤다. 심오한 차원에서, 우리가 진실이라고 합의하는 것이 곧, 최소한 지금은, 진실이다. 집단적으로 동의하는 것이 진실이다.

2020년 이 책을 쓰는 시점에 온라인에는 허위 정보의 위기가 닥쳤다. 앞으로는 상황이 더 악화될 것이다. GPT-3과 같은 인공지능 도구[2]는 설득력 있는 가짜 텍스트를 만들어낼 수 있고, 딥페이크 기술은 실제 녹화된 것과 구별하기 힘든 영상을 만들 수 있다.[3] 이러한 기술은 점점 발전하고 있으며, 기술을 잘 아는 사람도 인공지능이 만든 콘텐츠와 실제 콘텐츠를 구별할 수 없게 될 것이다.

이 문제를 해결할 방법 중 하나는 인공지능으로 인공지능에 맞서는 것이다. 신뢰도 높은 분석 기능을 갖추고 정보 출처를 파악해 온라인 정보에 주석을 다는 프로그램을 만들면 어떨까? 인간의 지능과 기계가 협업하는 혼합 주도형 접근이 필요하다. 문제는 이러한 도구가 아직 제대로 작동하지 않는다는 것이다.

최근에 페이스북에서 사실 확인fact-check이 틀린 재미있는 사례를 봤다.* 최초 게시글에는 2020년 사망한 배우 다이애나 리그Diana Rigg의 첫 영화 사진과 HBO 드라마 〈왕좌의 게임Game of Thrones〉 사진이 포함됐다. 그리고 둘이 같은 사람인지 몰랐다는 문구가 있었다. 게시글에서 말하는 것처럼 다이애나 리그는 〈왕좌의 게임〉의 등장 인물인 올레나 티렐Olenna Tyrell을 연기했다. 사실 확인에서는 게시글이 거짓이라면서 사진 속 인물은 '델리 CM 아르빈드 케지리왈Arvind Kejriwal'(리그와 전혀 닮지 않은)이 아니라고 밝혔다. 무슨 말인지 알 수가 없다. 아마도 알고리즘 오류가 있었던 모양이다. 사실 확인을 해주는 자동화 서비스에는 오류가 매우 많다. 이 기능이 제대로 작동하려면 콘텐츠가 언제 처음 만들어졌는지에 관한 데이터를 싣는 것으로 시작해 매번 변화가 있을 때마다 기록하는 소프트웨어 파이프라인 전체의 변화가 필요할 것이다.

사실 확인 서비스의 품질이 극적으로 개선된다 해도 악의로 속이려는 시

* 이상한 사실 확인을 게시한 수 다이너스키Sue Dynarski에게 감사한다.

도에는 취약할 것이다. 고의적인 허위 정보는 실수로 발생한 오정보보다 수정하기 어렵다. 국가 주도의 허위 정보가 전염병처럼 퍼지고 있는데, 대부분은 여론 조작을 위해 설계된 것이다. 러시아의 '트롤 농장troll farm'* 은 지난 몇 년간 미국 내의 분열을 초래하기 위해 작업 중이다. 다만 이들의 영향력이 어느 정도인지는 불분명하다.[4] 그 콘텐츠를 파악하고 차단할 방법은 있겠지만, 그러면 그들의 방식도 더욱 복잡해져 영원히 끝나지 않는 정보의 '군비 경쟁'에 갇힐 것이다.

출처가 공식적이지 않은 허위 정보에 대처하는 것도 어렵지만, 인증된 공식 출처의 허위 정보에 대처하기는 거의 불가능하다. 예를 들어, 미국은 도널드 트럼프가 2020년 대통령 선거에 이겼다는 거짓 주장을 했을 때 대응할 준비가 돼 있지 않았다. 이 글을 쓰는 시점은 2021년 1월이지만 그가 퍼뜨린 거짓 정보가 사라지려면 더 오랜 시간이 걸릴 듯하다. 소셜 미디어도 위험한 거짓 정보를 확산하고 신뢰도를 부여하는 데 한몫했다. 믿을 수 있어야 할 인물이 중대한 허위 정보를 계획적으로 퍼뜨린 것은 처음이 아니며, 아마 마지막도 아닐 것이다. 우리는 정보와 관련된 부정적인 조작에 점점 취약해지고 있으며, 안전 장치를 다시 생각해야 할 시점이다. 이 책의 독자들이 그 과정에 도움이 될 수 있길 바란다.

인터넷 사용자로서, 우리는 앞으로 모든 정보에 의문을 품을 필요가 있다. 경제적으로 여유가 있다면 거짓 콘텐츠에 현혹되지 않도록 유료 플랫폼과 신뢰도 서비스를 이용하는 방법도 좋다. 점점 무료 플랫폼의 정보를 유료 출처보다 믿을 수 없게 되는 세상이 되면서 '진실'이 부자의 특권이 될까 우려된다. 그 해결책으로 양질의 정보 출처를 지원하는 공공 기금(예컨대 공공

* 편집자_ 소셜 미디어 플랫폼에서 고의적으로 선동적이고 오도적인 정보나 가짜 뉴스를 통해 대중의 의견을 조작하는 단체나 조직

방송을 위한 기업 등)에 더 투자하는 방법이 있다. 또한 교육 시스템과 공공 담론 전체에서 정보 활용 능력을 더 강조해야 한다. 물론 어느 것 하나 쉽지 않다. '위키피디아를 믿을 수 있는가'에 대한 답이 '문서의 인기도에 따라 다르다'임을 설명하는 데만 해도 3장 전체 분량이 필요했다. 정보의 질을 판단할 때의 기본 원칙과 실용적인 전략에 관한 교육이 더 필요하다.

인터넷 사용자들은 거짓 콘텐츠의 확산을 피하기만 하면 될까, 아니면 교정하기 위한 노력도 해야 할까? 현재는 교정에 간단히 참여할 방법은 없다. 7장에서 야후! 지식검색의 재설계에 관한 논의에서 봤듯, 나쁜 콘텐츠를 보고하는 권한이 사용자에게 주어지면 놀랄 만큼 효과가 좋다. 사이트 설계를 통해 사용자들의 도움을 받을 수 있다.

정보 공유 사이트 설계자에게는 회원들이 무엇을 믿을지 보다 쉽고 합당하게 판단할 수 있도록 힘이 닿는 한 노력해야 할 윤리적 책임이 있다. 설계자의 목표는 무엇을 믿을지 말해주는 것이 아니라, 사람들에게 충분한 메타데이터를 제공해 스스로 현명한 선택을 내릴 수 있도록 하는 것이다. 이것은 플랫폼을 일단 설계하고 나중에 덧붙일 부분이 아니라 처음부터 주된 목표여야 한다.

정체성

5장은 정체성에 관한 이야기였다. 우리가 어떻게 온라인에서 자아를 연출하며, 이것이 어떻게 온라인 상호작용에 영향을 미치는지 다뤘다. 인터넷 사용자로서 서로 다른 맥락에서 어떻게 자신을 연출하는지, 그리고 이것이 상대방의 대응에 어떤 영향을 미치는지 반추해보는 일이 중요하다. '나'를 어떻게 드러내는지는 집단 전체가 어떻게 행동하는지에 영향을 미친다. 또한 프라이버시 문제와, 스스로에 관한 정보를 드러냈을 때의 잠재적 영향을 인지하는 일도 중요하다.

이 책을 읽는 연구자를 위해 거대한 연구 과제를 제안한다. 나는 우리가 온라인에서 자아를 드러내는 방식이 근본적으로 개선될 여지가 있다고 생각한다. 오늘날 온라인 정체성의 문제점은 다음을 포함한다.

어린아이를 구별하기가 너무 어렵다. 성인만 접근할 수 있는 성인 콘텐츠가 있는 사이트와 아이들만 이용할 수 있는 사이트가 각각 있어야 한다.

서로 다른 사람들이 같은 사람이라고 주장하는 것이 가능하다.

트롤과 반복적으로 규칙을 어기는 사람들을 막기 어렵다. 사이트 주인이 익성 사용자를 차단해도 새로운 계정을 만들어 몇 번이고 돌아온다.

나는 '신원 인증 서버' 시스템을 상상한다. 이를테면 소셜 네트워크의 계정을 만들기 위해서는 특정 신원 인증 서비스 계정이 있어야 하는 것이다. 이 서비스는 독립적인 제3자가 운영하며 소액의 요금으로 신원을 인증할 수 있다. 서버에서는 신원의 일부를 인증한 뒤(법적 성명이라거나, 연령만일 수도) 제공받은 데이터를 삭제하고 보안이 유지되는 기록만 남겨둔다. 암호 방식은 신원의 보안을 지키는 데 도움이 될 것이다. 더 나아가면, 이 서비스는 '해당인은 성인인가'나 '해당인은 지난주에 메시지를 보낸 사람과 동일인인가'라는 질문에 답할 수 있지만 다른 정보는 유출하지 않을 수 있다.

계속해서 트롤이 돌아오는 이유는 시스템상 같은 사람이 새로운 계정을 만드는 행위를 막을 수 없기 때문이다. 하지만 신원 서비스에서 새 계정을 만들려고 하면 설계적 마찰이 일어난다. 7장에서 봤듯 썸씽 어풀 포럼에서는 계정이 차단되면 새 계정을 만들 때 요금을 내야 한다.[5] 이 작은 장벽이 사용자 행동을 극적으로 변화시켰다. 마찬가지로 새로운 신원 계정을 만들 때마다 요금을 내야 한다면 차단된 트롤이 몇 번은 돌아올지 몰라도 수백 번 돌아오지는 않게 될 것이다.

이런 제도를 도입하려면 중요한 장애물이 있다. 가장 큰 문제는 신원 서비스를 신뢰해야 한다는 것이다. 서버가 잘못 관리되거나 해킹당하면 중대한 문제가 발생한다. 신원 인증은 소수자, 소외 집단의 구성원, 독재 정권 아래 사는 사람들에게 큰 위험이 될 수 있다는 사실을 반드시 인식해야 한다. 시스템이 무력의 압박을 받아도 정보를 넘겨줄 수 없도록, 정보를 보유하지 않는 안전한 설계를 고안하는 것은 흥미로운 과제다.

이 제안은 아직 설익은 초안일 뿐이지만 어떤 연구 팀에서 이 과제를 맡아주길 바란다. 요점은 다음과 같다. 온라인 신원 인증의 기본 설계에 관한 고민은 아직 충분히 이뤄지지 않았으며, 앞으로 더 나은 시스템이 나올 수 있을 것이다.

나쁜 행동을 인지하고 관리하기

6장과 7장은 나쁜 행동 관리에 집중했다. 개와 함께 잠들면 벼룩과 함께 일어난다는 속담이 있다. 역사의 현 시점을 지나고 있는 인터넷 사용자라면 **플랫폼 선택에 유의하자.** 특정 플랫폼이나 미디어 출처가 사용자와 세계에 미치는 영향을 깊이 생각하고, 가능하다면 신중히 선택하자.

어떤 플랫폼에 실수로 인한 오정보나 고의적인 허위 정보가 넘쳐난다고 해보자. 아니면 혐오 발언이나 성희롱의 매개체라고 하자. 앨버트 허시먼의 연구에서 봤듯 **항의**와 **이탈**이라는 두 가지 주요 선택권이 있다. 플랫폼의 변화를 지지할 수도(항의), 정보를 얻고 시간을 보낼 다른 장소를 찾아 떠날 수도(이탈) 있다.

이탈할 권리를 행사함으로써 플랫폼에 메시지를 전할 수 있다. 회원이 많이 떠나면 플랫폼은 상황을 개선하기 위해 노력할 것이다. 이탈했다가 몇 달, 몇 년 후에 돌아와서 개선 여부를 확인할 수 있다. 그동안 플랫폼이 상황을 개선하기 위해 노력하고 성공했을 수도 있다.

제3의 선택권이 있는 사이트도 많다. 직접 하위 집단을 만드는 것이다. 페이스북에서는 손쉽게 새로운 페이스북 그룹을 시작할 수 있고, 레딧에서는 서브레딧을 만들 수 있다. 그러면 만든 사람이 책임자가 돼 이 집단을 자신의 기준과 바람에 맞추기 위해 노력할 수 있다.

독자 중 온라인 사이트 설계자나 관리자가 있다면, 행운을 빈다. 쉽지 않은 일이다. 콘텐츠 관리를 도울 인공지능 기술이 대폭 개선돼야 하며 인터넷의 거짓 콘텐츠, 불쾌한 콘텐츠와 관련된 곪은 문제를 해결할 국내외 정책의 중대한 전환도 필요하다. 안타깝게도 이런 문제에 모두가 만족할 '해결'은 없으리라 생각한다. 방어와 공격, 선과 악의 영원한 경쟁이 될 것이다.

이러한 문제를 어떻게 해결할지는 설계 절차의 주된 고려 사항이어야 한다. 잘못되는 경우를 나중 문제로 생각하면 해결되지 않을 것이다. 예전 박사 과정 학생 케이시 피슬러는 학생 나탈리 개럿과 함께 윤리적 부채ethical debt라는 용어를 만들었다. 개발자들은 보통 기술 부채technical debt라는 말을 쓴다. 기술적 문제를 나중에 해결하자고 미뤄두면 해결에 필요한 시간이 늘어난다는 뜻이다. 윤리적 문제도 비슷하다. 의사소통 기술로 발생하는 윤리적 문제를 선제적으로 예상해야 한다.[6] 나쁜 행동 관리가 주요 사례다. 예전에는 온라인 사이트에서 일단 시스템을 사용하면서 추이를 지켜보는 전략이 가능했지만 이는 과거의 일이다. 설계 절차를 시작할 때부터 나쁜 콘텐츠와 행동 관리를 염두에 둬야 한다.

온라인에서 일어나는 잘못된 정보와 모욕 행위의 관리 문제는 매력적인 연구 과제다. 게다가 이런 문제를 해결하면 세계에 긍정적 영향력을 발휘할 수 있다.

7장은 또한 사이트의 경제적 모델이 결국 어떻게 사이트 설계에 영향을 미치는지 강조한다. 비즈니스 모델은 어떤 사이트가 생존 가능한지를 좌우한다. 현재의 비즈니스 모델은 음모론과 혐오 발언을 확산함으로써 사이트가 이윤을 내는 잘못된 결과를 초래하고 있다. 인터넷 플랫폼과 서비스의 새로운 비즈니스 모델은 여전히 개발되는 중이다. 비즈니스 모델의 혁신은 긍정적 변화를 위한 촉매가 될 수 있을 것이다. 그러나 근본적인 차원에서는 개인과 사회의 삶의 질을 개선하기 위해 설계된 비영리 사이트가 더 필요하다.

교육된 시민의 필요성

2018년 4월, 페이스북 창업자이자 CEO인 마크 저커버그는 페이스북과 파트너사 케임브리지 애널리티카Cambridge Analytica가 사용자 데이터를 오용했다는 혐의에 답변하기 위해 미 의회 증인석에 소환됐다. 기자 에밀리 스튜어트는 청문회가 끝나고 기사에 이렇게 썼다. "의원들은 모두 페이스북을 어떻게든 고쳐놔야 한다고 생각하는 것 같았다. 그러나 무엇을 바꿔야 할지는 몰랐다."[7] 청문회에서 일부 의원들은 페이스북이 무엇이며 어떻게 운영되는지조차 이해하지 못하는 모습을 보였다. 린지 그레이엄Linsey Graham 상원의원은 "페이스북이 트위터랑 같은 겁니까?"라고, 오린 해치Orrin Hatch 상원의원은 "사용자가 서비스에 비용을 지불하지 않는데 어떻게 비즈니스 모델이 유지됩니까?"라고 저커버그에게 물었다(저커버그는 정중하게 광고 수익이 있다고 답변했다).[8] 정책결정자들이 인터넷을 이해하지 못한다면 인터넷의 미래를 제시할 수 없다. 인터넷의 기본을 모르는 국가 리더가 있다는 것은 가슴 아픈 일이다. 더 넓게 말하면 이러한 지식 부족은 사회 전 계층에 걸친 문제다. 정책결정자와 첨단 기술 개발자뿐 아니라, 현명한 시민이자 소비자인 우리 모두가 더 나은 미래를 책임져야 한다.

일반 시민의 기본적인 인터넷 및 정보 활용 능력이 인터넷의 미래를 결정지을 것이다. 연구원 다나 보이드는 학교에서 이미 미디어 리터러시 교육이 이뤄지고 있으나 큰 도움은 되지 않는다고 지적한다.[9] 정보의 본질에 관한 교육은 학제 내내 광범위하고 통합적으로 이뤄져야 한다. 4학년 때 한번 배우고 말 문제가 아니다. 또한 스스로도 늘 알아보려 하고, 선출된 대표들에게 정보 활용 능력을 기대해야 한다.

이 책 전체에서 이론 문헌을 쉽게 요약해 전달하고자 했다. 개요를 제공하는 한편 원문을 읽도록 장려하고 싶었다. 인터넷에 관한 이해는 계속 진화하고 있는 새로운 분야다. 우리 모두 인터넷을 자세히 이해해야 하며, 이론이 도움이 될 수 있다. 비단 첨단 기술 설계자뿐 아니라 모두가 인터넷을 알아야 한다. 인터넷 기술이 영향을 미치지 않는 직업은 거의 없다. 미 국회의원들이 저커버그에게 질문을 하기 전에 무엇을 알면 좋았을까? 이런 개념을 누구나 배워야 하며, 광범위한 교육이 이뤄져야 한다.

바라는 점 그리고 설계

어머니가 한푼 두푼 모아서 사준 『월드북 백과사전』은 아직도 어린 시절 침실에 꽂혀 있다. 돌아보면 다시 한번 놀란다. 얼마나 먼 길을 왔는가! 온라인 검색을 하면 어떤 질문에든 답이 나오는 시절이 아니었던 과거에 어떻게 살았는지 아이들에게 설명할 수조차 없다.

하지만 사회 전체는 여러 면에서 더 나아질 수 있다. 환경을 아끼고, 공공 보건 문제에 선제적으로 대응하고, 사회의 모든 구성원을 공정하게 대하고, 인종차별과 싸우고, 경제적 불평등을 줄이는 등. 인터넷은 우리 사회의 모든 면에 영향을 미친다. 그래서 우리는 생각해야 한다. 어떤 세계에서 살고 싶은가? 의사소통 기술은 세상을 바꿀 수 있다. 기술자들은 여기에 어떤 도움을 줄 수 있을까?

2018년, ACM은 25년 만에 처음으로 윤리강령을 개정했다. 강령 일부를 다시 쓰는 3일짜리 미팅에 참여한 것은 내 커리어에서 가장 큰 특권이었다. 이 강령은 일련의 윤리적 의무를 제시하는데, 큰 그림을 생각하면 다음 부분이 눈에 띈다.

> 3.7 사회 인프라와 통합된 시스템을 인지하고 특별한 주의를 기울인다.
>
> 가장 단순한 컴퓨터 시스템도 상업, 여행, 정부, 건강 보험, 교육 등 일상 활동과 통합되면 사회의 모든 면에 영향을 미칠 잠재력이 생긴다. 사회 인프라의 중요한 부분이 될 시스템을 개발하는 조직과 집단의 리더는 이러한 시스템에 관한 특별한 책임이 있다. 관리자라면 지금까지 배제된 사람들을 포함해 공정한 시스템 접근을 위한 방침을 세우는 것 또한 책임져야 한다. 또한 컴퓨터 전문가들에게는 시스템이 사회 인프라에 통합되는 수준을 추적 관리할 의무가 있다. 시스템 도입 수준에 따라 조직이나 집단의 윤리적 책임도 달라진다. 사회가 어떻게 시스템을 이용하는지 지속적으로 관리하면 조직이나 집단은 강령에 명시된 윤리적 의무를 일관되게 지킬 수 있을 것이다. 적절한 관리 기준이 없다면, 컴퓨터 전문가들은 이를 개발할 의무가 있다.[10]

인터넷이 사회 인프라에 통합되며 새로운 윤리적 의무가 생기는 경우가 많다. 이 장 앞부분에서는 거짓 정보나 성희롱 콘텐츠가 게시된 플랫폼을 사용하지 않는 편을 택할 수 있는 것처럼 말했지만 불가능한 경우도 있다. 직업상 어떤 플랫폼을 사용해야 하는 경우도 있고, 홍보 활동을 위해 회원이 많은 플랫폼을 써야 할 수도 있다. 예를 들어, 내가 지도하던 전 박사 과정 학생 수체타 고샬은 논문을 쓰면서 많은 풀뿌리 집단이 페이스북을 사용하지 않으려 한다는 사실을 알게 됐다. 페이스북은 경제적인 어려움으로 스마트폰이나 컴퓨터를 사용할 수 없는 사람들을 배제하기 때문이다. 하지만 너무나 많은 사람들이 페이스북을 사용해서 결국은 홍보 활동에 페이스북 플랫폼을 사용해야 한다.[11] 선택하지 않을 수 없는 플랫폼은 사회 전체에 더 큰 윤리적 의무를 가진다.

우리는 새로운 기술을 개발하거나 옛 기술을 개선하기 전에 가치부터 재정비해야 한다. 프리드먼 등은 '가치에 민감한 설계value-sensitive design'를 개념화하면서 설계자들에게 다음을 제안했다.

- 가치, 기술 또는 사용 맥락에서 출발하라.
- 직간접적인 이해관계자를 파악하라.
- 각 이해관계자 집단의 이익과 손해를 파악하라.
- 이익과 손해를 상응하는 가치와 연결하라.
- 핵심 가치에 관한 개념 조사를 실시하라.
- 잠재적인 가치 갈등을 파악하라.
- 가치 문제를 조직 구조와 통합하라.[12]

기준이 높지만 이를 향해 노력할 가치는 분명 있다. 사실 모든 설계는 가치 중심 설계다. 기술은 절대 중립적이지 않다. 기술에 내포된 가치에 관심을 기울이는지, 그래서 세계에 긍정적 영향을 미치기 위해 의도적으로 노력하는지에 차이가 있을 뿐이다.

온라인 커뮤니티의 설계적 특징은 인간의 행동을 좌우한다. 사려 깊은 논의, 상호 이해, 지식 성장을 장려하기 위해 이러한 특징을 활용할 수 있다.

이 책을 통해, 정보 및 의사소통 기술을 설계하는 독자들에게 설계적 선택에 참고할 수 있는 도구를 제공하기 위해 노력했다. 설계자가 내리는 선택은 그 결과로 나타날 인간 행동을 좌우한다. 온라인 의사소통에 참여하는 독자라면 어떤 플랫폼을 사용하기로 선택할지 신중하게 생각하고 목소리를 내어 그 플랫폼이 사용자 모두에게 더 나은 경험을 제공하도록 요구하자. 의사소통 기술은 개인과 공동체, 사회로서의 우리 모습을 결정한다. 이에 관한 보다 깊은 이해를 통해 더 나은 미래를 위해 나아갈 힘이 생길 것이다.

참고 문헌

들어가며

[1] Hampton, Keith, and Barry Wellman. 2018. “Lost and Saved . . . Again: The Moral Panic about the Loss of Community Takes Hold of Social Media.” *Contemporary Sociology* 47 (6): 643–651. https://doi.org/10.1177/0094306118805415

1장

[1] Rood, Vanessa, and Amy Bruckman. 2009. “Member behavior in company online communities.” *GROUP ‘09: Proceedings of the ACM 2009 International Conference on Supporting Group Work (GROUP)*. https://doi.org/10.1145/1531674.1531705

[2] Rosch, Eleanor. 1999. “Principles of categorization.” In Eric Margolis and Stephen Laurence (eds.), *Concepts: Core Readings*, 189–206. Cambridge, MA: MIT Press.

[3] Lakoff, George. 1987. *Women, Fire, and Dangerous Things: What Categories Reveal about the Mind*. Chicago, IL: University of Chicago Press.

[4] Rosch, Eleanor. 1999. “Principles of categorization.” In Eric Margolis and Stephen Laurence (eds.), *Concepts: Core Readings*, 189–206. Cambridge, MA: MIT Press.

[5] Bruckman, A. 2006. "'A new perspective on community' and its implications for computer-mediated communication systems." *CHI '06 Extended Abstracts on Human Factors in Computing Systems*. https://doi.org/10.1145/1125451.1125579

[6] Rheingold, Howard. 1993. *The Virtual Community: Homesteading on the Electronic Frontier*. Reading, MA: Addison Wesley. https://www.rheingold.com/vc/book/intro.html

[7] Baym, Nancy. 2010. *Personal Connections in the Digital Age*. Cambridge: Polity Press.

[8] Putnam, Robert. 1995. "Bowling Alone: America's Declining Social Capital." *Journal of Democracy* 6 (1). https://link.springer.com/chapter/10.1007/978-1-349-62965-7_12

[9] Appel, Lora, Punit Dadlani, Maria Dwyer, et al. 2014. "Testing the validity of social capital measures in the study of information and communication technologies." *Information, Communication & Society* 17 (4): 398–416. https://doi.org/10.1080/1369118X.2014.884612

[10] Sandefur, Rebecca, and Edward Laumann. 1998. "A paradigm for social capital." *Rationality and Society* 10 (4): 481–501. https://doi.org/10.1177%2F104346398010004005

[11] Resnick, Paul. 2001. "Beyond bowling together: sociotechnical capital." In John M. Carroll (ed.), *HCI in the New Millenium*, 247–272. Boston, MA: Addison Wesley.; Wellman, B., A. Q. Haase, J. Witte, and K. Hampton. 2001. "Does the Internet increase, decrease, or supplement social capital?" *American Behavioral Scientist* 45 (3): 436. https://doi.org/10.1177/00027640121957286

[12] Granovetter, Mark S. 1973. "The Strength of Weak Ties." *American Journal of Sociology* 78 (6): 1360–1380. https://doi.org/10.1086/225469

[13] Burt, Ronald S. 2004. "Structural holes and good ideas." *American Journal of Sociology* 110 (2): 349–399. https://doi.org/10.1086/421787

[14] Ellison, Nicole B., Charles Steinfield, and Cliff Lampe. 2007. "The Benefits of Facebook 'Friends': Social Capital and College Students' Use of Online Social Network Sites" *Journal of Computer-Mediated Communication* 12 (4): 1143-1168. https://doi.org/10.1111/j.1083-6101.2007.00367.x

[15] Hampton, Keith, Chul-joo Lee, and Eun Ja Her. 2011. "How new media affords network diversity: direct and mediated access to social capital through participation in local social settings." *New Media & Society* 13 (7): 1031-1049. https://doi.org/10.1177%2F1461444810390342

[16] Hampton, Keith. 2016. "Persistent and Pervasive Community: New Communication Technologies and the Future of Community." *American Behavioral Scientist* 60 (1): 101–124. https://doi.org/10.1177/0002764215601714

[17] Hampton, Keith, and Barry Wellman. 2018. "Lost and Saved . . . Again: The Moral Panic about the Loss of Community Takes Hold of Social Media." *Contemporary Sociology* 47 (6): 643–651. https://doi.org/10.1177/0094306118805415

[18] Hampton, Keith. 2016. "Persistent and Pervasive Community: New Communication Technologies and the Future of Community." *American Behavioral Scientist* 60 (1): 101–124. https://doi.org/10.1177/0002764215601714

[19] Hampton, Keith, and Barry Wellman. 2018. "Lost and Saved . . . Again: The Moral Panic about the Loss of Community Takes Hold of Social Media."

Contemporary Sociology 47 (6): 644. https://doi.org/10.1177/0094306118805415

[20] Hampton, Keith, Lee Rainie, Weixu Lu, Inyoung Shin, and Kristen Purcell. 2015. "Social Media and the Cost of Caring." Pew Research Center. www.pewinternet.org/2015/01/15/socialmedia-and-stress

[21] Hampton, Keith, Lee Rainie, Weixu Lu, Inyoung Shin, and Kristen Purcell. 2014. "Social Media and the Spiral of Silence." Pew Research Center. www.pewresearch.org/internet/2014/08/26/social-media-and-the-spiral-of-silence

[22] Oldenburg, Ray. 1989. *The Great Good Place*. New York: Paragon House.

[23] Oldenburg, Ray. 1989. *The Great Good Place*. New York: Paragon House, 33.

[24] Oldenburg, Ray. 1989. *The Great Good Place*. New York: Paragon House, 24.

[25] Whyte, William. 1964. "How to Live in a City." www.youtube.com/watch?v=2Je6Dko6mm4

[26] Rood, Vanessa, and Amy Bruckman. 2009. "Member behavior in company online communities." *GROUP '09: Proceedings of the ACM 2009 International Conference on Supporting Group Work (GROUP)*. https://doi.org/10.1145/1531674.1531705

[27] Bruckman, A. 1996. "Finding one's own space in cyberspace." Technology Review 99 (1): 48–54. www.cc.gatech.edu/~asb/papers/tr-finding-ones-own.pdf

[28] Pater, Jessica A., Yacin Nadji, Elizabeth D. Mynatt, and Amy Bruckman. 2014. "Just awful enough: the functional dysfunction of the Something Awful forums." *CHI '14: Proceedings of the SIGCHI Conference on Human Factors in Computing Systems*. https://doi.org/10.1145/2556288.2557193

[29] Bartle, Richard. 1996. "Hearts, diamonds, clubs, spades: players who suit MUDs." *Journal of MUD Research* 1 (1).

[30] Kim, Amy Jo. 2000. *Community Building on the Web*. Berkeley, CA: Peachpit Press.

[31] Gleave, Eric, Howard T. Welser, Thomas M. Lento, and Marc A. Smith. 2009. "A conceptual and operational definition of 'social role' in online community." *42nd Annual Hawaii International Conference on System Sciences (HICSS)*. https://doi.org/10.1109/HICSS.2009.6

[32] Nonnecke, Blair, and Jenny Preece. 2000. "Lurker demographics: counting the silent." *Proceedings of the SIGCHI Conference on Human Factors in Computing Systems (CHI)*. https://doi.org/10.1145/332040.332409

[33] Fiesler, Casey, and Amy Bruckman. 2019. "Creativity, Copyright, and Close-Knit Communities: A Case Study of Online Social Norm Formation and Enforcement Online." *Proceedings of the ACM on Human-Computer Interaction 3 (GROUP)*. https://doi.org/10.1145/3361122

[34] Hogg, Michael A., and Scott A. Reid. 2006. "Social Identity, Self Categorization, and the Communication of Group Norms." *Communication Theory* 16: 7-30. https://doi.org/10.1111/j.1468-2885.2006.00003.x

[35] Kim, Amy Jo. 2000. *Community Building on the Web*. Berkeley, CA: Peachpit Press.

[36] Lapinski, Maria Knight, and Rajiv N. Rimal. 2005. "An Explication of Social Norms." *Communications Theory* 15 (2): 127-147. https://doi.org/10.1111/j.1468-2885.2005.tb00329.x

[37] Lakoff, George. 1987. *Women, Fire, and Dangerous Things: What Categories Reveal about the Mind*. Chicago, IL: University of Chicago Press.

[38] Adler, Paul, and Seok-Woo Kwon. 2002. "Social Capital: Prospects for a New Concept." *Academy of Management Review* 27 (1): 17–40. https://doi.org/10.5465/amr.2002.5922314; Putnam, Robert. 1995. "Bowling Alone: America's Declining Social Capital." *Journal of Democracy* 6 (1). https://link.springer.com/chapter/10.1007/978-1-349-62965-7_12

[39] Ellison, Nicole B., Charles Steinfield, and Cliff Lampe. 2007. "The Benefits of Facebook 'Friends': Social Capital and College Students' Use of Online Social Network Sites" *Journal of Computer-Mediated Communication* 12 (4): 1143–1168. https://doi.org/10.1111/j.1083-6101.2007.00367.x

[40] Hampton, Keith. 2016. "Persistent and Pervasive Community: New Communication Technologies and the Future of Community." *American Behavioral Scientist* 60 (1): 101–124. https://doi.org/10.1177/0002764215601714; Hampton, Keith, Lee Rainie, Weixu Lu, Inyoung Shin, and Kristen Purcell. 2014. "Social Media and the Spiral of Silence." Pew Research Center. www.pewresearch.org/internet/2014/08/26/social-media-and-the-spiral-of-silence; Hampton, Keith, Lee Rainie, Weixu Lu, Inyoung Shin, and Kristen Purcell. 2015. "Social Media and the Cost of Caring." Pew Research Center. www.pewinternet.org/2015/01/15/socialmedia-and-stress

[41] Oldenburg, Ray. 1989. *The Great Good Place*. New York: Paragon House; Whyte, William. 1964. "How to Live in a City." www.youtube.com/watch?v=2Je6Dko6mm4

[42] Kim, Amy Jo. 2000. *Community Building on the Web*. Berkeley, CA: Peachpit Press.

[43] Gleave, Eric, Howard T. Welser, Thomas M. Lento, and Marc A. Smith. 2009. "A conceptual and operational definition of 'social role' in online community." *42nd Annual Hawaii International Conference on System Sciences (HICSS)*. https://doi.org/10.1109/HICSS.2009.6

2장

[1] Leuf, Bo, and Ward Cunningham. 2001. *The Wiki Way: Collaboration and Sharing on the Internet*. Boston, MA: Addison Wesley.

[2] Sanger, Larry. 2005. "The early history of NuPedia and Wikipedia: a memoir." In C. DiBona, M. Stone, and D. Cooper (eds.), *Open Source 2.0*, chapter 20. Sebastopol, CA: O'Reilly Press.

[3] Viegas, Fernanda, Martin Watternberg, and Kushal David. 2004. "Studying cooperation and conflict between users with history flow visualizations." *Proceedings of the SIGCHI Conference on Human Factors in Computing Systems (CHI)*. https://doi.org/10.1145/985692.985765

[4] Geiger, R. Stuart, and Aaron Halfaker. 2013. "When the levee breaks: without bots, what happens to Wikipedia's quality control processes?" *Proceedings of the 9th International Symposium on Open Collaboration – WikiSym '13*. https://doi.org/10.1145/2491055.2491061

[5] LeBaron, Geoff. 2019. "The 119th Christmas Bird Count summary." www.audubon.org/news/the-119th-christmas-birdcount-summary

[6] Silvertown, Jonathan. 2009. "A new dawn for citizen science." *Trends in Ecology & Evolution* 24 (9): 467–471. https://doi.org/10.1016/j.tree.2009.03.017

[7] Pinkowski, Jennifer. 2010. "How to Classify a Million Galaxies in Three Weeks." *Time*. https://content.time.com/time/health/article/0,8599,1975296,00.html

[8] Khalifa, Nour Eldeen, Mohamed Hamed Taha, Aboul Ella Hassanien, and Ibrahim Selim. 2018. "Deep Galaxy V2: Robust Deep Convolutional Neural Networks for Galaxy Morphology Classifications." *Proceedings of the 2018 International Conference on Computing Sciences and Engineering, ICCSE 2018*. https://doi.org/10.1109/ICCSE1.2018.8374210

[9] Spotts, Peter N. 2007. "Identifying galaxies: everyman's task – CSMonitor.com." *Christian Science Monitor*. www.csmonitor.com/2007/0716/p03s01-ussc.html

[10] Atkinson, Nancy. 2009. "Galaxy Zoo is expanding to include a whole new 'Zooniverse'." *Universe Today*. www.universetoday.com/47501/galaxy-zoo-is-expanding-to-include-a-whole-newzooniverse

[11] Swanson, Alexandra, Margaret Kosmala, Chris Lintott, and Craig Packer. 2016. "A generalized approach for producing, quantifying, and validating citizen science data from wildlife images." *Conservation Biology* 30 (3): 520–531. https://doi.org/10.1111/cobi.12695

[12] Parrish, Julia K., Hillary Burgess, Jake F. Weltzin, et al. 2018. "Exposing the Science in Citizen Science: Fitness to Purpose and Intentional Design." *Integrative and Comparative Biology* 58(1): 150–160. https://dx.doi.org/10.1093/icb/icy032

[13] Wiggins, A., and K. Crowston. 2011. "From Conservation to Crowd Sourcing: A Typology of Citizen Science." *44th Hawaii International Conference on System Sciences*. https://doi.org/10.1109/HICSS.2011.207

[14] Domroese, Margret C., and Elizabeth A. Johnson. 2017. "Why watch bees? Motivations of citizen science volunteers in the Great Pollinator Project." *Biological Conservation* 208: 40–47. https://doi.org/10.1016/J.BIOCON.2016.08.020

[15] Cornell Lab of Ornithology. n.d. "NestWatch." https://nestwatch.org

[16] Rotman, Dana, Jen Hammock, Jenny Preece, Derek Hansen, and Carol Boston. 2014. "Motivations Affecting Initial and Long-Term Participation in Citizen Science Projects in Three Countries." *iConference 2014 Proceedings*. https://doi.org/10.9776/14054

[17] Sauermann, Henry, and Chiara Franzoni. 2015. "Crowd science user contribution patterns and their implications." *Proceedings of the National Academy of Sciences* 112 (3): 679–684. https://doi.org/10.1073/pnas.1408907112

[18] Rotman, Dana, Jen Hammock, Jenny Preece, Derek Hansen, and Carol Boston. 2014. "Motivations Affecting Initial and Long-Term Participation in Citizen Science Projects in Three Countries." *iConference 2014 Proceedings*. https://doi.org/10.9776/14054

[19] Cooper, Seth, Firas Khatib, Adrien Treuille, et al. 2010. "Predicting protein structures with a multiplayer online game." *Nature* 466 (7307): 756–760. https://doi.org/10.1038/nature09304

[20] Khatib, Firas, Frank Dimaio, Seth Cooper, et al. 2010. "Crystal structure of a monomeric retroviral protease solved by protein folding game players." *Nature Structural and Molecular Biology* 18 (10): 1175–1177. https://doi.org/10.1038/nsmb.2119

[21] Von Ahn, Luis. 2006. "Games with a purpose." *Computer* 39 (6): 92–94. https://doi.org/10.1109/MC.2006.196; Von Ahn, Luis, and Laura Dabbish. 2004. "Labeling images with a computer game." *Proceedings of the 2004 Conference on Human Factors in Computing Systems.* https://doi.org/10.1145/985692.985733

[22] Cranshaw, Justin, and Aniket Kittur. 2011. "The polymath project: lessons from a successful online collaboration in mathematics." *Proceedings of the 2011 Annual Conference on Computer Human Interaction.* https://doi.org/10.1145/1978942.1979213

[23] Benkler, Yochai. 2002. "Coase's penguin, or, Linux and the nature of the firm." *Yale Law Journal* 112 (3): 369–446. https://doi.org/10.2307/1562247

[24] Benkler, Yochai. 2002. "Coase's penguin, or, Linux and the nature of the firm." *Yale Law Journal* 112 (3): 372. https://doi.org/10.2307/1562247

[25] Bao, Patti, Brent Hecht, Samuel Carton, et al. 2012. "Omnipedia: bridging the Wikipedia language gap." *Proceedings of the 2012 ACM Annual Conference on Human Factors in Computing Systems – CHI '12.* https://doi.org/10.1145/2207676.2208553

[26] Raymond, Eric. 1999. "The cathedral and the bazaar." *Knowledge, Technology, & Policy* 12 (3): 23–49. https://link.springer.com/article/10.1007/s12130-999-1026-0

[27] Nakakoji, Kumiyo, Yasuhiro Yamamoto, Yoshiyuki Nishinaka, Kouichi Kishida, and Yunwen Ye. 2002. "Evolution patterns of open-source software systems and communities." *Proceedings of the International Workshop on Principles of Software Evolution – IWPSE '02.* https://doi.org/10.1145/512035.512055

[28] Crowston, Kevin, Kangning Wei, James Howison, and Andrea Wiggins.

2012. "Free/Libre open-source software development." *ACM Computing Surveys* 44 (2): 1–35. https://doi.org/10.1145/2089125.2089127

[29] Raymond, Eric. 1999. "The cathedral and the bazaar." *Knowledge, Technology, & Policy* 12 (3): 23–49. https://link.springer.com/article/10.1007/s12130-999-1026-0

[30] Mockus, Audris, R. T. Fielding, and J. D. Herbsleb. 2002. "Two case studies of open source software development: Apache and Mozilla." *ACM Transactions on Software Engineering and Methodology (TOSEM)* 11 (3): 309–346. https://doi.org/10.1145/567793.567795

[31] Raymond, Eric. 1999. "The cathedral and the bazaar." *Knowledge, Technology, & Policy* 12 (3): 23–49. https://link.springer.com/article/10.1007/s12130-999-1026-0

[32] Luther, Kurt, and Amy Bruckman. 2011. "Leadership and Success Factors in Online Creative Collaboration." *IEEE Potentials* 30 (5). https://doi.org/10.1109/MPOT.2011.941499

[33] Luther, Kurt, Kelly Caine, Kevin Ziegler, and Amy Bruckman. 2010. "Why it works (when it works): success factors in online creative collaboration." *GROUP '10: Proceedings of the 16th ACM International Conference on Supporting Group Work (GROUP)*. https://doi.org/10.1145/1880071.1880073

[34] Gonzales, Joseph A., Casey Fiesler, and Amy Bruckman. 2015. "Towards an Appropriable CSCW Tool Ecology." *Proceedings of the 18th ACM Conference on Computer Supported Cooperative Work & Social Computing (CSCW)*. https://doi.org/10.1145/2675133.2675240; Luther, Kurt, Casey Fiesler, and Amy Bruckman. 2013. "Redistributing leadership in online creative collaboration." *Proceedings of*

the 2013 Conference on Computer Supported Cooperative Work (CSCW). https://doi.org/10.1145/2441776.2441891

[35] Nakakoji, Kumiyo, Yasuhiro Yamamoto, Yoshiyuki Nishinaka, Kouichi Kishida, and Yunwen Ye. 2002. "Evolution patterns of open-source software systems and communities." *Proceedings of the International Workshop on Principles of Software Evolution – IWPSE '02*. https://doi.org/10.1145/512035.512055

[36] Dwyer, Colin. 2017. "Boaty McBoatface Makes Its Triumphant Return, Hauling 'Unprecedented Data'." National Public Radio. www.npr.org/sections/thetwo-way/2017/06/28/534744971/boaty-mcboatface-makes-its-triumphant-return-haulingunprecedented-data

3장

[1] Oxford Dictionaries. 2016. "Word of the year." https://en.oxforddictionaries.com/word-of-the-year/word-of-the-year-2016

[2] Nickerson, Raymond S. 1998. "Confirmation Bias: A Ubiquitous Phenomenon in Many Guises." *Review of General Psychology* 2 (2): 175–220. https://doi.org/10.1037/1089-2680.2.2.175

[3] Borges, Jorge Luis, and Andrew Hurley. 1999. *Collected Fictions*. New York: Penguin.

[4] Goffman, Erving. 1959. *The Presentation of Self in Everyday Life*. New York: Doubleday.

[5] Lakoff, George. 1987. *Women, Fire, and Dangerous Things: What Categories Reveal*

about the Mind. Chicago, IL: University of Chicago Press.

[6] Steup, Matthias. 2016. "Epistemology." *Stanford Encyclopedia of Philosophy*. https://plato.stanford.edu/archives/fall2016/entries/epistemology/

[7] Feldman, Richard. 2003. *Epistemology*. Hoboken, NJ: Prentice Hall.

[8] Feldman, Richard. 2003. *Epistemology*. Hoboken, NJ: Prentice Hall, 75.

[9] Greco, John. 2021. *The Transmission of Knowledge*. Cambridge: Cambridge University Press.

[10] Heersmink, Richard. 2017. "A Virtue Epistemology of the Internet: Search Engines, Intellectual Virtues, and Education." Social Epistemology 32 (1): 1–12. https://doi.org/10.1080/02691728.2017.1383530

[11] Greco, John. 2021. *The Transmission of Knowledge*. Cambridge: Cambridge University Press, 96.

[12] Greco, John. 2021. *The Transmission of Knowledge*. Cambridge: Cambridge University Press, 78.

[13] Holton, Gerald. 1978. *The Scientific Imagination: Case Studies*. Cambridge: Cambridge University Press.

[14] Holton, Gerald. 1978. *The Scientific Imagination: Case Studies*. Cambridge: Cambridge University Press, 70.

[15] Holton, Gerald. 1978. *The Scientific Imagination: Case Studies*. Cambridge: Cambridge University Press.

[16] Latour, Bruno, Steve Woolgar, and Jonas Salk. 1986. *Laboratory Life*. Princeton, NJ: Princeton University Press.

[17] Goldman, Alvin I. 1999. *Knowledge in a Social World*. Oxford: Oxford University Press.

[18] Lakoff, George. 1987. *Women, Fire, and Dangerous Things: What Categories Reveal about the Mind*. Chicago, IL: University of Chicago Press.

[19] Larsson, K. Sune. 1995. "The dissemination of false data through inadequate citation." *Journal of Internal Medicine* 238 (5): 448–449. https://doi.org/10.1111/j.1365-2796.1995.tb01222.x

[20] Larsson, K. Sune. 1995. "The dissemination of false data through inadequate citation." *Journal of Internal Medicine* 238 (5): 448–449. https://doi.org/10.1111/j.1365-2796.1995.tb01222.x

[21] Rekdal, Ole Bjorn. 2014. "Academic urban legends." *Social Studies of Science* 44 (4): 638–654. https://doi.org/10.1177%2F0306312714535679

[22] Viegas, Fernanda, Martin Watternberg, and Kushal David. 2004. "Studying cooperation and conflict between users with history flow visualizations." *Proceedings of the SIGCHI Conference on Human Factors in Computing Systems (CHI)*. https://doi.org/10.1145/985692.985765

[23] Fallis, Don. 2008. "Towards an epistemology of Wikipedia." *Journal of the American Society for Information Science and Technology* 589 (10): 1669–1670. https://doi.org/10.1002/asi.20870

[24] Frost-Arnold, Karen. 2018. "Wikipedia." In David Coady and James Chase

(eds.), The Routledge Handbook of Applied Epistemology, chapter 3. London: Routledge.

[25] Halavais, Alexander, and Derek Lackaff. 2008. "An Analysis of Topical Coverage of Wikipedia." *Journal of Computer-Mediated Communication* 13 (2): 429-440. https://doi.org/10.1111/j.1083-6101.2008.00403.x

[26] Mesgari, Mostafa, Chitu Okoli, Mohamad Mehdi, Finn Arup Nielsen, and Arto Lanamaki. 2015. "'The sum of all human knowledge': A systematic review of scholarly research on the content of Wikipedia." *Journal for the Association for Information Science and Technology* 66 (2): 219-245. https://doi.org/https://doi.org/10.1002/asi.23172

[27] Rosenzweig, Roy. 2006. "Can History Be Open Source? Wikipedia and the Future of the Past." *Journal of American History* 93 (1): 117-146. https://doi.org/10.2307/4486062

[28] Fallis, Don. 2008. "Towards an epistemology of Wikipedia." *Journal of the American Society for Information Science and Technology* 589 (10): 1662-1674. https://doi.org/10.1002/asi.20870

[29] Levin, S. 2018. "Uber drivers often make below minimum wage, report finds." *Guardian*, March 5. www.theguardian.com/technology/2018/mar/01/uber-lyft-driver-wages-median-report

[30] Welch, C. 2018. "Facebook will give all US users helpful context about articles shared in News Feed." *The Verge*. www.theverge.com/2018/4/3/17193750/facebook-news-feed-articlespublisher

[31] Roth, Yoel, and Ashita Achuthan. 2020. "Building rules in public: Our

approach to synthetic & manipulated media." Twitter blog. https://blog.twitter.com/en_us/topics/company/2020/new-approach-to-synthetic-and-manipulated-media.html

[32] Roth, Yoel, and Nick Pickles. 2020. "Updating our approach to misleading information." Twitter blog. https://blog.twitter.com/en_us/topics/product/2020/updating-our-approach-tomisleading-information.html

[33] Wong, Carrie Julia, and Sam Levine. 2020. "Twitter labels Trump's false claims with warning for first time." *Guardian*, May 26. www.theguardian.com/us-news/2020/may/26/trump-twitterfact-check-warning-label

[34] Nyhan, Brendan, and Jason Reifler. 2016. "When Corrections Fail: The Persistence of Political Misperceptions." *Political Behavior* 32 (2): 303–330. www.jstor.org/stable/40587320

[35] Sunstein, Cass R. 2018. *#Republic: Divided Democracy in the Age of Social Media.* Princeton, NJ: Princeton University Press.

4장

[1] Baum, Dan. 2005. "Battle lessons: what the generals don't know." *The New Yorker*: 42–48. www.newyorker.com/magazine/2005/01/17/battle-lessons

[2] Matias, J. Nathan. 2019. "Preventing harassment and increasing group participation through social norms in 2,190 online science discussions." *Proceedings of the National Academy of Sciences* 116(20): 201813486. https://doi.org/10.1073/pnas.1813486116

[3] Nonnecke, Blair, and Jenny Preece. 2000. "Lurker demographics: counting the silent." *Proceedings of the SIGCHI Conference on Human Factors in Computing Systems (CHI)*. https://doi.org/10.1145/332040.332409

[4] Lave, Jean, and Etienne Wenger. 1991. *Situated Learning*: Legitimate Peripheral Participation. Cambridge: Cambridge University Press.

[5] Lave, Jean, and Etienne Wenger. 1991. *Situated Learning*: Legitimate Peripheral Participation. Cambridge: Cambridge University Press, 76-79.

[6] Collins, Allan, John Seely Brown, and Susan E. Newman. 1989. "Cognitive apprenticeship: teaching the crafts of reading, writing, and mathematics." In L. B. Resnick (ed.), *Knowing, Learning, and Instruction: Essays in Honor of Robert Glaser*, 453–494. Hillsdale, NJ: Lawrence Erlbaum Associates.

[7] Bryant, Susan, Andrea Forte, and Amy Bruckman. 2005. "Becoming Wikipedian: transformation of participation in an collaborative online encyclopedia." *GROUP '05: Proceedings of the 2005 International ACM SIGGROUP Conference on Supporting Group Work*. https://doi.org/10.1145/1099203.1099205

[8] Bryant, Susan, Andrea Forte, and Amy Bruckman. 2005. "Becoming Wikipedian: transformation of participation in an collaborative online encyclopedia." *GROUP '05: Proceedings of the 2005 International ACM SIGGROUP Conference on Supporting Group Work*, 4. https://doi.org/10.1145/1099203.1099205

[9] Hutchins, Edwin. 1995a. *Cognition in the Wild*. Cambridge, MA: MIT Press; Hutchins, Edwin. 1995b. "How a Cockpit Remembers Its Speed." *Cognitive Science* 19: 265–288. https://doi.org/10.1207/s15516709cog1903_1

[10] PatientsLikeMe. 2018. "Bibliography of PatientsLikeMe." www.patients

likeme.com/research/publications

[11] Sunstein, Cass R. 2018. *#Republic: Divided Democracy in the Age of Social Media.* Princeton, NJ: Princeton University Press.

[12] Sample, Ian. 2019. "Study blames YouTube for rise in number of Flat Earthers." *Guardian.* www.theguardian.com/science/2019/feb/17/study-blames-youtube-for-rise-in-number-of-flat-earthers

[13] Garwood, Christine. 2007. *Flat Earth: The History of an Infamous Idea.* New York: Thomas Dunne Books, 45.

[14] Garwood, Christine. 2007. *Flat Earth: The History of an Infamous Idea.* New York: Thomas Dunne Books.

[15] Garwood, Christine. 2007. *Flat Earth: The History of an Infamous Idea.* New York: Thomas Dunne Books.

[16] Welch, Brady. 2017. "People from around the globe met for the first Flat Earth Conference." *Vice.* https://news.vice.com/en_us/article/ywnnaj/people-from-around-the-globe-met-for-thefirst-flat-earth-conference

[17] Ingold, John. 2018. "We went to a flat-earth convention and found a lesson about the future of post-truth life." The Colorado Sun. https://coloradosun.com/2018/11/20/flat-earth-conventiondenver-post-truth

[18] Landrum, Ashley R., Alex Olshanksy, and Othello Richards. 2019. Differential susceptibility to misleading flat earth arguments on YouTube. *Media Psychology* 24 (1): 136–165. https://doi.org/10.1080/15213269.2019.1669461 ; Sample, Ian. 2019. "Study blames YouTube for rise in number of Flat Earthers."

Guardian. www.theguardian.com/science/2019/feb/17/study-blames-youtube-for-rise-in-number-of-flat-earthers

[19] Rosenblatt, Kalhan. 2019. "YouTube announces it will no longer recommend conspiracy videos." NBC News, February 10. www.nbcnews.com/tech/tech-news/youtube-announces-itwill-no-longer-recommend-conspiracy-videos-n969856

[20] Becker, Rachel. 2019. "Facebook outlines plans to curb anti-vax conspiracy theories." *The Verge*. www.theverge.com/2019/3/7/18255107/facebook-anti-vaccine-misinformation-measlesoutbreaks-group-page-recommendations-removal

[21] Kovach, Steve. 2019. "Alphabet had more than $70 billion in market cap wiped out, and it says YouTube is one of the problems." CNBC. www.cnbc.com/2019/04/30/youtubealgorithm-changes-negatively-impact-google-ad-revenue.html

[22] Gotterbarn, Don, Amy Bruckman, Catherine Flick, Keith Miller, and Marty Wolf. 2018. "ACM code of ethics: a guide for positive action." *Communications of the ACM* 61 (1): 121–128. https://dx.doi.org/10.1145/3173016

[23] Phillips, Whitney. 2015. *This Is Why We Can't Have Nice Things, Mapping the Relationship between Trolling and Mainstream Culture*. Cambridge, MA: MIT Press, 1.

[24] Coleman, Gabriella. 2014. *Hacker, Hoaxer, Whistleblower, Spy*. London: Verso, 4.

[25] Shachaf, Pnina, and Noriko Hara. 2010. "Beyond vandalism: Wikipedia trolls." *Journal of Information Science* 36 (5): 357–370. https://eprints.rclis.org/15530/1/wikipediatrolls.pdf

[26] Quittner, Josh. 1994. "The War Between alt.tasteless and rec.pets. cats." *Wired*. www.wired.com/1994/05/alt-tasteless

[27] Phillips, Whitney. 2015. *This Is Why We Can't Have Nice Things, Mapping the Relationship between Trolling and Mainstream Culture*. Cambridge, MA: MIT Press.

[28] Geiger, R. Stuart, and David Ribes. 2010. "The work of sustaining order in Wikipedia." *CSCW '10: Proceedings of the 2010 ACM Conference on Computer Supported Cooperative Work (CSCW)*. https://doi.org/10.1145/1718918.1718941

[29] Jhaver, Shagun, Iris Birman, Eric Gilbert, and Amy Bruckman. 2019. "Human-Machine Collaboration for Content Regulation: The Case of Reddit Automoderator." *ACM Transactions on Computer-Human Interaction* 26 (5). https://doi.org/10.1145/3338243

[30] Buni, Catherine, and Soraya Chemaly. 2016. "The secret rules of the internet." *The Verge*. www.theverge.com/2016/4/13/11387934/internet-moderator-history-youtube-facebook-redditcensorship-free-speech; Roberts, Sarah T. 2017. "Social Media's Silent Filter." *The Atlantic*. www.theatlantic.com/technology/archive/2017/03/commercialcontent-moderation/518796

[31] Chancellor, Stevie, Jessica Pater, Trustin Clear, Eric Gilbert, and Munmun De Choudhury. 2016. "#thyghgapp: Instagram content moderation and lexical variation in pro-eating disorder communities." *CSCW '16: Proceedings of the 19th ACM*

[32] Rosenzweig, Roy. 2006. "Can History Be Open Source? Wikipedia and the Future of the Past." *Journal of American History* 93 (1): 117-146. https://doi.org/10.2307/4486062

5장

[1] Goffman, Erving. 1959. *The Presentation of Self in Everyday Life*. New York: Doubleday, 35-36.

[2] Turkle, Sherry. 1995. *Life on the Screen: Identity in the Age of the Internet*. New York: Simon & Schuster, 261.

[3] Goffman, Erving. 1959. *The Presentation of Self in Everyday Life*. New York: Doubleday, 1.

[4] Goffman, Erving. 1959. *The Presentation of Self in Everyday Life*. New York: Doubleday, 2.

[5] Goffman, Erving. 1959. *The Presentation of Self in Everyday Life*. New York: Doubleday, 7.

[6] Goffman, Erving. 1959. *The Presentation of Self in Everyday Life*. New York: Doubleday, 8.

[7] Becker, Howard. 1952. "Social-class variations in the teacher-pupil relationship." *Journal of Educational Sociology* 25 (8): 459. https://doi.org/https://doi.org/10.2307/2263957; Goffman, Erving. 1959. *The Presentation of Self in Everyday Life*. New York: Doubleday, 12.

[8] Schank, Roger, and Robert P. Abelson. 2013. *Scripts, Plans, Goals and Understanding: An Inquiry into Human Knowledge*. Hove: Psychology Press.

[9] Goffman, Erving. 1959. *The Presentation of Self in Everyday Life*. New York: Doubleday, 2.

[10] Goffman, Erving. 1959. *The Presentation of Self in Everyday Life*. New York: Doubleday, 24.

[11] Goffman, Erving. 1959. *The Presentation of Self in Everyday Life*. New York: Doubleday, 22.

[12] Goffman, Erving. 1959. *The Presentation of Self in Everyday Life*. New York: Doubleday, 31.

[13] Goffman, Erving. 1959. *The Presentation of Self in Everyday Life*. New York: Doubleday, 32.

[14] Horn, Stacy. 1998. *Cyberville: Clicks, Culture, and the Creation of an Online Town*. New York: Warner Books, 18.

[15] Donath, Judith. 2002. "Identity and deception in the virtual community." In Peter Kollock and Marc Smith (eds.), *Communities in Cyberspace*. London: Taylor and Francis.

[16] Van Gelder, Lindsy. 1985. "The strange case of the electronic lover." Ms. *Magazine*. https://lindsyvangelder.com/clips/strange-caseelectronic-lover

[17] Van Gelder, Lindsy. 1985. "The strange case of the electronic lover." Ms. *Magazine*. https://lindsyvangelder.com/clips/strange-caseelectronic-lover

[18] Van Gelder, Lindsy. 1985. "The strange case of the electronic lover." Ms. *Magazine*. https://lindsyvangelder.com/clips/strange-caseelectronic-lover

[19] Horn, Stacy. 1998. *Cyberville: Clicks, Culture, and the Creation of an Online Town*. New York: Warner Books, 85.

[20] Brock, André. 2020. *Distributed Blackness: African American Cybercultures*. New York: NYU Press, 20.

[21] Horn, Stacy. 1998. *Cyberville: Clicks, Culture, and the Creation of an Online Town*. New York: Warner Books, 82.

[22] Oldenburg, Ray. 1989. *The Great Good Place*. New York: Paragon House.

[23] Berman, Joshua, and Amy Bruckman. 2001. "The Turing game: exploring identity in an online environment." *Convergence* 7 (3): 83–102. https://doi.org/10.1177/135485650100700307

[24] Baron, Naomi S. 2004. "See you online: gender issues in college student use of instant messaging." *Journal of Language and Social Psychology* 23: 397–423. https://doi.org/10.1177/0261927X04269585; Fox, Annie B., Danuta Bukatko, Mark Hallahan, and Mary Crawford. 2007. "The Medium Makes the Difference: Gender Similarities and Differences in Instant Messaging." *Journal of Language and Social Psychology* 26 (4): 389–397. https://doi.org/10.1177/0261927X07306982

[25] Turkle, Sherry. 1984. *The Second Self: Computers and the Human Spirit*. New York: Simon & Schuster.

[26] Turkle, Sherry. 1995. *Life on the Screen: Identity in the Age of the Internet*. New York: Simon & Schuster.

[27] Donath, Judith. 2002. "Identity and deception in the virtual community." In Peter Kollock and Marc Smith (eds.), *Communities in Cyberspace*. London: Taylor and Francis.

[28] Toma, Catalina L., Jeffrey T. Hancock, and Nicole B. Ellison. 2008. "Separating

Fact from Fiction: An Examination of Deceptive Self-Presentation in Online Dating Profiles." *Personality and Social Psychology Bulletin* 34 (8): 1023–1036. https://doi.org/10.1177/0146167208318067

[29] Fiesler, Casey. 2007. "Imagined identities: Harry Potter, roleplaying, and blogs." In L. Hilman (ed.), *The Witching Hour: A Magical Compendium*, 147–148. Bloomington, IN: Xlibris Corporation.

[30] Brock, André. 2020. *Distributed Blackness: African American Cybercultures*. New York: NYU Press, 87.

[31] Sandvig, Christian. 2012. "Connection at Ewiiaapaayp Mountain." In L. Nakamura and P. Chow-White (eds.), *Race after the Internet*, 168–200. New York: Routledge.

[32] Brock, André. 2012. "From the blackhand side: Twitter as a cultural conversation." *Journal of Broadcasting and Electronic Media* 56 (4): 529–549. https://doi.org/10.1080/08838151.2012.732147; Manjoo, Farhad. 2019. "How Black People Use Twitter." *Slate*. https://slate.com/technology/2010/08/how-black-people-usetwitter.html

[33] Brock, André. 2020. *Distributed Blackness: African American Cybercultures*. New York: NYU Press, 81.

[34] Florini, Sarah. 2014. "Tweets, Tweeps, and Signifyin': Communication and Cultural Performance on 'Black Twitter'." *Television and New Media* 15 (3): 224. https://doi.org/10.1177/1527476413480247

[35] Florini, Sarah. 2014. "Tweets, Tweeps, and Signifyin': Communication and Cultural Performance on 'Black Twitter'." *Television and New Media* 15 (3): 224.

https://doi.org/10.1177/1527476413480247

[36] Manjoo, Farhad. 2019. "How Black People Use Twitter." *Slate*. https://slate.com/technology/2010/08/how-black-people-usetwitter.html

[37] De Choudhury, Munmun, Shagun Jhaver, Benjamin Sugar, and Ingmar Weber. 2016. "Social Media Participation in an Activist Movement for Racial Equality." *Proceedings of the 10th International Conference on Web and Social Media, ICWSM 2016*. https://ojs.aaai.org/index.php/ICWSM/article/view/14758

[38] Baase, Sara. 2013. *Gift of Fire*. 4th ed. Harlow: Pearson, 48.

[39] Quinn, Michael J. 2017. *Ethics for the Information Age*. 7th ed. Harlow: Pearson.

[40] Garfinkel, Simson. 2000. *Database Nation*. Sebastopol, CA: O'Reilly Press, 4.

[41] Baase, Sara. 2013. *Gift of Fire*. 4th ed. Harlow: Pearson. 107–110.

[42] Jensen, Carlos, and Colin Potts. 2004. "Privacy policies as decision-making tools: an evaluation of online privacy notices." *Proceedings of the Conference on Human Factors in Computing Systems (CHI)*. https://doi.org/10.1145/985692.985752

[43] McDonald, Aleecia, and Lorrie Cranor. 2008. "The Cost of Reading Privacy Policies." *I/S* 4 (3). https://heinonline.org/HOL/P?h=hein.journals/isjlpsoc4&i=563

[44] Bruckman, A. 2010. "Amy's prediction: in 20 years no one will be qualified to be president." https://nextbison.wordpress.com/2010/01/22/amys-prediction-in-20-years-no-one-will-bequalified-to-be-president

[45] de Saussure, Ferdinand. 1959. *Course in General Linguistics*. New York:

McGraw-Hill.

[46] boyd, danah. 2011. "'Real names' policies are an abuse of power." www.zephoria.org/thoughts/archives/2011/08/04/real-names.html

[47] Facebook. 2015. "Community Support FYI: Improving the Names Process on Facebook." https://newsroom.fb.com/news/2015/12/community-support-fyi-improving-the-names-process-onfacebook

[48] Leavitt, Alex. 2015. "'This Is a Throwaway Account'." *Proceedings of the 18th ACM Conference on Computer Supported Cooperative Work & Social Computing (CSCW)*. https://doi.org/10.1145/2675133.2675175

[49] Ammari, Tawfiq, Sarita Schoenebeck, and Daniel M. Romero. 2019. "Self-declared Throwaway Accounts on Reddit: How Platform Affordances and Shared Norms Enable Parenting Disclosure and Support." *Proceedings of the ACM on Human-Computer Interaction, CSCW*. https://doi.org/10.1145/3359237

[50] Bernstein, Michael S., Andrés Monroy-Hernández, Drew Harry, et al. 2011. "4chan and /b/: an analysis of anonymity and ephemerality in a large online community." *Proceedings of the International AAAI Conference on Web and Social Media*. https://ojs.aaai.org/index.php/ICWSM/article/view/14134

[51] Vitak, Jessica. 2012. "The Impact of Context Collapse and Privacy on Social Network Site Disclosures." *Journal of Broadcasting and Electronic Media* 56 (4): 451-470. https://doi.org/10.1080/08838151.2012.732140

[52] Donath, Judith. 2014. "We need online alter egos now more than ever." *Wired*. www.wired.com/2014/04/why-we-need-onlinealter-egos-now-more-than-ever

[53] Bruckman, A., and M. Resnick. 1995. "The MediaMOO Project: constructionism and professional community." *Convergence: The International Journal of Research into New Media Technologies* 1 (1). https://doi.org/10.1177/135485659500100110

[54] Bernstein, Michael S., Andrés Monroy-Hernández, Drew Harry, et al. 2011. "4chan and /b/: an analysis of anonymity and ephemerality in a large online community." *Proceedings of the International AAAI Conference on Web and Social Media.* https://ojs.aaai.org/index.php/ICWSM/article/view/14134

[55] Coleman, Gabriella. 2014. *Hacker, Hoaxer, Whistleblower, Spy*. London: Verso.

6장

[1] Dibbell, Julian. 1993. "A rape in cyberspace." *The Village Voice*: 36.

[2] Lessig, Lawrence. 1999. *CODE and Other Laws of Cyberspace*. New York: Basic Books, 87.

[3] Lessig, Lawrence. 1999. *CODE and Other Laws of Cyberspace*. New York: Basic Books.

[4] York, Jillian C. 2012. "2012 in Review: How Blasphemy Laws Are Stifling Free Expression Worldwide." www.eff.org/deeplinks/2012/12/2012-review-how-blasphemy-laws-are-stifling-freeexpression-worldwide

[5] Citron, Danielle. 2014. *Hate Crimes in Cyberspace*. Cambridge, MA: Harvard University Press. 26-27.

[6] Citron, Danielle. 2014. *Hate Crimes in Cyberspace*. Cambridge, MA: Harvard

University Press, 26.

[7] United Nations. n.d. "United Nations Strategy and Plan of Action on Hate Speech." www.un.org/en/genocideprevention/hatespeech-strategy.shtml

[8] Lessig, Lawrence. 1999. *CODE and Other Laws of Cyberspace*. New York: Basic Books, 117.

[9] York, Jillian C., Corynne McSherry, and Danny O'Brien. 2021. "Beyond Platforms: Private Censorship, Parler, and the Stack." Electronic Frontier Foundation. www.eff.org/deeplinks/2021/01/beyond-platforms-private-censorship-parler-and-stack

[10] Fiesler, Casey, Cliff Lampe, and Amy Bruckman. 2016. "Reality and Perception of Copyright Terms of Service for Online Content Creation." *CSCW '16: Proceedings of the 19th ACM Conference on Computer-Supported Cooperative Work & Social Computing (CSCW)*. https://doi.org/10.1145/2818048.2819931; Jensen, Carlos, and Colin Potts. 2004. "Privacy policies as decision-making tools: an evaluation of online privacy notices." *Proceedings of the Conference on Human Factors in Computing Systems (CHI)*. https://doi.org/10.1145/985692.985752

[11] Fiesler, Casey, Cliff Lampe, and Amy Bruckman. 2016. "Reality and Perception of Copyright Terms of Service for Online Content Creation." *CSCW '16: Proceedings of the 19th ACM Conference on Computer-Supported Cooperative Work & Social Computing (CSCW)*. https://doi.org/10.1145/2818048.2819931

[12] Matias, J. Nathan, and Merry Mou. 2018. "CivilServant: Community-Led Experiments in Platform Governance." *Proceedings of the Conference on Human Factors in Computing Systems*. https://doi.org/10.1145/3173574.3173583

[13] Chandrasekharan, Eshwar, Umashanthi Pavalanathan, Anirudh Srinivasan, et al. 2017. "You Can't Stay Here: The Efficacy of Reddit's 2015 Ban Examined through Hate Speeh." *Proceedings of the ACM on Human-Computer Interaction 1 (CSCW)*: 1-22. https://doi.org/10.1145/3134666

[14] Bruckman, A. 1996. "Finding one's own space in cyberspace." Technology Review 99 (1): 48-54. www.cc.gatech.edu/~asb/papers/tr-finding-ones-own.pdf

[15] Lessig, Lawrence. 1999. *CODE and Other Laws of Cyberspace*. New York: Basic Books.

[16] Grimmelmann, James. 2006. "Regulation by Software." *Yale Law Journal* 114: 1719-1758. https://heinonline.org/HOL/P?h=hein.journals/ylr114&i=1738; Lessig, Lawrence. 1999. *CODE and Other Laws of Cyberspace*. New York: Basic Books.

[17] Jhaver, Shagun, Iris Birman, Eric Gilbert, and Amy Bruckman. 2019. "Human-Machine Collaboration for Content Regulation: The Case of Reddit Automoderator." *ACM Transactions on Computer-Human Interaction* 26 (5). https://doi.org/10.1145/3338243

[18] Chancellor, Stevie, Jessica Pater, Trustin Clear, Eric Gilbert, and Munmun De Choudhury. 2016. "#thyghgapp: Instagram content moderation and lexical variation in pro-eating disorder communities." *CSCW '16: Proceedings of the 19th ACM*

[19] Hoffman, Judy, Eric Tzeng, Trevor Darrell, and Kate Saenko. 2017. "Simultaneous deep transfer across domains and tasks." In *Domain Adaptation in Computer Vision Applications*, 173-187. New York: Springer; Saenko, Kate, Brian

Kulis, Mario Fritz, and Trevor Darrell. 2010. "Adapting Visual Category Models to New Domains." *European Conference on Computer Vision.* https://link.springer.com/chapter/10.1007/978-3-642-15561-1_16

[20] Chandrasekharan, E., M. Samory, S. Jhaver, et al. 2018. "The Internet's hidden rules: an empirical study of Reddit norm violations at micro, meso, and macro scales." Proceedings of the ACM on Human-Computer Interaction 2 (CSCW). https://doi.org/10.1145/3274301

[21] Postigo, Hector. 2003. "Emerging Sources of Labor on the Internet: The Case of America Online Volunteers." *International Review of Social History* 48 (Suppl. 11): 205–223. https://doi.org/10.1017/S0020859003001329

[22] Kirchner, Lauren. 2011. "AOL Settled with Unpaid 'Volunteers' for $15 Million." *Columbia Journalism Review.* https://archives.cjr.org/the_news_frontier/aol_settled_with_unpaid_volunt.php

[23] Roberts, Sarah T. 2017. "Social Media's Silent Filter." *The Atlantic.* www.theatlantic.com/technology/archive/2017/03/commercialcontent-moderation/518796

[24] Radiolab. 2018. Post no evil (podcast). WNYC.

[25] Phillips, Whitney. 2015. *This Is Why We Can't Have Nice Things, Mapping the Relationship between Trolling and Mainstream Culture.* Cambridge, MA: MIT Press.

[26] Oldenburg, Ray. 1989. *The Great Good Place.* New York: Paragon House.

[27] Ronson, Jon. 2015. "How one stupid tweet blew up Justine Sacco's life." *New York Times Magazine*, February 15. www.nytimes.com/2015/02/15/magazine/how-

one-stupid-tweet-ruinedjustine-saccos-life.html

[28] Schwartz, Oscar. 2018. "You thought fake news was bad? Deep fakes are where truth goes to die." *Guardian*. *www.theguardian.com/technology/2018/nov/12/deep-fakes-fakenews-truth*

[29] Chesney, Robert, and Danielle Keats Citron. 2018. "Deep Fakes: A Looming Challenge for Privacy, Democracy, and National Security." SSRN Electronic Journal, 1754. *https://doi.org/10.2139/ssrn.3213954*

[30] Hirschman, Albert. 1970. *Exit, Voice, and Loyalty*. Cambridge, MA: Harvard University Press.

[31] Hirschman, Albert. 1970. *Exit, Voice, and Loyalty*. Cambridge, MA: Harvard University Press, 78.

[32] Hirschman, Albert. 1970. *Exit, Voice, and Loyalty*. Cambridge, MA: Harvard University Press, 78.

[33] Lessig, Lawrence. 1999. *CODE and Other Laws of Cyberspace*. New York: Basic Books.

7장

[1] Dix, Alan, Janet Finlay, Gregory Abowd, and Russell Beale. 1998. *Human-Computer Interaction*. Hoboken, NJ: Prentice Hall, 224.

[2] Clark, David D. 2018. *Designing an Internet*. Cambridge, MA: MIT Press.

[3] Shuler, Doug. 1994. "Community networks: building a new participatory medium." *Communications of the ACM* 37 (1): 38–51. https://doi.org/10.1145/175222.175225

[4] Pater, Jessica A., Yacin Nadji, Elizabeth D. Mynatt, and Amy Bruckman. 2014. "Just awful enough: the functional dysfunction of the Something Awful forums." *CHI '14: Proceedings of the SIGCHI Conference on Human Factors in Computing Systems.* https://doi.org/10.1145/2556288.2557193

[5] Mihalascu, Dan. 2020. "Whispers Is an Exclusive Social Network for Owners of New Rolls-Royce Cars." *Carscoops.* www.carscoops.com/2020/02/whispers-is-an-exclusive-socialnetwork-for-owners-of-new-rolls-royce-cars

[6] Stephenson, Neal. 2019. *Fall; or, Dodge in Hell.* New York: William Morrow.

[7] Pettegree, Andrew. 2014. *The Invention of News.* New Haven, CT: Yale University Press.

[8] Pettegree, Andrew. 2014. *The Invention of News.* New Haven, CT: Yale University Press.

[9] FTC. 2020. "Complying with COPPA: frequently asked questions." www.ftc.gov/tips-advice/business-center/guidance/complying-coppa-frequently-asked-questions-0

[10] Farmer, Randy, and Bryce Glass. 2010. "Case study: Yahoo! Answers community content moderation." In *Building Web Reputation Systems*, chapter 10. Sebastopol, CA: O'Reilly Press.

[11] Bruckman, A., P. Curtis, C. Figallo, and B. Laurel. 1994. "Approaches to

managing deviant behavior in virtual communities." *CHI '94: Conference Companion on Human*

[12] Bruckman, A., C. Danis, C. Lampe, J. Sternberg, and C. Waldron. 2006. "Managing deviant behavior in online communities." *CHI '06 Extended Abstracts on Human Factors in Computing Systems.* https://doi.org/10.1145/1125451.1125458

[13] Zuboff, Shoshana. 2019. *The Age of Surveillance Capitalism.* New York: PublicAffairs.

[14] Field, Jonathan Beecher. 2019. *Town Hall Meetings and the Death of Deliberation.* Minneapolis, MN: University of Minnesota Press. 5.

[15] Tufekci, Zeynep. 2018. "YouTube, the Great Radicalizer." *New York Times*, March 10. www.nytimes.com/2018/03/10/opinion/sunday/youtube-politics-radical.html

[16] Kant, E., and H. J. Patton. 1964. *Groundwork for the Metaphysic of Morals.* New York: Harper & Row.

[17] Zuboff, Shoshana. 2019. *The Age of Surveillance Capitalism.* New York: PublicAffairs.

[18] Zuboff, Shoshana 2020. "Opinion: You Are Now Remotely Controlled." *New York Times*, January 24. www.nytimes.com/2020/01/24/opinion/sunday/surveillance-capitalism.html

[19] Rosenblatt, Kalhan. 2019. "YouTube announces it will no longer recommend conspiracy videos." NBC News, February 10. www.nbcnews.com/tech/tech-news/youtube-announces-itwill-no-longer-recommend-conspiracy-videos-n969856

[20] BBC. 2020. "Coronavirus: YouTube bans 'medically unsubstantiated' content." www.bbc.com/news/technology-52388586

[21] Shahani, Aarti. 2016. "With 'Napalm Girl,' Facebook Humans (Not Algorithms) Struggle to Be Editor." All Tech Considered, National Public Radio. www.npr.org/sections/alltechconsidered/2016/09/10/493454256/with-napalm-girlfacebook-humans-not-algorithms-struggle-to-be-editor

[22] Gillespie, Tarleton. 2018. *Custodians of the Internet: Platforms, Content Moderation, and the Hidden Decisions That Shape Social Media*. New York: NYU Press.

[23] FTC. 2020. "Complying with COPPA: frequently asked questions." www.ftc.gov/tips-advice/business-center/guidance/complying-coppa-frequently-asked-questions-0

[24] Baer, Drake. 2016. "Inside the video game roots of Slack, everyone's favorite workplace messaging app." *Business Insider*. www.businessinsider.com/inside-the-video-game-roots-of-slack-2016-3

[25] King, Daniel, Paul Delfabbro, Sally Gainsbury, et al. 2019. "Unfair play? Video games as exploitative monetized services: an examination of game patents from a consumer protection perspective." *Computers in Human Behavior* 101: 141. https://doi.org/10.1016/j.chb.2019.07.017

[26] Mozilla. n.d. "We're building a better Internet." www.mozilla.org/en-US/mission

8장

[1] Stanford Encyclopedia of Philosophy. 2016. "Virtue Ethics." *Stanford Encyclopedia of Philosophy*. https://plato.stanford.edu/entries/ethics-virtue

[2] Brown, Tom B., Benjamin Mann, Nick Ryder, et al. 2020. "Language models are few-shot learners." https://arxiv.org/abs/2005.14165

[3] Kietzmann, Jan, Linda W. Lee, Ian P. McCarthy, and Tim C. Kietzmann. 2019. "Deepfakes: Trick or treat?" *Business Horizons* 63 (2): 135–146. https://doi.org/10.1016/j.bushor.2019.11.006

[4] Bail, Christopher, Brian Guay, Emily Maloney, et al. 2020. "Assessing the Russian Internet Research Agency's impact on the political attitudes and behaviors of American Twitter users in late 2017." *Proceedings of the National Academy of Sciences* 117 (1). https://doi.org/10.1073/pnas.1906420116

[5] Pater, Jessica A., Yacin Nadji, Elizabeth D. Mynatt, and Amy Bruckman. 2014. "Just awful enough: the functional dysfunction of the Something Awful forums." *CHI '14: Proceedings of the SIGCHI Conference on Human Factors in Computing Systems*. https://doi.org/10.1145/2556288.2557193

[6] Fiesler, Casey, and Natalie Garrett. 2020. "Ethical tech starts with addressing ethical debt." *Wired*. www.wired.com/story/opinion-ethical-tech-starts-with-addressing-ethical-debt

[7] Stewart, Emily. 2018. "Lawmakers seem confused about what Facebook does – and how to fix it." *Vox*. www.vox.com/policyand-politics/2018/4/10/17222062/mark-zuckerberg-testimonygraham-facebook-regulations

[8] Zetlin, Minda. 2018. "The 9 Weirdest and Most Hilarious Questions Congress Asked Mark Zuckerberg." *Inc.* www.inc.com/minda-zetlin/mark-zuckerberg-congress-hearings-funnystupid-questions.html

[9] boyd, danah. 2018. "You think you want media literacy . . . do you?" https://points.datasociety.net/you-think-you-wantmedia-literacy-do-you-7cad6af18ec2

[10] ACM. 2018. "ACM code of ethics and professional conduct." https://ethics.acm.org

[11] Ghoshal, Sucheta, and Amy Bruckman. 2019. "The Role of Social Computing Technologies in Grassroots Movement Building." *ACM Transactions on Computer-Human Interaction* 26 (3). https://doi.org/10.1145/3318140

[12] Friedman, Batya, Peter H. Kahn, and Alan Borning. 2006. "Valuesensitive design and information systems." In Ping Zhang and Dennis Galletta (eds.), *Human-Computer Interaction and Management Information Systems: Applications*, 348-372. New York: M. E. Sharpe.